Thomas Brand

Wie interpretiere ich Lyrik?
Schritt für Schritt

Gedichte und ihre Interpretationsaufsätze

Ein epochenbezogenes Kompendium für Lehrer
und ein Übungsbuch für Schüler der Mittel- und Oberstufe

C. Bange Verlag

Herausgegeben von
Thomas Brand, Hartwig Lödige und Thomas Möbius
Autor: Thomas Brand

Impressum:
1. Auflage 2000
ISBN 3-8044-1433-8
© 2000 by C. Bange Verlag, 96142 Hollfeld
Alle Rechte vorbehalten!
Layout und Satz: akapit Verlagsservice, (www.akapit.de)
Lektorat: C. Bange Verlag
Printed in Germany

Thomas Brand

Wie interpretiere ich Lyrik?
Schritt für Schritt

Gedichte und ihre Interpretationsaufsätze

Ein epochenbezogenes Kompendium für Lehrer
und ein Übungsbuch für Schüler der Mittel- und Oberstufe

Inhalt

* bedeutet: Diese Gedichte und die dazugehörigen Aufgaben eignen sich auch für Sek. I.

Symbole in diesem Buch

 Lesetext

 Wichtig

 Wissenswertes

 Übung

Merksatz

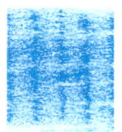

Hinweise zur Benutzung des Buches

Wie interpretiere ich Lyrik ? – Schritt für Schritt

Dieser Band richtet sich an
- alle Schülerinnen und Schüler, die vor einer Klassenarbeit, Klausur oder Prüfung stehen, in der ein Gedicht interpretiert oder mit einem anderen verglichen werden soll,
- diejenigen, die sich generell mit dem Interpretieren von Gedichten schwer tun und wichtige Einzelheiten, z.B. einzelne sprachliche Mittel, möglicherweise vergessen haben,
- Lehrerinnen und Lehrer, die mit ihren Schülern systematisch das Interpretieren von Gedichten vorbereiten und erarbeiten wollen.

Es handelt sich in erster Linie um ein *übungspraktisches Buch*. Für grundlegende Sachinformationen sei verwiesen auf Bernd Matzkowski, *Wie interpretiere ich Lyrik? Grundlagen der Analyse und Interpretation*. Wer sich einen Überblick über Gedichte verschiedener Epochen und Vorschläge für eine Interpretation verschaffen möchte, greife zu Thomas Möbius, *51 Gedichte und ihre Interpretationen*. Beide Bände sind in der Reihe Lernhilfen Deutsch des Bange-Verlages erschienen.

Dieses Übungsbuch geht im Unterschied zu den anderen beiden Bänden Schritt für Schritt vor. So sollen zunächst die wichtigsten Bausteine einer Gedichtinterpretation vorgestellt werden. Dann geht es darum, möglichst viele praxisorientierte Beispiele selbst zu erarbeiten. Dabei stehen viele kleine Schritte zur Auswahl, die entweder der Reihenfolge nach bearbeitet oder gezielt ausgewählt werden können.

Der zweite Teil befasst sich besonders mit durchgeführten kompletten Analysen und Gedichtvergleichen. Diese sind vor allem für die Oberstufe wichtig, denn für das Abitur werden oft Gedichtvergleiche als Aufgabe gewählt. Aber auch die Einzelinterpretation kann hier noch einmal gelernt werden. Dabei kann man auch lernen, wie man die einzelnen Teile miteinander verbindet, so dass die Interpretation als ein einheitlicher, abgerundeter Text gelesen werden kann.

Da nicht alle Übungen im Buch selbst durchgeführt werden können, ist es sinnvoll, sich zur Arbeit mit dem Band einen Hefter oder ein Heft anzulegen. Wenn man die Übungen dann noch dem Band entsprechend nummeriert, wird es kein Problem sein, sich auch später noch in seinen Aufzeichnungen zurechtzufinden.

Nun hoffe ich, dass das Arbeiten mit diesem Band ebenso viel Spaß macht wie neue Einsichten bringt und alte festigt. Geht man wirklich „Schritt für Schritt" vor, wird sich der Lernerfolg bestimmt einstellen, und die gefürchtete Gedichtinterpretation verliert an Schrecken.

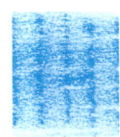

Stichwortverzeichnis

1 Die Voraussetzungen der Interpretation

1.1 Was ist überhaupt ein Gedicht? – Merkmale der Gattung kennen lernen

Marie Luise Kaschnitz (1901-1974)
Frankfurt

Angst, aber auch die geheime Überzeugung, unser Haus trifft es nicht. Große Ablenkung durch das Kind, das fröhlich war oder, aus dem Schlaf gerissen, verdrießlich und das bei seiner grundlosen Fröhlichkeit erhalten, aus seiner Verdrießlichkeit durch allerlei Späße und Spiele erlöst werden mußte. Die Geräusche, dieses Sausen, Fegen, Dröhnen und plötzliche Krachen, waren schwer zu ertragen, und was haben wir eigentlich dem Kind gesagt? „Komm, wach auf, Herzchen, wir müssen in den Keller, nimm deine Puppe, die Bärchen", und keine weiteren Erklärungen, das Ganze wird als eine lästige Pflicht hingestellt: „Der Onkel Hauswart wird böse, der Onkel Blockwart schimpft." „Rum – Bum", riefen die Kinder, wenn es in der Nähe eingeschlagen hatte, und klatschten in die Hände, und dort, wo die Brisanzbomben gefallen waren, wurden anderen Kindern Glieder vom Leib gerissen, oder sie wurden von stürzenden Gesteinsmassen erschlagen oder erstickt. Dann endlich die Entwarnungssirene, dieser herrliche ununterbrochene Ton, und die Väter, soweit sie vorhanden waren, legten sich die Kinder über die Schulter und stiegen die Treppen hinauf, da baumelten die Köpfe mit geschlossenen Augen, hatten am nächsten Morgen alles vergessen, wußten von nichts.

Brisanzbombe: Geschoss
mit Sprengladung

Übung 1.1 Welche Situation schildert dieser Text?

Übung 1.2 Um was für einen Text handelt es sich? Welcher Literaturform würden Sie ihn zuschreiben? Warum handelt es sich nicht um ein Gedicht?

Marie Luise Kaschnitz hat zum gleichen Thema, wenn auch mit etwas anderem inhaltlichen Akzent, einen weiteren Text verfasst:

Lösungen s. S. 143

Marie Luise Kaschnitz (1901-1974)
Strom der Zuversicht (1943)

Kommt ein Sommer, da das Sensenläuten
Und das Korn, das tief in Reihen fällt,
Und die Blitze nicht den Tod bedeuten,
Der allmächtig seine Ernte hält.

5 Kommen lange Winter wieder, stille
  Nächte, die kein Feuerlärm zerreißt,
  Tage, Jahre, die ein sanfter Wille
  Ruhig dauern, ruhig gehen heißt.

  Steht im Westen noch ein rotes Glühen
10 Wie von Untergang und Blutgericht,
  Glüht es doch für alle Zeiten nicht;

  Wind will wehen, Rosen wollen blühen
  Mit der Hoffnung heiligem Bemühen
  Wecken wir den Strom der Zuversicht.

Übung 1.3 Erklären Sie zunächst den inhaltlichen Unterschied zwischen beiden Texten.
Wodurch wird der zweite Text zum Gedicht?
Schreiben Sie in Form einer Tabelle auf, was Ihrer Ansicht nach zu einem Gedicht gehört.

Lösung a. S. 143

Das Satzbild eines Textes ist natürlich nicht allein ausschlaggebend für die literarische Gattung – schließlich lässt sich jeder Text auf originelle Art und Weise „setzen", ohne gleich zum Gedicht zu werden.
Grob lassen sich neben den im Vergleich der beiden Texte herausgefundenen weitere Merkmale für die Lyrik nennen:

– die **Knappheit in der Form** – selbst eine 35-strophige Ballade wie Bürgers *Lenore* ist kurz gegen einen Gesellschaftsroman mittlerer Länge;
– die besondere **Entsprechung von Form und Inhalt**;
– der Ausdruck von bestimmten **Gefühlen oder Stimmungen** (aber das lässt sich schon wieder längst nicht für alle Gedichte sagen).

Die Merkmale herauszuarbeiten ist ein wichtiges Anlieger jeder Gedichtinterpretation.

So zeigt sich, dass es vergleichsweise schwer ist, feste Kriterien für lyrische Texte zu benennen. Vielmehr hängen die Maßstäbe für eine Untersuchung davon ab, **welche Art Gedicht** vorliegt. So wird bei manchen Gedichten die bereits erwähnte Entsprechung von Form und Inhalt ein wichtiges Erkennungsmerkmal sein, andere Texte, die sich an antiken Vorbildern orientieren, werden an einer festen Form und an bestimmten Motiven zu erkennen sein, wieder andere Texte haben ein persönliches Erlebnis bzw. eine Stimmung zum Inhalt – das ist die so genannte **Gedankenlyrik**. Einen Sonderfall stellt die **moderne Lyrik** dar, auf die im Grunde kein Kriterium bindend angewendet werden kann.

Dass sich das Lyrische so schwer definieren lässt, erleichtert die Interpretation, indem es einen größeren Freiraum bei der Arbeit mit den Texten lässt. Der weite Begriff hat aber auch zur Folge, dass recht viele Aspekte zu beachten sind, je nachdem, was für ein Text vorliegt. Diese einzelnen Aspekte werden Sie im Folgenden kennen lernen.

1.2 Was heißt eigentlich „Interpretieren"? – Die Aufgabe bestimmen

Interpretieren ist eigentlich gar nichts Besonderes. Wir alle interpretieren im Alltag regelmäßig. Lesen Sie die folgende Zeitungsmeldung:

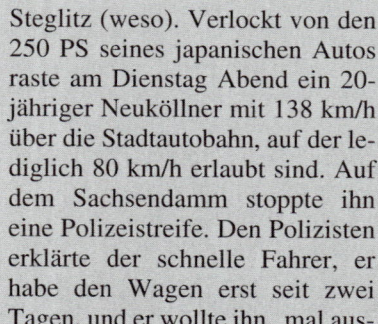

Mit 138 km/h im 250-PS-Auto über den Stadtring

Steglitz (weso). Verlockt von den 250 PS seines japanischen Autos raste am Dienstag Abend ein 20-jähriger Neuköllner mit 138 km/h über die Stadtautobahn, auf der lediglich 80 km/h erlaubt sind. Auf dem Sachsendamm stoppte ihn eine Polizeistreife. Den Polizisten erklärte der schnelle Fahrer, er habe den Wagen erst seit zwei Tagen, und er wollte ihn „mal aus-fahren". Gleichzeitig bat er die Beamten, von einer Anzeige abzusehen: „Bitte machen Sie eine Ausnahme. Ich bin in Flensburg wegen Raserei bereits vorbelastet." Das lehnten die Beamten ab. Dem Mann drohen nun Bußgeld, Fahrverbot und vier weitere Punkte.

(Der Tagesspiegel, 21.8.1997, S. 10)

Aus dieser Meldung ließen sich beispielsweise folgende Schlussfolgerungen ziehen:

- „Eine noch stärkere Kontrolle der Geschwindigkeitsbegrenzung ist vonnöten."
- „Wer so rast, ist selbst schuld, wenn ihm etwas passiert. Ich hätte dann kein Mitleid."
- „Der Führerschein sollte erst ab 25 oder besser noch ab 30 Jahren erteilt werden – dann sind die Fahrer ruhiger."
- „Ich fahre lieber mit dem Fahrrad und dem öffentlichen Personennahverkehr."

Alle Schlussfolgerungen, so verschieden sie sind, lassen sich auf den Text beziehen. Jede Meinung ist in einem eigenen Verständnis des Textes begründet. Ähnlich ist das auch bei literarischen Texten, zu denen neben erzählenden (Epik) und dialogisierten Texten (Dramatik) auch Gedichte (Lyrik) gehören. Allerdings ist die Interpretation literarischer Texte etwas schwieriger als das Verstehen einfacher Zeitungsmeldungen. Bei diesen kann man davon ausgehen, dass sie jeder versteht, sofern es sich nicht um komplizierte Fachtexte handelt. Das ist beim literarischen Text nicht unbedingt der Fall. Da literarische Texte künstlerische Texte sind, sind sie verschlüsselter und oft auch rätselhafter als Gebrauchstexte aus dem Alltag.

Lesen Sie sich das folgende Gedicht *Zwei Segel* durch:

Das Interpretieren eines literarischen Textes besteht aus zwei Bestandteilen:
dem **Beschreiben** des Textes und
der **Deutung** und einer **begründeten Schlussfolgerung** aus dem Text (Autorenintention).

Conrad Ferdinand Meyer (1825-1898)
Zwei Segel (1882)

Zwei Segel erhellend
Die tiefblaue Bucht!
Zwei Segel sich schwellend
Zu ruhiger Flucht!

5 Wie eins in den Winden
Sich wölbt und bewegt,
Wird auch das Empfinden
Des andern erregt.

Begehrt eins zu hasten,
10 Das andre geht schnell,
Verlangt eins zu rasten,
Ruht auch sein Gesell.

In literarischen Texten generell, vor allem aber in Gedichten, geht es selten nur um das direkt Dargestellte, sondern um das, was „dahinter" steht. Um dies richtig zu verstehen und zu deuten sind einige Voraussetzungen nötig:
– das Wissen darum, wie bei literarischen Texten **Bedeutungsübertragung** funktioniert,
– die Kenntnis **formaler** und **sprachlicher Mittel** und ihrer Bedeutung für den Inhalt des betreffenden Textes,
– Kenntnis des **Autors** und seines **historischen** und **biografischen Hintergrundes**,
– evtl. Kenntnis des für den Inhalt des Gedichts wichtigen **Zeithintergrundes**.

Diese Dinge sind weniger schwierig, als sie auf den ersten Blick erscheinen. Sie können sie in der folgenden Kapiteln Schritt für Schritt oder nach einzelnen Punkten ausgewählt trainieren, bevor Sie im zweiten Teil dieser Lernhilfe die zusammenfassende Anwendung an einzelnen Beispielen mit je verschiedenen Aufgabenstellungen üben können.

Übung 1.4 Wovon handelt dieses Gedicht? Entscheiden Sie sich für eine der drei angegebenen Möglichkeiten und begründen Sie Ihre Meinung.
– *Das Gedicht beschreibt den Eindruck vom Segeln – Schönheit und Ruhe sind die beherrschenden Eindrücke.*
– *Das Gedicht beschreibt die Vorstellung einer idealen Partnerschaft, die vollkommene Harmonie.*
– *Das Gedicht schildert das Hin und Her des Lebens – manchmal geht es schneller und besser voran, manchmal langsamer.*

Übung 1.5 Beantworten Sie die folgenden Fragen zu den vorgeschlagenen Deutungen:
– *Welche Deutung bezieht sich am unmittelbarsten, am direktesten auf den Text?*
– *Welche Deutungen gehen über den Text hinaus?*
– *Inwiefern haben die Deutungen, die über den Text hinausgehen, dennoch einen Bezug zum Gedicht?*
– *Warum könnte die Deutung, die sich direkt auf den Text bezieht, zu kurz greifen? Wo gibt es im Gedicht Anhaltspunkte dafür, dass es nicht um einen kurzen Eindruck vom Segeln geht?*

Lösungen s. S 144

1.3 Was gehört zur Interpretation? – Die Bausteine

Lösung s. S. 144

Übung 1.6 Prüfen Sie, was Ihrer Meinung nach unbedingt zu einer schriftlichen Gedichtinterpretation in Aufsatzform gehört:

Einleitung (Titel, Autor, evtl. Jahr, Thema), Auswendiglernen bzw. -können, Inhaltsangabe, Reimschema, Abschreiben, Vortrag, Rhythmus und Metrum, Wortwahl und Satzbau, Klang, Gedankenfiguren, Erklärung des Inhalts, Darstellung der Biografie des Autors, Beziehung Inhalt–Form–Gesamtaussage, Strophenform, Gesamtaussage.

Die schriftliche Gedichtinterpretation hat das Ziel, das **Verständnis eines lyrischen Textes in Form eines zusammenhängenden Textes zu dokumentieren**. Dazu gehört neben einer **Untersuchung der inhaltlichen Aussage** auch eine **eingehende Untersuchung der formalen und sprachlichen Merkmale**. Dabei ist auf den inhaltlichen Zusammenhang der einzelnen Teile zu achten. Bei der Interpretation ist es sinnvoll (aber nicht vorgeschrieben), **vom Allgemeinen zum Besonderen** vorzugehen. Durch eine sich steigernde mögliche Zuspitzung der Darstellung kommt man der Bedeutung des Textes am nächsten. Die Reihenfolge beim Vorgehen ist generell freigestellt: Meistens wird empfohlen, zuerst die Textbeschreibung (äußerer Aufbau, besondere Mittel formaler und sprachlicher Art) anzufertigen und darauf die ausführliche Deutung des Inhalts zu beziehen. Es ist aber auch umgekehrt denkbar: Man umschreibt zunächst Thema und Inhalt des Gedichts. Bei einer eingehenden Untersuchung werden die einzelnen Strophen auf Thema, Inhalt und Bezug zur vermuteten Gesamtaussage untersucht.

Im Anschluss an die Untersuchung des Inhalts erfolgt die Analyse der sprachlichen und formalen Mittel. Dies ist insofern sinnvoll, als der Bezug auf den zuvor dargestellten Inhalt sicherstellt, dass die formale und sprachliche Analyse nicht zum Selbstzweck wird.

> Einer der größten Fehler, die Sie bei der Interpretation von Gedichten machen können, ist das unreflektierte Ermitteln und Aufschreiben von Betonungen, Reimschemata oder Stilfiguren, ohne diese auf den Inhalt zu beziehen. Generell gilt: Formale und stilistische Mittel müssen **immer in ihrem Bezug auf die inhaltliche Aussage** eines Gedichts gesehen werden.

Ganz ohne Wiederholungen kommt man bei eine vollständigen Interpretation nicht aus – z.B. in der abschließenden Zusammenfassung der Aussage. Dennoch gilt natürlich: So wenig Wiederholungen wie möglich!

Eine komplette Interpretation ist ein vergleichsweise umfangreiches Gebilde. Damit man sich nicht in der Vielfalt der Aufgabenstellungen verliert, können einige auf die besonderen Aspekte zugeschnittenen **Leitfragen** eine sinnvolle Hilfe sein.

Übung 1.7 Ordnen Sie die Fragen den einzelnen Abschnitten der folgenden Mustergliederung zu. Übertragen Sie dabei die Fragen noch einmal in der entsprechenden Reihenfolge.

Lösung s. S. 144

Leitfragen

Wer ist der Autor?

Wann wurde das Gedicht geschrieben/ist es erschienen?

Worum geht es in dem Gedicht?

Was könnte eine mögliche Aussage des Gedichts sein?

Wer ist der Sprecher/die Sprecherin/das lyrische Ich in dem Gedicht?

Gibt es eine nachvollziehbare, gegliederte Handlung oder handelt es sich um die Wiedergabe eines Gedankens oder eines Gefühls?

Verschiebt sich die Aussage gegenüber dem anfänglichen Eindruck?

Wie ist die Sprache allgemein zu beschreiben – eher leidenschaftlich oder ruhig, eher frohgestimmt oder traurig etc.?

Ist das Gedicht traditionell gebaut oder verzichtet es auf den Reim, ein festes Metrum und und einen Aufbau in Strophen?

Für den Fall, dass es sich um ein traditionell gebautes Gedicht handelt:

Gibt es eine feste Zahl regelmäßiger Hebungen und Senkungen?

Gibt es einzelne Verse im Gedicht, bei denen die feste Abfolge von Hebungen und Senkungen unterbrochen ist?

Folgt das Gedicht einer regulären Strophenform?

Gibt es ein bestimmtes Reimschema? Wie ist dies (in Buchstabenfolge) zu notieren?

Gibt es einen vorherrschenden klanglichen Eindruck, der durch die Vokal- und Konsonantenverteilung sowie durch bestimmte Klangfiguren erreicht wird?

Kommen bestimmte Wortarten besonders häufig vor?

Kommen bestimmte Wort- und Bedeutungsfelder besonders häufig vor? In welcher Beziehung stehen sie zueinander?

Gibt es eine auffallende Häufung von Frage- oder Ausrufesätzen?

Gibt es Auffälligkeiten in der Satzlänge?

Wie verteilen sich die Sätze auf die Verse und Strophen? Ist dabei eine gewisse Regelmäßigkeit zu beobachten?

Weist der Satzbau starke Abweichungen von der „normalen", grammatischen Syntax auf?

Gibt es auffällig kunstvoll gebaute Figuren zum Ausdruck einzelner Gedanken (Gedankenfiguren)?

Ist die Bildhaftigkeit des Textes als stark, mittelmäßig oder schwach einzuschätzen? Welcher Art sind die sprachlichen Bilder?

Sind zum Verständnis des Textes außertextliche Kenntnisse, etwa historischer Art, vonnöten?

Lassen sich Bezüge zur Biografie des Autors herstellen?

Wie verhält sich die ermittelte Gesamtaussage zum ersten Eindruck von dem Gedicht?

Gliederung einer Gedichtinterpretation

1. Einleitung: Titel, Autor, ggf. Entstehungs-/Erscheinungsdatum,
   Thema, eventuell erster Eindruck zur Aussage

2. Untersuchung des Inhalts
   2.1 Struktur, äußerer Aufbau (Strophen, Verse etc.)
   2.2 Einzelne Strophen: Handlungsgang/zentrale Gedanken
       oder Gefühle
   2.3 Lyrisches Ich
   2.4 Zentrale Aussage

3. Untersuchung der Form und der Sprache
   3.1 Metrum und Rhythmus
   3.2 Reim
   3.3 Vers und Strophenform
   3.4 Klang, Lautung
   3.5 Wortwahl, Wortfiguren
   3.6 Satzbau, Satzfiguren
   3.7 Gedankenfiguren
   3.8 Bildlichkeit

4. Außertextliche Bezüge (historisch, biografisch)

5. Zusammenfassung: Gesamtaussage; ggf. Aktualisierung der Aussage

2 Wie beginnen? – Die Interpretation geordnet angehen

2.1 Wie ist das Gedicht inhaltlich aufgebaut? – Den Text erfassen und zusammenfassen

Warum eigentlich soll man etwas zusammenfassen, wenn der Text doch dasteht?

Theoretisch sollte die Interpretation in der Lage sein den Text jemandem zu erklären, der ihn vorher gar nicht oder nur kaum kennt. Die Inhaltsangabe dient dann dazu, dem anderen einen ersten Überblick über den Text zu verschaffen. Nun ist das in der Schule ja nicht der Fall – der Lehrer kennt das Gedicht, um das es geht, meistens sehr gut. Dennoch ist eine erste **knappe Inhaltsangabe** sinnvoll, denn sie hilft Ihnen, den Text für sich selbst zu strukturieren, ihn übersichtlicher zu machen und dabei vielleicht schon einige Unklarheiten zu beseitigen. Damit ist die Inhaltsangabe selbst schon ein Stück Interpretation. Durch die Inhaltsangabe wird der im Einleitungssatz angeschlagene **sachlich-distanzierte Ton** fortgesetzt, der für die Interpretation insgesamt bestimmend ist.

Was ist für die **Inhaltsangabe von Gedichten** zu bedenken?
Äußerlich müssen Sie die Grundsätze berücksichtigen, die für alle Inhaltsangaben gelten:
  – Nennen Sie **Zentralgedanken** und **-figuren**.
  – Beschreiben Sie, falls vorhanden, die **Entwicklung**, die in dem Text stattfindet.
  – Schreiben Sie im **Präsens**.
  – Benutzen Sie für Zitate die **indirekte Rede**.
  – Schreiben Sie in einem **sachlichen Stil**, in der **3. Person**.
  – Enthalten Sie sich jeder **Deutung** und jeder **Bewertung des Textes**.

Was ist für die **Inhaltsangabe von Gedichten** zu beachten?
Die Interpretation wird eingeleitet von einer **sehr knappen Inhaltsangabe**, die lediglich einen groben Überblick über Handlung und Personen vermittelt. Im Verlauf der inhaltlichen Analyse wird beim Durchgang durch die Strophen eine **etwas ausführlichere Inhaltsangabe** vonnöten sein. So verschafft man sich und dem Leser Klarheit über den Gegenstand der Betrachtung. Allerdings ist dabei auf Knappheit und möglichst wenige Wiederholungen zu achten.

Viele Gedichte haben keine nach Einleitung, Hauptteil und Schluss aufgebaute Handlung, sondern sind **Ausdruck von Gedanken und Gefühlen**. Statt nach einer nachvollziehbaren Handlungsentwicklung wird man für die Inhaltsangabe nach **zentralen Gedanken und Gefühlen** suchen.

Johann Wolfgang Goethe (1749-1832):
Willkommen und Abschied (1771/1775)

Es schlug mein Herz. Geschwind, zu Pferde!
Und fort, wild wie ein Held zur Schlacht.
Der Abend wiegte schon die Erde,
Und an den Bergen hing die Nacht.
5 Schon stund im Nebelkleid die Eiche
Wie ein getürmter Riese da,
Wo Finsternis aus dem Gesträuche
Mit hundert schwarzen Augen sah.

Der Mond von einem Wolkenhügel
10 Sah schläfrig aus dem Duft hervor,
Die Winde schwangen leise Flügel,
Umsausten schauerlich mein Ohr.
Die Nacht schuf tausend Ungeheuer,
Doch tausendfacher war mein Mut,
15 Mein Geist war ein verzehrend Feuer,
Mein ganzes Herz zerfloss in Glut.

Ich sah dich, und die milde Freude,
Floß aus dem süßen Blick auf mich.
Ganz war mein Herz an deiner Seite,
20 Und jeder Atemzug für dich.
Ein rosenfarben Frühlingswetter
Lag auf dem lieblichen Gesicht
Und Zärtlichkeit für mich, ihr Götter,
Ich hofft' es, ich verdient' es nicht.

25 Der Abschied, wie bedrängt, wie trübe!
Aus deinen Blicken sprach dein Herz.
In deinen Küssen welche Liebe,
O welche Wonne, welcher Schmerz!
Du gingst, ich stund und sah zur Erden
30 Und sah dir nach mit nassem Blick.
Und doch, welch Glück, geliebt zu werden,
Und lieben, Götter, welch ein Glück!

Übung 2.1 Beantworten Sie zu diesem Gedicht die folgenden Fragen:
– Wer ist der Sprecher?
– Welche Handlung hat das Gedicht zum Gegenstand?
– Was ist die Absicht des Sprechers?

Lösung s. S. 146

Lösungen s. S. 146

Übung 2.2 Bearbeiten Sie die folgenden Arbeitsaufgaben:
– Versuchen Sie die Handlung in einem Satz mittlerer Länge aufzuschreiben.
– Versuchen Sie jede Strophe knapp zusammenzufassen.
– Wenn die einzelnen Zusammenfassungen insgesamt noch keinen flüssigen Text ergeben, überarbeiten und ergänzen Sie ggf. den Text.

Übung 2.3 Wie schätzen Sie die folgenden Inhaltsangaben zu dem Gedicht ein?

a) „Wer der junge Mann, der das lyrische Ich darstellt, ist, wissen wir nicht. Es gibt keine Information über das Alter, Wohnort und Beruf. Goethe war, als er dieses Gedicht geschrieben hat, 22 Jahre alt, also auch noch recht jung. Er reitet durch den Wald zu seiner Freundin; dabei ist er recht ängstlich. Im Wald kommt ihm alles ganz unheimlich vor, als ob der Wald tatsächlich leben würde. Dann sieht er die Geliebte, und es ist eine recht komische Begegnung. Die beiden scheinen überhaupt nicht miteinander zu reden. Zum Schluss geht sie, und er bleibt glücklich zurück. Ob das lyrische Ich zurückreitet, ist unbekannt."

b) „Das lyrische Ich reitet durch einen offenbar nächtlichen Wald zu seiner Geliebten und muss dabei manche Gefahren bestehen. Schließlich treffen sich die beiden und gehen am Ende wieder auseinander."

Übung 2.4 Was ist an a) möglicherweise gelungen?

Lösungen s. S. 147

Übung 2.5 Streichen Sie die überflüssigen Angaben in Text a), fügen Sie, wo es notwendig ist, Ergänzungen hinzu und fertigen Sie einen neuen Text an.

Übung 2.6 Bei der folgenden kurzen, aber treffenden Inhaltsangabe sind einige Sätze verrutscht. Ordnen Sie sie in der richtigen Reihenfolge, schreiben Sie den kurzen Text noch einmal ab und vergleichen Sie ihn mit Ihrem eigenen Text aus der vorangehenden Übung.

In dem Gedicht *Willkommen und Abschied* von Johann Wolfgang Goethe geht es um das Gefühl leidenschaftlicher Liebe. Der Abschied am Schluss verursacht ihm Trauer und Schmerz, andererseits ist er am Schluss von Glück erfüllt. Der Ritt durch den nächtlichen Wald ist voller Gefahren und erzeugt im lyrischen Ich Ängste, doch seine Liebe ist größer. Damit stellt er die Liebe als einerseits kräftezehrend und anstrengend, andererseits aber auch als erfüllend und für alle Entbehrungen entschädigend dar. Der Augenblick, in dem er die Geliebte sieht, ist voller Erfüllung. Das lyrische Ich, offenbar ein junger Mann, entschließt sich, abends zu seiner Geliebten zu reiten.

Obwohl das folgende Gedicht ebenfalls ganz regelmäßig in Strophen gegliedert und traditionell gebaut ist, ist es vermutlich schwerer zusammenzufassen
als das Gedicht von Goethe.

Joseph von Eichendorff (1788-1857):
Mondnacht (1837)

Es war, als hätt der Himmel
Die Erde still geküßt,
Daß sie im Blütenschimmer
Von ihm nun träumen müßt.

5 Die Luft ging durch die Felder,
Die Ähren wogten rasch,
Es rauschten leis die Wälder,
So sternklar war die Nacht.

Und meine Seele spannte
10 Weit ihre Flügel aus,
Flog durch die stillen Lande,
als flöge sie nach Haus.

*Übung 2.7 Ordnen Sie die einzelnen Bestandteile in die für eine Inhaltsangabe des Ge-
dichts passende Reihenfolge. Formulieren Sie dann einen zusammenhängenden Text.*

*Leichtigkeit – Wirkung der Natur auf den Menschen – Gesamteindruck der Nacht –
Stimmung einer Mondnacht – idyllisches Naturbild – Sinneseindrücke – Wirkung auf
die Seele und Stimmung des lyrischen Ichs – innere Ruhe – Eindruck, den die Erde angesichts der (Voll-)Mondnacht macht – Wirkungen auf die Seele des lyrischen Ichs*

Lösungen s. S. 147

2.2 Worum geht es eigentlich? – Die Themafrage bestimmen

*Übung 2.8 Bestimmen Sie, welche Aussage dem Thema des Gedichts am nächsten
kommt:*
In Goethes Gedicht *Willkommen und Abschied* geht es
  a) um die Gefahren, die (1771!) im Wald lauern,
  b) um den Mut des lyrischen Ichs, sich den Gefahren eines nächtlichen Rittes
     durch den Wald auszusetzen,
  c) um die Macht der Liebe, die Kräfte verleiht, sich über Bedrohung und
     Schmerz hinwegzusetzen,
  d) um einen Ritt durch den nächtlichen Wald.

Beim **Thema** geht man einen Schritt weiter als bei der Inhaltsangabe. Im Unterschied zum speziellen Inhalt des Gedichts geht es um seinen **Inhalt im allgemeinen Sinne**. Damit steht das Thema zwischen Inhaltsangabe und Aussageabsicht. So kann z.B. ein Gedicht über ein Eisenbahnunglück (etwa Theodor Fontanes Ballade *Die Brück' am Tay*) den Hergang dieser Katastrophe erzählen (Inhalt), das Verhältnis von Mensch, Natur und Technik zum Thema haben und vor menschlicher Überheblichkeit gegenüber der Natur warnen (Aussageabsicht).

Leitfragen zur Erschließung des Themas sind:
- Welches ist der **zentrale Gedanke** des Gedichts?
- Handelt es sich um einen Gedanken **allgemeiner Art**, d.h., wäre er auch auf andere Texte übertragbar?
- Inwiefern weist der Text über den **unmittelbar geschilderten Zusammenhang** hinaus?

Lösungen s. S. 148

Übung 2.9 *Prüfen Sie die Leitfragen daraufhin, ob sie sich auf den Inhalt, das Thema oder die Aussageabsicht beziehen:*
Wovon handelt das Gedicht?
Was will das Gedicht aussagen und bewirken?
Was erzählt das Gedicht?

Übung 2.10 *Versuchen Sie, Thema und Aussage folgender Gedichte aus diesem Band zu bestimmen:*

Marie Luise Kaschnitz: *Strom der Zuversicht* (S. 12)
Heinrich Heine: *Das Fräulein stand am Meere* (S. 34)
Andreas Gryphius: *Menschliches Elende* (S. 70)

2.3 Was will der Text bewirken? – Die Aussageabsicht herausfinden

Sehen Sie sich noch einmal Eichendorffs Gedicht *Mondnacht* an und lesen Sie anschließend die drei Versuche, dessen Aussageabsicht zu bestimmen.

a) „Das Gedicht handelt vom Verhältnis Mensch-Natur."
b) „*Mondnacht* zeigt, wie sehr das lyrische Ich und die Natur sich in Harmonie miteinander befinden. Darin kann das Gedicht beispielgebend sein für unsere Einstellung zur Natur."
c) „Der seelische Zustand des lyrischen Ichs erscheint mir zu träumerisch. Ich kann mir heute nicht vorstellen, wie eine Seele nach Hause fliegt."

Übung 2.11 Versuchen Sie den Unterschied zwischen den einzelnen Aussagen kurz zu beschreiben.
Welche beschreibt die Aussageabsicht des Dichters am ehesten?

Lösung s. S. 148

Die **Aussageabsicht** des Textes zielt auf die Wirkung, die der Autor mit dem Text erreichen will; daher wird sie oft auch als **Autorenintention** bezeichnet. Sie begründet herauszuarbeiten, ist das eigentliche Ziel der Interpretation. Um Ihren eigenen Erkenntnisweg vorzustrukturieren, gehen Sie nach der anfänglichen Lektüre des Gedichts von einer möglichen Intention aus, die Sie im Verlauf Ihrer Interpretation entweder zu belegen oder zu überarbeiten und zu korrigieren haben. Diese **Arbeitshypothese**, die sich auch auf formale und sprachliche Mittel beziehen kann, ist der erste Versuch, das Ziel Ihrer Interpretation in Kurzform zu bestimmen.

Übung 2.12 Beschreiben Sie, was Goethe wohl mit seinem Gedicht Willkommen und Abschied *zum Ausdruck bringen wollte.*

a) Er wollte junge Männer in seinem Alter auffordern, für die Geliebte etwas aufs Spiel zu setzen.
b) Er wollte an die Frauen appellieren, dankbarer zu sein.
c) Er wollte zeigen, dass die Liebe eine Macht ist, die viele Hindernisse überwindet und die glücklich macht, selbst wenn sie nicht immer erfüllt wird.

Nennen Sie Gründe, die vom Text her nachvollziehbar sein müssen, um Ihre Einschätzung der einzelnen Aussagen zu belegen.

Lösung s. S. 148

Die **Gesamtaussage** des Gedichts wird am Schluss der Interpretation knapp zusammengefasst und begründet. Sie ist das eigentliche Ergebnis der Interpretation. Dennoch kann die **vermutete Aussageabsicht**, in verkürzter und stärker vermutender Form, auch im Einleitungskapitel Erwähnung finden, denn schließlich bildet sie die Arbeitshypothese für den Interpretationsaufsatz.

2.4 Was will ich darstellen und belegen? – Eine Arbeitshypothese formulieren

Die Arbeitshypothese ist wichtig, weil sie Ihre Arbeit mit dem Gedicht steuert und den Blick auf bestimmte Untersuchungsschwerpunkte lenkt. Es gibt zwei Wege, die Arbeitshypothese für den Interpretationsaufsatz zu erschließen:
1. Sie ist indirekt in der Aufgabenstellung enthalten oder
2. sie muss selbstständig erschlossen werden, weil die Aufgabenstellung keine Hinweise enthält.

Im Folgenden finden Sie zu der Aufgabenstellung
„Analysieren und interpretieren Sie das Gedicht *Willkommen und Abschied* von Johann Wolfgang Goethe, indem Sie auf das lyrische Ich und die Entwicklung, die es durchläuft, eingehen. Beachten Sie auch die formalen und sprachlichen Gestaltungsmittel des Gedichts.“
einige Arbeitshypothesen:

a) „Das Gedicht schildert den Ablauf einer Begegnung zwischen dem lyrischen Ich und seiner Geliebten. Dabei durchlebt das lyrische Ich sehr unterschiedliche Gefühlsregungen und Stimmungszustände und ist letzten Endes glücklich, auch wenn es die Geliebte wieder verlassen muss.“
b) „Metrische und rhythmische Gestaltung sowie das Reimschema sind gleichmäßig und stehen so in einem gewissen Widerspruch zur leidenschaftlichen Gefühlslage des lyrischen Ichs.“
c) „Die Gefahren des Waldes werden in den lebendigsten Farben geschildert; die Natur wird so zu einem weiteren „Darsteller“ und „Mitspieler“ im Gedicht.“
d) „Die Geliebte erscheint geheimnisvoll – man erfährt nicht, was das lyrische Ich eigentlich gut an ihr findet.“
e) „Die Wortwahl weist einen hohen Anteil an emotional gefärbten Substantiven, Adjektiven und Verben auf.“

Übung 2.13 Welche beiden Hypothesen entsprechen am ehesten der Aufgabenstellung? Begründen Sie Ihre Ansicht.

Lösungen s. S. 148

Die Vorgabe einer Aufgabenstellung bedeutet nicht, dass man auf gar nichts anderes zu achten hat, aber sie gibt Schwerpunkte der Untersuchung vor.

Übung 2.14 Lesen Sie sich auf S. 102 das Gedicht Morgen Sonnet *von A. Gryphius und auf S. 53 die Informationen zum Sonett durch und formulieren Sie eine Arbeitshypothese, die der folgenden Aufgabenstellung entspricht:*

„Analysieren und interpretieren Sie das Gedicht Abend von Andreas Gryphius und gehen Sie dabei auch auf die Strophenform Sonett sowie auf die Wortwahl ein."

Der andere, vielleicht etwas schwierigere Fall ist die nicht weiter präzisierte Arbeitsaufgabe, die zumeist „Analysieren und interpretieren Sie das Gedicht ..." oder ähnlich lautet. Sie haben es dann einerseits leichter, weil Sie selbst entscheiden können, wo Sie Ihren Untersuchungsschwerpunkt setzen. Andererseits ist die allgemeine Aufgabenstellung vielleicht darin etwas schwieriger, dass Sie die Aufgabe haben, den für das Gedicht richtigen Interpretationsschwerpunkt selbst zu finden.

Lesen Sie sich das folgende expressionistische Gedicht mehrere Male durch:

August Stramm (1874-1915):
Patrouille (1915)

Die Steine feinden
Fenster grinst Verrat
Äste würgen
Berge Sträucher blättern raschlig
Gellen
Tod.

Übung 2.15 Worin weist das Gedicht Ihrer Meinung nach Auffälligkeiten auf?
a) Handlungsgang
b) Wortwahl
c) Entwicklung und Gefühlslage des lyrischen Ichs
d) Reimschema
e) Strophenform
f) überraschendes Ende
g) Bildlichkeit

Übung 2.16 Formulieren Sie zu dem Gedicht eine Arbeitshypothese.

Lösungen s. S. 149

Einige Hinweise, die Ihnen bei der Bildung der Arbeitshypothese helfen können, falls Sie keine Hinweise in der Aufgabenstellung vorfinden:
- ➤ Notieren Sie sich, was Ihnen spontan beim ersten Lesen des Gedichts aufgefallen ist.
- ➤ Wie ist die **Struktur** des Textes beschaffen (äußerlich und innerlich)?
- ➤ Gibt es Auffälligkeiten bei den **formalen Merkmalen**?
- ➤ Gibt es Auffälligkeiten in **Wortwahl** und **Bildlichkeit**?
- ➤ Gibt es Tendenzen, den **Satzbau** stark zu verändern und zu verfremden?
- ➤ Wie entsprechen sich **Form** und **Inhalt**?

Lösung s. S. 149

Übung 2.17 Lesen Sie sich auf S. 29 das Gedicht Die zwei Gesellen *von Joseph von Eichendorff durch und formulieren Sie eine Arbeitshypothese, die einem allgemeinen Arbeitsauftrag entspricht.*

2.5 Wie kann ich mit dem Text umgehen? – Das Gedicht optisch bearbeiten

Sicher kennen Sie die Arbeitstechnik, wichtige Stellen im Text zu unterstreichen oder mit einem Textmarker zu markieren. Man findet auf diese Weise schnell wichtige Stellen wieder, ohne den gesamten Text noch einmal gründlich lesen zu müssen. Dieses Verfahren können Sie noch ausbauen, indem Sie versuchen, im Text **Beziehungen** zwischen einzelnen Teilen herzustellen. Was für die Interpretation von ganz besonderer Bedeutung ist, können Sie auch mit einem Stichwort an den Rand schreiben. Die Zeichen, die zum Durcharbeiten eines Textes verwendet werden, sind folgende:

Ein Beispiel für einen durchgearbeiteten Gedichttext können Sie sich ansehen. Es handelt sich noch einmal um Goethes Gedicht *Willkommen und Abschied.*

———— (Unterstrich) inhaltlich wichtig

↓ ; ←→← Gegensatz
↑

↓↑ Zusammenhang

∿ ; ? (Fragezeichen, Unterschlängelung am Rand): unklar

! (Ausrufungszeichen am Rand): wichtiger oder überraschender Gedanke

Johann Wolfgang Goethe (1749-1832):
Willkommen und Abschied (1771/1775)

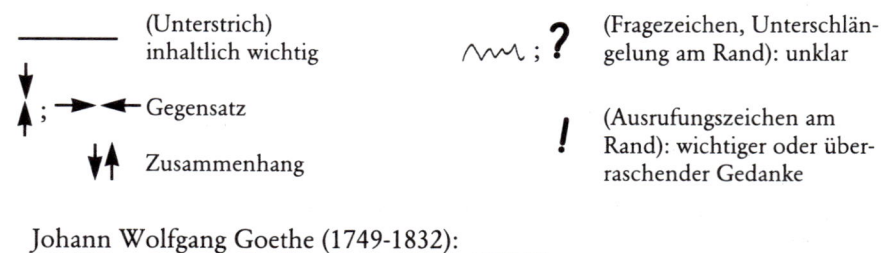

Es schlug mein Herz. Geschwind, zu Pferde!
Und fort, <u>wild wie ein Held zur Schlacht.</u>
Der <u>Abend wiegte</u> schon die Erde,
Und an den Bergen <u>hing die Nacht.</u>
5 Schon stund im <u>Nebelkleid</u> die Eiche
<u>Wie ein getürmter Riese</u> da,
Wo <u>Finsternis</u> aus dem Gesträuche
Mit hundert schwarzen Augen <u>sah.</u>
Der Mond von einem Wolkenhügel
10 Sah schläfrig aus dem Duft hervor,
Die Winde schwangen leise Flügel,
Umsausten schauerlich mein Ohr.

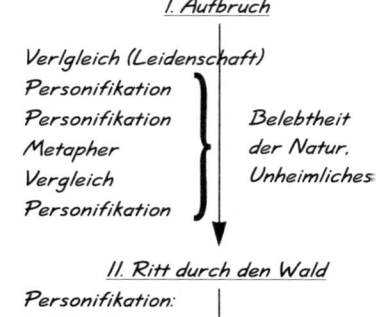

I. Aufbruch

Verlgleich (Leidenschaft)
Personifikation
Personifikation
Metapher
Vergleich
Personifikation

} *Belebtheit der Natur, Unheimliches*

II. Ritt durch den Wald

Personifikation: belebte Natur, Unheimliches

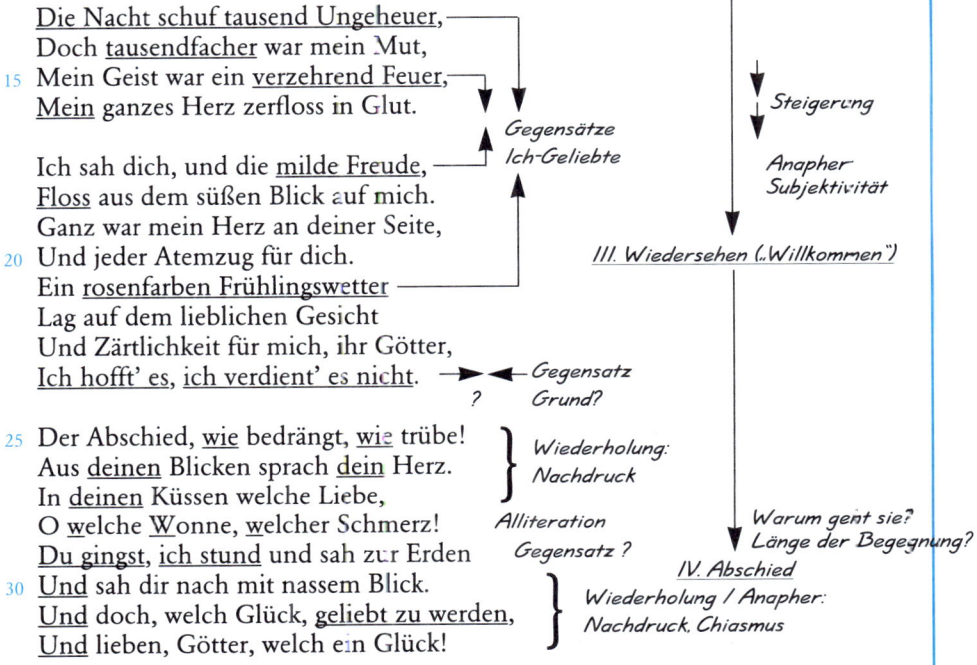

Die Nacht schuf tausend Ungeheuer,
Doch tausendfacher war mein Mut,
15 Mein Geist war ein verzehrend Feuer,
Mein ganzes Herz zerfloss in Glut.

Ich sah dich, und die milde Freude,
Floss aus dem süßen Blick auf mich.
Ganz war mein Herz an deiner Seite,
20 Und jeder Atemzug für dich.
Ein rosenfarben Frühlingswetter
Lag auf dem lieblichen Gesicht
Und Zärtlichkeit für mich, ihr Götter,
Ich hofft' es, ich verdient' es nicht.

25 Der Abschied, wie bedrängt, wie trübe!
Aus deinen Blicken sprach dein Herz.
In deinen Küssen welche Liebe,
O welche Wonne, welcher Schmerz!
Du gingst, ich stund und sah zur Erden
30 Und sah dir nach mit nassem Blick.
Und doch, welch Glück, geliebt zu werden,
Und lieben, Götter, welch ein Glück!

Gegensätze Ich-Geliebte

Steigerung

Anapher Subjektivität

III. Wiedersehen („Willkommen")

Gegensatz Grund?

Wiederholung: Nachdruck

Alliteration Gegensatz?

Warum geht sie? Länge der Begegnung?

IV. Abschied

Wiederholung / Anapher: Nachdruck, Chiasmus

Übung 2.18 Bearbeiten Sie nach dem gleichen Muster Eichendorffs Gedicht Die zwei Gesellen.

Joseph von Eichendorff (1788-1857):
Die zwei Gesellen (1818)

Es zogen zwei rüstge Gesellen
Zum erstenmal von Haus,
So jubelnd recht in die hellen,
Klingenden, singenden Wellen
5 Des vollen Frühlings hinaus.

Die strebten nach hohen Dingen,
Die wollten, trotz Lust und Schmerz,
Was Recht's in der Welt vollbringen,
Und wem sie vorüber gingen,
10 Dem lachten Sinnen und Herz.

Der erste, der fand ein Liebchen,
Die Schwieger kauft' Hof und Haus;
Der wiegte gar bald ein Bübchen
Und sah aus heimlichem Stübchen
15 Behaglich ins Feld hinaus.

Dem zweiten sangen und logen
Die tausend Stimmen im Grund,
Verlockend Sirenen und zogen
Ihn in der buhlenden Wogen
20 Farbig klingenden Schlund.

Und wie er auftaucht' vom Schlunde,
Da war er müde und alt,
Sein Schifflein das lag im Grunde,
So still war's rings in die Runde,
25 Und über die Wasser weht's kalt.

Es singen und klingen die Wellen
Des Frühlings wohl über mir;
Und seh ich so kecke Gesellen,
Die Tränen im Auge mir schwellen -
30 Ach Gott, führ uns liebreich zu Dir!

Die Kategorien der Interpretation

3.1 Wer spricht? – Das lyrische Ich erkennen und beschreiben

In literarischen Texten, gleich welcher Art, hängt die Deutung des Inhalts eng von der Perspektive ab, aus der der Sachverhalt geschildert wird. Entscheidend dafür ist in epischen Texten die Rolle des Erzählers. In lyrischen Texten spricht man vom **lyrischen Ich**. Dieses hat verschiedene Möglichkeiten sich zu äußern. Es kann sich entweder direkt zu erkennen geben – das Gedicht ist dann in der Ich-Form geschrieben. Es kann aber auch in einer größeren Menge aufgehen, dann wird die erste Person Plural gewählt. Möglich ist es auch, dass sich das lyrische Ich hinter einer Anrede „Du" oder „Ihr" verbirgt und persönlich nicht in Erscheinung tritt. Vielleicht ist der Sprecher (wie man das lyrische Ich übrigens auch nennen kann) im Text gar nicht direkt greifbar; dann muss man seinen Standpunkt aus dem Inhalt zu konstruieren versuchen.

Ein Beispiel: Aus der eingangs wiedergegebenen Zeitungsmeldung über den Raser auf der Stadtautobahn (S. 14) ließen sich folgende Gedichte bilden:

Rechenaufgabe

250 PS erlauben 138 Stundenkilometer
58 Stundenkilometer zu viel
ergeben
2500 DM Bußgeld,
5 18 Monate Fahrverbot
und 4 Punkte in der Kartei.

Wer dabei noch auf Mitleid hofft,
verdient den ersten Preis
in Sachen
10 Dummheit.

Abenteuer

Ich stieg in meinen Japaner ein
fuhr stracks zur Autobahn
Der fünfte Gang musst' es schon sein
Beschleunigung nach Plan.

5 Doch plötzlich kommt die Kelle rot,
ich glaub, ich seh nicht recht,
Der Schutzmann hinterm Fenster droht,
da wird mir langsam schlecht.

Das Portemonnaie nimmt nun wohl ab
10 das Punktekonto zu
Die Raserei wird noch mein Grab
wenn ich nichts dagegen tu.

Geschwindigkeitsbegrenzung

Achtundfünfzig war er zu schnell
Auf dem Stadtring gefahren
Im Kopf wohl kaum besonders hell
Davon zeugt das extreme Gebaren.

5 Die Polizei, die stoppte ihn schnell
bei seiner Raserei,
drum, liebe Autofahrer, seid hell,
wollt ihr nicht enden in der Sünderkartei.

Bitte machen Sie eine Ausnahme!

Wir haben Maschinen
Nicht schnell, sondern schneller als Wind
Ob der Verstand im selben Tempo
hinterherkommt,
5 liegt an uns selbst.
Manchmal gehen wir Umwege
so wie jener:
138 statt 80
und dann noch um Gnade bitten.

10 Was sagten wir zum Opfer,
das unter unsern Reifen läge.

*Übung 3.1 In allen vier „Gedichten“ gibt es einen Sprecher, ein lyrisches Ich.
Versuchen Sie, die folgenden Aussagen dem entsprechenden Gedicht zuzuordnen:*

Lösung s. S. 149

a) „Das lyrische Ich macht in seinem Gedicht auf die Folgen der Raserei aufmerksam. Es zeigt auf, dass wir nie die anderen Teilnehmer im Straßenverkehr vergessen und nicht nur an unser eigenes Vergnügen denken sollten."

b) „Das lyrische Ich macht auf spielerische Weise am Beispiel einer Geschwindigkeitsübertretung deutlich, wie sich der Mangel an Vernunft und Umsicht auswirkt."

c) „In scheinbar heiterem Tonfall berichtet das lyrische Ich von einem ernst zu nehmenden Sachverhalt – der maßlosen Raserei auf unseren Straßen. Es schildert, wie es in sein Auto steigt, um sich auf der Stadtautobahn erst einmal richtig auszutoben. Zwar wird es von der Polizei gestoppt, doch stehen Aussage und Tonfall am Ende des Gedichts in einem Missverhältnis: Dass das lyrische Ich etwas gelernt hat, ist zu bezweifeln."

d) „Das lyrische Ich appelliert an die Leser, auch im eigenen Interesse im Straßenverkehr auf die Geschwindigkeit zu achten und nicht zu schnell zu fahren. Zu diesem Zweck erzählt es die Geschichte eines Rasers, der obendrein als durchaus beschränkter Mensch dargestellt wird."

Übung 3.2 Die soeben spielerisch durchgeführten Untersuchungen zum lyrischen Ich sollen nun anhand von vier Gedichten vertieft werden. Bearbeiten Sie dazu für jeden Text folgende Leitfragen:
– Wer spricht eigentlich?
– Ist das lyrische Ich direkt oder indirekt hörbar?
– Welche Haltung nimmt das lyrische Ich zum geschilderten Sachverhalt ein?
– Welche Wirkung geht von der jeweiligen Form des lyrischen Ichs aus?

Lösung s. S. 149

Nikolaus Lenau (1802-1850):
Bitte (1832)

Weil auf mir, du dunkles Auge,
Übe deine ganze Macht,
Ernste, milde, träumerische
Unergründlich süße Nacht!

5 Nimm mit Deinem Zauberdunkel
Diese Welt von hinnen mir,
Daß Du über meinem Leben
Einsam schwebest für und für.

Justinus Kerner (1786-1862):
Im Eisenbahnhofe (1830)

Hört ihr den Pfiff, den wilden, grellen?
Es schnaubt, es rüstet sich das Tier,
Das eiserne, zum Zug, zum schnellen,
Her braust's wie ein Gewitter schier.

5 In seinem Bauche schafft ein Feuer,
Das schwarzen Qualm zum Himmel treibt;
Ein Bild scheint's von dem Ungeheuer,
Von dem die Offenbarung schreibt.

Jetzt welch ein Rennen, welch Getümmel,
10 Bis sich gefüllt der Wagen Raum!
Drauf „Fertig!" schreit's, und Erd und Himmel
Hinfliegen, ein dämonscher Traum.

Heinrich Heine (1797-1856):

Das Fräulein stand am Meere
Und seufzte lang und bang,
Es rührte sie so sehre
Der Sonnenuntergang.

5 Mein Fräulein! Sein sie munter,
Das ist ein altes Stück;
Hier vorne geht sie unter
Und kehrt von hinten zurück.
                                    (1844)

Theodor Fontane (1819-1898):
Ausgang (1889)

Immer enger, leise, leise
Ziehen sich die Lebenskreise,
Schwindet hin, was prahlt und prunkt,
Schwindet Hoffen, Hassen, Lieben
5 Und ist nichts in Sicht geblieben
Als der letzte dunkle Punkt.

3.2 Was ist eigentlich an (vielen) Gedichten anders? – Die formalen Merkmale untersuchen

Mehr noch als in erzählenden Texten und beim Drama wird bei Gedichten auf die Analyse formaler Merkmale geachtet. Das macht die Arbeit mit Gedichten einerseits schwerer, andererseits aber auch leichter:
- *schwerer*, weil man sich einige formale Merkmale und die entsprechenden Fachbegriffe einprägen muss,
- *leichter*, weil man eine gewisse Anzahl von Kriterien an der Hand hat, die einem Sicherheit bei der Textinterpretation geben können. Doch darf dieser „Katalog" nicht darüber hinwegtäuschen, dass es nicht darum geht, einzelne Aspekte Punkt für Punkt abzuhaken, sondern um eine zusammenhängende Deutung des lyrischen Textes, eventuell auch um den Vergleich zweier Texte.

Die folgenden Abschnitte sollen Ihnen helfen, den Umgang mit literarischen Fachbegriffen, die man zur Interpretation von Gedichten benötigt, zu trainieren. Bestimmt haben Sie die meisten der Fachbegriffe schon einmal im Deutschunterricht gehört.

Übung 3.3 Setzen Sie die Fachbegriffe in den folgenden Lückentext ein. Wo Sie sich nicht sicher sind, müssen Sie aus dem deutschen Namen des Begriffs auf seine eventuelle Bedeutung schließen.

Lösung s S. 159

Reim – Vers – Strophe – Endreim – Rhythmus – Lyrisches Ich - Metrum – Versfuß (Taktart) – Lautung (Klang) – Bildlichkeit (Metaphorik) – Zeilensprung (Enjambement) – Sprecher

Gedichte sind zumeist kürzere literarische Texte, die eine Anzahl gemeinsamer Merkmale aufweisen. Schon der Name *Lyrik* (gr.: zum Spiel der Lyra [Saiteninstrument] gehörend) weist auf die Verbindung zum Lied hin. Gedichte, die nach traditioneller Weise gebaut sind, bestehen aus einzelnen _____, die zu einzelnen _____ zusammengefasst sind. Zur Verbindung einzelner Verse oder um die Zusammengehörigkeit einzelner Wörter aufzuzeigen, wird oft ein _____ verwendet, der meist als _____ auftaucht. Geht ein Satz über das Ende eines Verses hinaus, spricht man von einem _____ (_____).
Wichtig ist die Art des Vortrags eines Gedichtes. Dieser richtet sich nach dem _____ und dem vom Inhalt bestimmten _____. Das Metrum wird bestimmt durch die _____ (_____).
Gedichte gelten als besonders konzentrierte und kunstvoll gestaltete Form von Literatur. Daher kommen in ihnen in besonderer Weise sprachliche Mittel in Wortwahl und Satzbau zum Einsatz; besonders wichtig ist dabei die_____ (_____). Zur Unterstützung der inhaltlichen Wirkung spielt die _____ (_____) eine wichtige Rolle. Was in einem Prosatext der Erzähler ist, nennt man beim Gedicht _____ _____ oder _____; er ist nicht mit dem Autor zu verwechseln.

Übung 3.4 Im Folgenden finden Sie in Form eines kleinen Rätsels noch einmal einige Grundbegriffe erklärt. Tragen Sie hinter den Erklärungen den richtigen Fachbegriff ein.

Lösung s. S. 150

– kleinste Einheit in einem Gedicht: _____
– Einheit, die die kleinsten Einheiten eines Gedichts zusammenfasst: _____

– wenn man ohne deutlich hörbare Pause von einem Vers zum anderen weiter liest: _____ (_____)
– Mittel, das die Zusammengehörigkeit zweier Verse anzeigt: _____ _____

– wenn die letzten beiden Silben (mindestens) zweier Verse gleich enden: _____ _____

– regelmäßiger Wechsel von Betonungen (Hebungen) und unbetonten Silben (Senkungen): _____
– sinngemäßes, akzentuiertes Sprechen des Gedichts: _____
– bildhafte Umschreibung: _____ (_____)
– lautliches Mittel zur Unterstreichung des Inhalts: _____ (_____ _____)

3.2.1 Was passt wozu? – Die Reimschemata ermitteln

Ein Gedicht traditioneller Bauweise erkennt man meist am Reim. Für die Untersuchung von Gedichten sollten Sie die **häufigsten Reimarten** je nach ihrer Stellung im Vers und nach ihrer lautlichen Gestaltung kennen. Am Reim und am Rhythmus (s.u.) erkennt man die Verwandtschaft des Gedichtes mit dem Lied. Gereimte Texte sind einfacher zu singen als ungereimte, und außerdem kann man sie sich auch besser merken. So trägt der Reim zur **Einheitlichkeit** und **Einprägsamkeit** von Gedichten bei. Jedoch verzichten besonders oft moderne Lyriker auf den Reim als stilbildendes Merkmal bei Gedichten.

Lösung s. S. 150

Anfangsreim – reiner Reim – Reimform – Endreim – unreiner Reim – Reimfolge – identischer Reim

Übung 3.5 Fügen Sie in den folgenden Lückentext die Fachbegriffe ein.

Der Reim

Bei den Reimen unterscheidet man eine Vielzahl verschiedener _____ die den „Charakter" und die Art und Weise des Reims beschreiben, und _____, die die Stellung des Reimes im Vers und im Gedicht beschreiben.
Von den Reimformen sind die wichtigsten der _____, der _____ _____ und der _____ _____.
Die Reimfolgen unterscheiden zwischen _____ und _____, dem wohl am häufigsten verwendeten Reim.

Übung 3.6 Ordnen Sie den nachfolgend erklärten Reimfolgen die entsprechenden Fachbegriffe zu: Paarreim – Kehrreim – Kreuzreim – umarmender Reim – Stabreim (Alliteration) – Schweifreim.
Notieren Sie sie auch in der Buchstabenfolge, wo das möglich ist.

Lösung s. S. 151

a) zwei aufeinander folgende Verse reimen sich:

's war einer, dem's zu Herzen ging,   a
Daß ihm der Zopf so hinten hing.   a
Adelbert v. Chamisso

b) zwei Reime der Versschlüsse wechseln einander ab:

In die tiefsten Felsengründe
Lockte mich ein Irrlicht hin;
Wie ich einen Ausgang finde,
Liegt nicht schwer mir in dem Sinn.
Wilhelm Müller

c) erster und vierter Vers reimen sich und umschließen die Verse 2 und 3, die sich ebenfalls reimen:

Die Liebe, sagt man, steht am Pfahl gebunden,
Geht endlich arm, zerrüttet, unbeschuht;
Dies edle Haupt hat nicht mehr, wo es ruht,
Mit Tränen netzet sie die Wunden.
Eduard Mörike

d) die sich reimenden Verse 1 und 2 sowie 4 und 5 werden durch die Verse 3 und 6, die sich ebenfalls reimen, unterbrochen:

Komm, Trost der Welt, du stille Nacht!
Wie steigst du von den Bergen sacht,
Die Lüfte alle schlafen,
Ein Schiffer nur noch, wandermüd,
Singt übers Meer sein Abendlied
Zu Gottes Lob im Hafen.
Joseph v. Eichendorff

e) Wiederholung, v. a. des Schlussverses, mehrerer Strophen

O gib, vom weichen Pfühle,
Träumend, ein halb Gehör!
Bei meinem Saitenspiele
Schlafe! Was willst du mehr?

Bei meinem Saitenspiele
Segnet der Sterne Heer
Die ewigen Gefühle;
Schlafe! Was willst du mehr?
Johann Wolfgang Goethe

f) *Gleichklang von betonten Stammsilben (meist durch den ersten, gemeinsamen Buch-*
staben; in Gedichten oft – aber nicht ausschließlich – am Versanfang)

L̲aß, o Welt, o l̲aß mich sein!
L̲ocket nicht mit L̲iebesgaben,
L̲aßt das Herz allein haben
Seine Wonne, seine Pein!

                E. Mörike

Übung 3.7 Analysieren Sie die folgenden Gedichtausschnitte nach ihrer Reimform.
Bestimmen Sie die Endreime und notieren Sie sie in der Buchstabenfolge.
Achtung: Einer der Gedichtausschnitte enthält mehrere Reimfolgen!

Lösung s. S. 151

Gedicht	
a) Immer enger, leise, leise Ziehen sich die Lebenskreise Schwindet hin, was prahlt und prunkt, Schwindet Hoffen, Hassen, Lieben Und ist nichts in Sicht geblieben Als der letzte dunkle Punkt. Theodor Fontane	
b) Voran, voran, nur immer im Lauf voran, als woll' es ihn holen; Vor seinem Fuße brodelt es auf, Es pfeift ihm unter den Sohlen Annette von Droste-Hülshoff	
c) Im düstern Auge keine Träne, Sie sitzen am Webstuhl und fletschen die Zähne: Deutschland, wir weben dein Leichentuch, Wir weben hinein den dreifachen Fluch – Wir weben, wir weben! Ein Fluch dem Gotte, zu dem wir gebeten In Winterskälte und Hungersnöten; Wir haben vergebens gehofft und geharrt, Er hat uns geäfft und gefoppt und genarrt – Wir weben, wir weben! Heinrich Heine	
d) Du siehst, wohin du siehst, nur Eitelkeit auf Erden, Was dieser heute baut, reißt jener morgen ein; Wo itzund Städte stehen, wird eine Wiesen sein, Auf der ein Schäferskind wird spielen mit den Herden. Andreas Gryphius	

Übung 3.8 Beschreiben Sie die Reimstruktur von Goethes Gedicht Auf dem See *(S. 47). Inwieweit könnte sie auch für die inhaltliche Aussage von Bedeutung sein?*

Lösung s. S. 151

Wenn eine Endreimfolge zwar erkennbar ist, aber nicht zu Paar-, Kreuz-, Schweif- oder umarmendem Reim gehört, genügt es, wenn Sie das **Reimsche-ma in der Buchstabenfolge** notieren.

Mitunter verzichten – besonders moderne – Gedichte auf Endreime. Diese Reimlosigkeit steht meist in einer Beziehung zur jeweiligen inhaltlichen Aussage. So ist es in zeitgenössischen Gedichten oft so, dass der Einsatz von Endreimen zu harmonisch oder gezwungen wirkt. Zugleich ist der Verzicht auf Endreime für manche Dichter auch ein Zeichen für künstlerische Freiheit, die wiederum ihre Entsprechung im Inhalt des Gedichts finden sollte.
Auf jeden Fall ist die Tatsache, dass ein Gedicht keinen Endreim aufweist, so bedeutsam, dass sie in einem Interpretationsaufsatz unbedingt erwähnt werden sollte.

Übung 3.9 Vergleichen Sie die Reimstruktur der beiden Gedichte von Eduard Mörike und Ludwig Fels und setzen Sie sie in Beziehung zu ihrer inhaltlichen Aussage.

Lösung s. S. 151

Eduard Mörike (1804-1875):
Septembermorgen (1828)

Ludwig Fels (*1946):
Fluchtweg (1984)

Im Nebel ruht noch die Welt,
Noch träumen Wald und Wiesen:
Bald siehst du, wie der Schleier
    fällt,
Den blauen Himmel unverstellt
5 Herbstkräftig die gedämpfte Welt
In warmem Golde fließen.

Einen Sommer lang gehn
durch Heide und über Gebirg
sich vom Wegrand ernähren
segeln durch wogendes Getreide
5 immer den Vögeln nach und den
    Sonnen
bevor sie ausgerottet sind.
Man muß erfahren haben,
welche Welt vergeht.

3.2.2 Leiern oder gestalten? – Metrum und Rhythmus unterscheiden

Ein wichtiges Merkmal, das die inhaltliche Wirkung eines Gedichts unterstützt, ist sein **Vortrag**, denn anders als z.B. Erzählungen sind Gedichte von vornherein zum lauten Vortragen gedacht. Sicher kennen Sie das so genannte „Leiern" beim Gedichtvortrag – entweder man betont zu wenig (man liest den Text vor wie eine Notiz aus der Zeitung oder wie eine beiläufige, nebensächliche Erzählung) oder man betont nicht abwechslungsreich genug – dann entsteht eine Art einschläferndes Auf und Ab. Am folgenden Gedicht können Sie die Wirkung eines guten, dem Inhalt angemessenen Gedichtvortrags gleich einmal ausprobieren. Theodor Storms Gedicht *Abseits* ist sehr gleichmäßig gebaut, d.h., es gibt einen gleichmäßigen Wechsel von Betonungen (Hebungen) und unbetonten Silben (Senkungen).

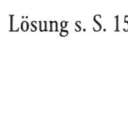

Lösung s. S. 151

Übung 3.10 Lesen Sie sich das Gedicht zunächst gründlich durch und sprechen Sie es dann laut.

Theodor Storm (1817-1888):
Abseits (1848)

Es ist so still; die Heide liegt
Im warmen Mittagssonnenstrahle,
Ein rosenroter Schimmer fliegt
Um ihre alten Gräbermale;
5 Die Kräuter blühn; der Heideduft
Steigt in die blaue Sommerlust.

Laufkäfer hasten durchs Gesträuch
In ihren goldnen Panzerröckchen.
Die Bienen hängen Zweig um Zweig
10 Sich an der Edelheide Glöckchen,
Die Vögel schwirren aus dem Kraut –
Die Luft ist voller Lerchenlaut.

V. 15: **Kätner:** Bewohner eines kleinen Bauernhauses

Ein halbverfallen, niedrig Haus
Steht einsam hier und sonnbeschienen,
15 Der Kätner lehnt zu Tür hinaus,
Behaglich blinzelnd nach den Bienen;
Sein Junge auf dem Stein davor
Schnitzt Pfeifen sich aus Kälberrohr.

Kaum zittert durch die Mittagsruh
20 Ein Schlag der Dorfuhr, der entfernten;
Dem Alten fällt die Wimper zu,
Er träumt von seinen Honigernten.
Kein Klang der aufgeregten Zeit
Drang noch in diese Einsamkeit.

Übung 3.11 Beschreiben Sie zunächst die Stimmung, die das Gedicht vermittelt. Versuchen Sie sich dazu die Situation, die geschildert wird, bildlich vorzustellen.

Übung 3.12 Sprechen Sie das Gedicht einmal in etwas übertriebener (aber nicht verzerrender) Weise. Markieren Sie mit dem Bleistift jede betonte Silbe mit einem – *, jede unbetonte mit einem* ∪.

Lösungen s. S. 151

Um ihren Gedichten eine einprägsame Form zu geben und den Eindruck ihres Inhalts zu verdeutlichen und zu steigern, verwenden viele Lyriker ein **Versmaß (Metrum)**. Das Metrum wird durch die **Taktart** (auch „Versfuß" genannt), d.h. die Weise, in der betonte und unbetonte Silben miteinander wechseln, bestimmt.

In *Abseits* haben Sie bereits eine häufig verwendete Taktart kennen gelernt: den Wechsel von unbetonter und betonter Silbe. Dabei handelt es sich um den **Jambus**.

Übung 3.13 Versuchen Sie nun bei den folgenden Strophen herauszufinden, welche Silben betont sind und welche unbetont und inwiefern man eine Regelmäßigkeit feststellen kann. Markieren Sie die betonten Silben nach dem in Abseits *eingeübten Verfahren mit einem* – *und die unbetonten mit einem* ∪.

Lösung s. S. 152

a) Quer durch Europa von Westen nach Osten

   Rüttert und rattert die Bahnmelodie.

   Gilt es die Seligkeit schneller zu kosten?

   Kommt er zu spät an im Himmelslogis?

          Detlev von Liliencron (1844-1909): *Der Blitzzug* (1. Str.)

b) Wie der Wächter in den Weingeländen

   seine Hütte hat und wacht,

   bin ich Hütte, Herr, in deinen Händen

   und bin Nacht, o Herr, von deiner Nacht.

          Rainer Maria Rilke (1875-1926)

c) Frühling läßt sein blaues Band

   Wieder flattern durch die Lüfte;

   Süße, wohlbekannte Düfte

   Streifen ahnungsvoll das Land.

   Veilchen träumen schon,

   Wollen balde kommen.

   – Horch, von fern ein leiser Harfenton!

   Frühling, ja du bist's!

   Dich hab ich vernommen!

          Eduard Mörike (1804-1875): *Er ist's*

Übung 3.14 Untersuchen Sie bei den vier Beispielen (einschließlich Abseits) dieses Abschnittes die betonten Silben bzw. die entsprechenden Wörter. Am besten ist es, wenn Sie sie sich herausschreiben. Versuchen Sie ihren Bedeutungsgehalt für das Gedicht bzw. für die einzelnen Strophen zu beschreiben.

Lösungen s. S. 153

Übung 3.15 Versuchen Sie Ihre Beobachtungen zu verallgemeinern und formulieren Sie einen entsprechenden Merksatz.

Zusammenfassend kann man zu Taktart und Metrum festhalten:

Die wichtigsten Taktarten (Versfüße)

Gedichte traditioneller Bauart weisen oft eine bestimmte metrische Gestaltung auf, die allerdings auch durchbrochen werden kann. Das Metrum richtet sich nach der jeweiligen Taktart, nämlich:

1. **Jambus**: Wechsel von unbetonter und betonter Silbe: $\cup - | \cup - |$

2. **Trochäus**: Wechsel von betonter und unbetonter Silbe: $- \cup | - \cup |$

3. **Anapäst**: Wechsel von zwei unbetonten und einer betonten Silbe: $\cup \cup - | \cup \cup - |$

4. **Daktylus**: Wechsel von einer betonten und zwei unbetonten Silben: $- \cup \cup | - \cup \cup |$

Daktylus und Anapäst tauchen als durchgehendes Metrum in einem Gedicht verhältnismäßig selten auf. Jedoch gibt es in traditionell geformten Gedichten immer wieder Einschübe in diesen Taktarten. Eine ebenfalls auf die Antike zurückgehende und bei an die Antike anknüpfenden Gedichten vorkommende weitere Taktart ist der Hexameter, der aus sechs daktylischen Versfüßen besteht.
Jedoch handelt es sich bei der metrischen Gestaltung eines Gedichts nicht um eine formale Spielerei, um ein bloßes Verteilen von betonten und unbetonten Silben. Ebensowenig dient ein Metrum ausschließlich dem Zweck, die Einprägsamkeit eines Gedichts zu erhöhen. Oft werden durch das Metrum besonders **bedeutungstragende** Wörter hervorgehoben.

Wenn Sie ein bestimmtes Metrum herausgefunden haben, müssen Sie dieses in Ihrem Interpretationsaufsatz angemessen berücksichtigen. Lesen Sie die folgenden Versuche, die sich auf Theodor Storms Gedicht *Abseits* beziehen.

a) Theodor Storm hat für sein Gedicht das Versmaß Jambus verwendet. Dadurch bekommt es einen gleichmäßigen und angenehmen Klang.

b) In Theodor Storms Gedicht *Abseits* wechseln unbetonte und betonte Silben einander regelmäßig ab. Das bezeichnet man als Jambus.

c) Das Metrum, es handelt sich um einen vierhebigen Jambus, unterstreicht die ruhige, gleichmütige Atmosphäre, die der Inhalt beschreibt. Das geschieht nicht nur durch einen gleichmäßigen Wechsel von Senkungen und Hebungen. Die Hebungen stellen oft auch wichtige, bedeutungstragende Wörter heraus („still", „warmen Mittagssonnenstrahl"), die die ruhige Atmosphäre verkörpern.

Übung 3.16 Welchen Eindruck haben Sie von diesen drei Beschreibungen des Metrums? Was hat Text c) den anderen beiden voraus?

Lösungen s. S. 153

Übung 3.17 Formulieren Sie, indem Sie vom Vergleich der Beschreibungen a) – c) ausgehen, die Anforderungen, die an eine Beschreibung des Metrums im Rahmen eines Interpretationsaufsatzes zu stellen sind.

Inhalt der betonten Silben:

Quer durch Europa von Westen nach Osten
→ *Ausdehnung der Zugstrecke: sehr lang*

Rüttert und rattert die Bahnmelodie.
→ *Geräusche der Zugfahrt: unruhig, aber schön*

Gilt es die Seligkeit schneller zu kosten?
→ *Gefühle, Wünsche der Insassen*

Kommt er zu spät an im Himmelslogis?
→ *Befürchtungen*

⇒ *Daktylus (Geräusch einer Dampflokomotive)*

Übung 3.18 Im Folgenden werden zu der ersten Strophe von Der Blitzzug *(vgl. Übung 3.13) einige Hinweise zur metrischen Gestaltung am Rand gegeben. Versuchen Sie aus diesen Hinweisen einen zusammenhängenden Text zu formulieren.*

Lösungen s. S. 153

Übung 3.19 Verfahren Sie ähnlich zu Mörikes Gedicht Er ist's *(vgl. Übung 3.13). Markieren Sie zunächst betonte und unbetonte Silben. Untersuchen Sie dann, welche Wörter durch die Hebungen besonders herausgestellt sind und machen Sie sich entsprechende Stichworte neben den Vers.*
Verfassen Sie anschließend einen kurzen Text zur metrischen Gestaltung des Gedichts.

Kehren Sie noch einmal zurück zu dem Gedicht *Abseits* von Theodor Storm am Beginn dieses Abschnitts. Dort konnten Sie sehen, dass das Gedicht im Metrum des Jambus verfasst wurde. Doch wenn Sie genau lesen, werden Sie erkennen, dass das Metrum nicht genau mit der Art und Weise übereinstimmt, wie das Gedicht nun wirklich gelesen wird. Das hat vor allem den Grund, dass nicht alle betonten Silben bzw. Wörter von der gleichen Wichtigkeit sind.

Und wenn man sich beim Sprechen des Gedichts ganz genau an das Metrum halten würde, entstünde leicht der Effekt des Leierns, das auf mögliche Zuhörer einschläfernd wirkt.

> ### Metrum und Rhythmus
>
> Das Metrum eines Gedichts stimmt nicht grundsätzlich mit der Art und Weise überein, wie das Gedicht tatsächlich sinngemäß gesprochen wird. Das sinngemäße Sprechen des Gedichts nennt man den **Rhythmus**. Für den Rhythmus bestimmend sind die der Bedeutung entsprechende **Betonung**, **Pausen** und das dem Inhalt angemessene **Sprechtempo**. Allgemein kann man den Rhythmus nach drei grundlegenden Gesichtspunkten bestimmen als **fließend**, **strömend** oder **frei**.

Übung 3.20 Versuchen Sie folgende Fragen zu dem Gedicht Abseits *stichwortartig zu beantworten:*

Welche Stimmung vermittelt das Gedicht? Wie müsste es dem entsprechend vorgetragen werden?
Wo würden Sie deutlich vernehmbare Pausen machen?
Wo würden Sie flüssig über das Ende eines Verses hinweg zum nächsten Vers weiter sprechen?
Welches Tempo halten Sie für das Gedicht für angemessen?
Wenn Sie das Gedicht einem der drei genannten Rhythmustypen zuordnen würden (fließend, strömend, frei) – für welchen würden Sie sich entscheiden? Nennen Sie Gründe.

Lösungen s. S. 154

Übung 3.21 Verfahren Sie ebenso mit der ersten Strophe des Liliencron-Gedichts Der Blitzzug.

Wenn Sie die taktmäßig-rhythmische Gestaltung eines Gedichtes beschreiben und untersuchen sollen, kommt es nicht nur auf eine korrekte Unterscheidung von Metrum und Rhythmus an. Diese müssen in der Interpretation auch in passender Weise zusammengefügt werden. Dabei stellt die Beschreibung des Metrums die Grundlage dar, auf der die Darstellung und Untersuchung des Rhythmus' aufbaut, denn das Metrum bestimmt den Rhythmus zu einem großen Teil. Daher ist es bei der Interpretation sinnvoll, zunächst auf das Metrum und dann auf den Rhythmus einzugehen. Das soll das folgende Beispiel zum Gedicht *Abseits* von Theodor Storm zeigen:

– Jambus, vier Hebungen

– ruhige, gleichmäßige Stimmung

– stimmungsbildende Wörter herausgestellt: „still"(V. 1), „liegt" (V. 1), „warm, Mittagssonne" (V. 2), „rosenroter Schimmer" (V. 3) und viele andere

– mehrere Pausen innerhalb eines Verses (vgl. V. 1, 5, 20)

– regelmäßige Zusammenfassung zweier Verse zu einer Sprech- und Sinneinheit durch Enjambements (Sprechpausen am Ende von V. 2, 4, 8, 10, 14, 16, 20, 22)

– gleichmäßige, Betonung (Ausnahme V. 23: „Kein Klang" $|--|$ ⇒ stärkeres Unterstreichen der Stille)

– ruhiges, eher langsames Sprechtempo

⇒ fließender Rhythmus, unterstreicht ruhige, gelassene, friedliche, sommerliche Atmosphäre

„Das Gedicht *Abseits* von Theodor Storm ist in einem regelmäßigen vierhebigen Jambus gehalten. Er unterstützt die gleichmäßige, ruhige Stimmung, die das Gedicht inhaltlich wiedergibt. Zugleich unterstreichen die Hebungen besonders bedeutungstragende Wörter: „still" (V. 1), „warmen" (V. 2), „rosenroter" (V. 3), „alten Gräbermale" (V. 4).

Seinem Inhalt und dem Metrum entsprechend wird das Gedicht ruhig, getragen gesprochen. Diese Ruhe wird verstärkt durch einige Pausen auch im Vers selbst, wo sie z.T. durch ein Semikolon angezeigt sind (vgl. V. 1, 5, 20). Sie stellen so etwas wie ein Innehalten des lyrischen Ichs dar. Auf der anderen Seite verdeutlichen zahlreiche Enjambements die Zusammengehörigkeit aller Eindrücke. Jeweils zwei Verse bilden eine Sprech- und Sinneinheit. Dadurch ergibt sich ein relativ gleichmäßiges, ruhiges Sprechtempo (Sprechpausen am Ende von V. 2, 4, 8, 10, 14, 16, 20, 22), dessen Betonung lediglich in V. 23 unterbrochen wird. Das doppelt betonte „Kein Klang" unterstreicht die Abgeschlossenheit und Ruhe der Situation.

So liegt insgesamt ein fließender Rhythmus vor, der keine großen Schwankungen in der Betonung aufweist und so die ruhige, gelassene und friedliche Atmosphäre, die der Inhalt des Gedichts wiedergibt, unterstreicht."

Übung 3.22 Versuchen Sie einen ähnlichen Text für Er ist's *zu verfassen.*

Lösung s. S. 154

Einen Sonderfall in der rhythmischen Gestaltung stellt der freie Rhythmus dar. Er verzichtet auf jedes feste Metrum, und die Betonung richtet sich allein nach dem Inhalt. Da Gedichte mit einem freiem Rhythmus oft starke Unterschiede in der Betonung aufweisen, entsteht in diesen Fällen ein **Eindruck von Unruhe oder Leidenschaft** (z.B. in Goethes Hymne *Prometheus*, vgl. S. 67). Freie Rhythmen sind besonders in modernen Gedichten häufig anzutreffen, da diese oft die feste Form allgemein aufzulösen trachten. Bei älteren Gedichten verfügen oft Hymnen und Oden über einen freien Rhythmus.

Das folgende Gedicht *Dem Unendlichen* von Friedrich Gottlieb Klopstock (1724-1803) stammt aus dem Jahre 1764; es handelt sich um eine Ode, die in freien Rhythmen gehalten ist.

Lösung s. S. 155

Übung 3.23 Bestimmen und markieren Sie die betonten und unbetonte Silben und die durch die Betonung hervorgehobenen Schlüsselwörter.
Versuchen Sie davon ausgehend eine kurze Beschreibung des Inhalts zu geben.
Überlegen Sie, warum Klopstock freie Rhythmen für sein Gedicht gewählt hat.

Friedrich Gottlieb Klopstock (1724-1803):
Dem Unendlichen (1764)

Wie erhebt sich das Herz, wenn es dich,

Unendlicher, denkt! Wie sinkt es,

Wenns auf sich herunterschaut!

Elend schauts wehklagend dann, und Nacht und Tod!

5   Allein du rufst mich aus meiner Nacht, der im Elend, im Tod hilft!

Dann denk ich es ganz, daß du ewig mich schufst,

Herrlicher! Den kein Preis, unten am Grab, oben am Thron,

Herr, Herr, Gott! Den dankend entflammt kein Jubel genug besingt.

Weht, Bäume des Lebens, in Harfengetön!

10   Rausche mit ihnen ins Harfengetön, kristallner Strom!

Ihr lispelt, und rauscht, und, Harfen, ihr tönt

Nie es ganz! Gott ist es, den ihr preist!

Donnert, Welten, in feierlichem Gesang, in der Posaunen Chor!

Du Orion, Waage, du auch!

15   Tönt all' ihr Sonnen auf der Straße voll Glanz,

In der Posaunen Chor!

Ihr Welten, donnert

Und du, der Posaunen Chor, hallest

Nie es ganz, Gott; nie es ganz, Gott

20 Gott, Gott ist es, den ihr preist!

Zur rhythmischen Gestaltung trägt nicht allein die regelmäßige oder unregelmäßige Abfolge von Hebungen und Senkungen innerhalb einen Verses, sondern auch die Gestaltung der <u>Versenden</u> bei.

Übung 3.24 Betrachten Sie die Versenden von Abseits *(S. 40) unter dem Gesichtspunkt der Betonung. Was fällt auf?*

Lösung s. S. 155

Kadenz

Bei gereimten, regelmäßig gebauten Gedichten ist auch die Gestaltung der Versschlüsse, die man **Kadenz** nennt, von Bedeutung. Dabei wird unterschieden zwischen

   – **männlicher** oder **stumpfer Kadenz**, bei der die letzte Silbe von ein- oder zweisilbigen Wörtern im Vers betont wird, und

   – **weiblicher** oder **klingender Kadenz**, wobei die vorletzte Silbe betont, die letzte stets unbetont ist.

Darüber hinaus gibt es noch den **dreisilbigen Versschluss**, bei dem die Betonung auf der drittletzten Silbe liegt.

Die Versschlüsse tragen zwar nicht unmittelbar zur Deutung des Inhalts bei. Dennoch verrät das Vorhandensein von Kadenzen etwas über die Art und Weise der Gestaltung, ob das Gedicht regelmäßig oder unregelmäßig gebaut ist, ob Harmonie und Gleichmaß oder Leidenschaftlichkeit und Emotionalität angestrebt sind.

In Ausnahmefällen trägt die Kadenz auch zur inhaltlichen Ausgestaltung des Themas bei.

Übung 3.25 Beschreiben Sie die Gestaltung der Versschlüsse in Goethes Gedicht Auf dem See *und gehen Sie auf mögliche Auswirkungen auf den Inhalt ein.*

Lösung s. S. 156

Johann Wolfgang Goethe (1749-1832):
Auf dem See (1775/1789)

Und frische Nahrung, neues Blut
Saug' ich aus freier Welt;
Wie ist Natur so hold und gut,
Die mich am Busen hält!

5 Die Welle wieget unsern Kahn
Im Rudertakt hinauf,
Und Berge, wolkig himmelan,
Begegnen unserm Lauf.

Aug', mein Aug', was sinkst du nieder?
10 Goldne Träume, kommt ihr wieder?
Weg, du Traum, so gold du bist:
Hier auch Lieb und Leben ist.

Auf der Welle blinken
Tausend schwebende Sterne,
15 Weiche Nebel trinken
Rings die türmende Ferne;
Morgenwind umflügelt
Die beschattete Bucht,
Und im See bespiegelt
20 Sich die reifende Frucht.

3.2.3 Wie klingt das denn? – Den Klang beschreiben

Detlev von Liliencron (1844-1909):
Die Musik kommt (1890)

Klingling, bumbum und tschingdada
Zieht im Triumph der Perserschah?
Und um die Ecke brausend bricht's
Wie Tubaton des Weltgerichts,
5   Voran der Schellenträger.

Brumbrum, das große Bombardon,
Der Beckenschlag, das Helikon,
Die Piccolo, der Zinkenist,
Die Türkentrommel, der Flötist,
10   Und dann der Herre Hauptmann.

(...)

Der Grenadier im strammen Tritt,
In Schritt und Tritt,
Das stampft und dröhnt und klappt und flirrt,
Laternenglas und Fenster klirrt.
15   Und dann die kleinen Mädchen.

V.6: **Bombardon**: großes Blechblasinstrument

V.7: **Helikon**: Blechblasinstrument, Basstuba

V.8: **Zinkenist**: Spieler eines alten Holzblasinstruments (Zinken)

Die Mädchen alle, Kopf an Kopf,
Das Auge blau und blond der Zopf;
Aus Tür und Tor und Hof und Haus
Schaut Mine, Trine, Stine aus.
20   Vorbei ist die Musike.

Klingling, tschingtsching und Paukenkrach,
Noch aus der Ferne tönt es schwach,
Ganz leise bumbumbum tsching;
25 Zog da ein bunter Schmetterling,
  Tschingtsching, bum, um die Ecke?

Detlev v. Liliencron, Die Musik kommt, Str. 1-2 u. 5-7

Übung 3.26 Worum geht es in diesem Gedicht?

Übung 3.27 Mit welchen Mitteln versucht der Autor Detlev von Liliencron das Thema besonders anschaulich zu vermitteln?
Schreiben Sie aus dem Text Wörter heraus, die den Klang einer Militär- oder Marschkapelle nachahmen wollen.

Lösungen s. S. 156

Neben Rhythmus und Reim ist der **Klang** ein für Gedichte typisches Stilmittel. Gerade weil Gedichte auch für den Vortrag vorgesehen sind, spielt der Klang eine wichtige Rolle. Oft entscheidet er mit über unser Verständnis eines Gedichts. Klingt etwas hart und abgehackt, entsteht ein eher unangenehmer Eindruck. Klingt es dagegen weich und fließend, entsteht ein eher angenehmer Eindruck. Natürlich kann eine Einschätzung des Klangs keine Untersuchung des Inhalts ersetzen. Aber es lohnt sich, wenn man das Thema und eine mögliche Aussage des Gedichts formuliert hat, den Text einmal daraufhin zu untersuchen, inwieweit der Klang diese Aussage unterstützt.

> Entsprechend unterscheidet man für die Untersuchung des Klangs drei Ebenen:
> - die **Verteilung von Vokalen und Konsonanten** im Vers bzw. in der Strophe,
> - die **Lautmalerei**,
> - spezielle **Klangfiguren**, d.h. die Anordnung einzelner Wörter oder Wortgruppen (zumeist als Wortwiederholung), die eine besondere klangliche Wirkung zur Folge haben.

Übung 3.28 Ordnen Sie den im Folgenden aufgeführten und erklärten einzelnen Klangfiguren die durch sie angestrebte Wirkung zu.

Steigerung der Eindringlichkeit – Verstärkung der Wirkung – Nachahmung natürlicher Laute oder bestimmter Geräusche – Nachdruck – Verdeutlichung – Veranschaulichung

Lösung s. S. 156

Beispiel	Bez. der Klangfigur	beabsichtigte Wirkung
„Ein Fluch dem falschen Vaterlande, <u>Wo</u> nur gedeihen Schmach und Schande, <u>Wo</u> jede Blume früh geknickt, <u>Wo</u> Fäulnis und Moder den Wurm erquickt. Wir weben, wir weben!" Heinrich Heine	**Anapher**: Wortwiederholung am Anfang von aufeinander folgenden Versen	
„Ich <u>wei</u>ß nicht, <u>was</u> ich <u>will</u>" Joseph von Eichendorff	**Alliteration**: In einem Vers beginnen zwei oder mehr Wörter mit dem gleichen betonten Anlaut	
„Zw<u>a</u>r m<u>a</u>nche sind <u>a</u>n W<u>a</u>gen <u>a</u>ngesp<u>a</u>nnt" Rainer Maria Rilke	**Assonanz**: Nur die Vokale machen dem Gleichklang innerhalb eines Verses aus	
„Es kribbelt und wibbelt weiter" Theodor Fontane	**Onomatopoesie**: Lautmalerei	
„Wer lacht hier, hat ge<u>lacht</u> Hier hat sich's ausge<u>lacht</u>. Wer hier lacht, macht Verdacht dass er aus Gründen <u>lacht</u>" Günter Grass	**Epipher**: Eines oder mehrere Wörter werden an Vers- oder Satzschlüssen wiederholt	

Lösung s. S. 156

Übung 3.29 Ordnen Sie folgende Zitate aus der Umgangssprache den oben aufgeführten Klangfiguren zu:

a) „Selbst alte Greise hätten diese Aufgabe besser gelöst als unser Team."
b) „Wir unterstützen den Antrag der Opposition voll und ganz."
c) „Wir sind es doch, die jetzt gefordert sind! Wir sind es, auf die es ankommt!"
d) „Ziiischschsch – die Anwohner des Militärflughafens können das Geräusch nicht mehr hören."

Übung 3.30 Im Folgenden finden Sie einzelne Strophen von Gedichten. Untersuchen Sie sie auf Klangfiguren und bestimmen Sie ihre Wirkung.

Lösung s. S. 156

a) Früh, wenn die Hähne krähn,
   Eh die Sternlein verschwinden,
   Muß ich am Herde stehn,
   Muß Feuer zünden.

Eduard Mörike

b) Aus des Meeres tiefem, tiefem Grunde
   Klingen Abendglocken dumpf und matt,
   Uns zu geben wunderbare Kunde
   Von der schönen alten Wunderstadt.

Wilhelm Müller

c) Herr! Ich will zurück zu deinem Wort.
   Herr! Ich will ausschütten meinen Wein.
   Herr! Ich will zu Dir, ich will fort.
   Herr! Ich weiß nicht aus und nicht ein.
   Ich bin allein.

   Allein in leerer, atemloser Lust,
   Allein im Herzen, vor mir selber scheu.
   Alle meine bunten Bälle sind verpufft.
   All meine Weisheit ward Dunst und Spreu.
   Ich bin arm, Gott. Neu [...]

Karl Wolfskehl

d) Nun ist das Dunkel dämonisch gewachsen,
   In den Coupées brennt die Gasflamme schon,
   Fortfortfort Fortfortfort, glühende Achsen,
   Schrillt ein Signal, klingt ein wimmernder Ton?

Detlev von Liliencron

Etwas unterhalb der Ebene der Lautmalerei bewegt sich die Gestaltung der Klangstruktur durch die **Verteilung von Vokal- und Konsonantenkombinationen**. Zwar lassen sich hier keine eindeutigen Zuordnungen vornehmen, denn jeder wird Geräusche und Töne auf seine persönliche Weise wahrnehmen. Aber man kann ein grundsätzliches Empfinden für helle und dunkle, harte und weiche, fließende oder stockende Laute voraussetzen. Und so ist bei vielen Gedichten interessant, sich einmal die Lautstruktur etwas genauer anzusehen. Doch zunächst einmal ein kurzer Test Ihres Klangempfindens:

Lösung s. S. 157

Übung 3.31 Ordnen Sie die folgenden Eindrücke den angegebenen Vokalen, Konsonanten und Kombinationen zu.

a, e, i, o, u, ä, au, ck/k, sch/ch/s (stimmlos), s (stimmhaft), m/n/ng.

Wirkung	Buchstaben
– *scharf, schroff, stockend*	
– *weich, fließend, geschwungen*	
– *hell, fröhlich, frisch*	
– *getragen, ruhig*	
– *dunkel, unheimlich*	
– *bedrohlich*	
– *unangenehm, eklig*	
– *schmerzhaft*	

Lösung s. S. 157

Übung 3.32 Beschreiben Sie abschließend die Klangstruktur des folgenden Gedichts, Die zwei Gesellen *von Joseph von Eichendorff, so eingehend wie möglich. Legen Sie dabei folgende Fragen zu Grunde:*

– Was ist das Thema und die vermutliche Aussage des Gedichts?
– Gibt es im Text bestimmte Klangfiguren?
– Gibt es im Text bzw. in einzelnen Strophen eine besondere Häufung gleicher Vokale, Diphthonge oder Konsonanten?
– Welchen gefühlsmäßigen Eindruck vermitteln sie?
– Wie verhält sich dieser Eindruck zur Gesamtaussage des Gedichts?

Joseph von Eichendorff (1788-1857):
Die zwei Gesellen (1818)

Es zogen zwei rüstge Gesellen
Zum erstenmal von Haus,
So jubelnd recht in die hellen,
Klingenden, singenden Wellen
5 Des vollen Frühlings hinaus.

Die strebten nach hohen Dingen,
Die wollten, trotz Lust und Schmerz,
Was Recht's in der Welt vollbringen,
Und wem sie vorüber gingen,
10 Dem lachten Sinnen und Herz.

Der erste, der fand ein Liebchen,
Die Schwieger kauft' Hof und Haus;
Der wiegte gar bald ein Bübchen
Und sah aus heimlichem Stübchen
15 Behaglich ins Feld hinaus.

Dem zweiten sangen und logen
Die tausend Stimmen im Grund,
Verlockend Sirenen und zogen
Ihn in der buhlenden Wogen
20 Farbig klingenden Schlund.

Und wie er auftaucht' vom Schlunde,
Da war er müde und alt,
Sein Schifflein das lag im Grunde,
So still war's rings in die Runde,
25 Und über die Wasser weht's kalt.

Es singen und klingen die Wellen
Des Frühlings wohl über mir;
Und seh ich so kecke Gesellen,
Die Tränen im Auge mir schwellen -
30 Ach Gott, führ uns liebreich zu Dir!

3.2.4 Wie ist das Gedicht aufgebaut? – Die Strophenform erkennen

Die kleinste äußerlich erkennbare „Einheit" in einem Gedicht, die Verse, werden zusammengefasst in **Strophen**. Für die Untersuchung eines Gedichtes spielt das insoweit eine Rolle, dass Sie einige **Strophenformen** kennen sollten. Der Begriff „Strophenform" ist etwas missverständlich. Bezeichnet wird damit nämlich nicht nur die Form einer einzelnen Strophe, sondern der Charakter bzw. der Typ des Gedichtes insgesamt. So schreibt man z.B., wenn es um die Strophenform des Sonetts geht, nicht etwa:
*„In dem Gedicht *Abend* von A. Gryphius haben die Strophen die Form eines Sonetts.", sondern: „Bei dem Gedicht *Abend* von A. Gryphius handelt es sich um ein Sonett."

Lässt sich **keine besondere Strophenform** feststellen, wie das z.B. bei vielen Texten der modernen Lyrik der Fall ist, so muss im Rahmen der Interpretation darauf auch nicht eingegangen werden. Bedient sich aber ein modernes Gedicht einer traditionellen Strophenform, verdient diese Tatsache in Bezug auf die Aussage besondere Beachtung.

* = grammatisch falsch

Bei den Strophenformen besteht ein mehr oder weniger lockerer Bezug zum Inhalt, auf den Sie bei der Untersuchung unbedingt achten sollten.

a) Das **Sonett** ist ein gereimtes Gedicht, das aus vierzehn Versen besteht. Sie sind zumeist in einem fünf- oder sechshebigen Jambus verfasst und in zwei Strophen zu vier Zeilen, in die so genannten **Quartette**, und zwei Strophen zu drei Zeilen, in die so genannten **Terzette** eingeteilt. Das Sonett ist eine Gedichtform, die in verschiedenen europäischen Sprachen und Literaturen verwendet wurde. In Deutschland war es besonders in der Barockliteratur verbreitet (Andreas Gryphius), doch werden Sonette von vielen Dichtern bis heute verfasst, weil sie als besonders kunstvolle Form eines Gedichts gelten. Das Sonett ist oft in Gegensätzen (antithetisch) aufgebaut und enthält im letzten Terzett noch eine besondere Pointe, die es vom Rest des Gedichts abhebt.

b) Die **Ode** entstammt als Gedichtform der Antike und bedeutet eigentlich „Lied", „Gesang". Sie ist in Strophen unterteilt und metrisch gebunden, enthält aber keine Reime. Die Ode zeichnet sich durch einen gehobenen, feierlichen Tonfall aus und hat oft für den Menschen wichtige Themen zum Inhalt: Gott, Freundschaft, Liebe, Natur. Bekanntester Odendichter in Deutschland war Klopstock.

c) Das **Volkslied** hat eine einfache, schlichte Strophenform: zumeist vierzeilige (manchmal aber auch bis zu achtzeilige) Strophen mit drei oder vier Hebungen. Die Themen entspringen in starkem Maße der Gefühlswelt und dem Empfinden der Sprecher; sie geben Ereignisse ausschnittweise wieder und enthalten oft Anspielungen. Die einfache Struktur der Volkslieder steht besonders in der Romantik (z.B. bei Eichendorff) bewusst gegen den hohen Anspruch der Aufklärung und der Klassik sowie das Pathos des Sturm und Drang.

d) Die **Ballade** ist eine Art Erzählung mit Gedicht-Merkmalen: Eine nachvollziehbare Handlung mit Einleitung, Höhepunkt und Schluss wird in Gedichtform, d.h. in Strophen mit Reim, Metrum und Rhythmus, wiedergegeben. Da die meisten Balladen auch wörtliche Rede, zumeist Dialoge, enthalten, kann auch von dramatischen Mitteln gesprochen werden. So ist die Ballade eine Art Mischform aus den drei literarischen Gattungen. Balladen wurden besonders Ende des 18., Anfang des 19. Jahrhunderts verfasst (z.B. Goethe, Schiller), doch auch heute noch werden viele Balladen, v.a. von Sängern geschrieben.

e) Die **Hymne**, ursprünglich ein Preisgesang auf eine Gottheit, verzichtet völlig auf formale Vorgaben in Metrum und Reim, ist wie die Ode sprachlich hoch gestimmt, wirkt aber insgesamt schwungvoller. Bedeutende Hymnendichter sind Friedrich Hölderlin, Novalis und der junge Goethe.

Übung 3.33 Ordnen Sie die folgenden Inhaltsangaben den oben stehenden Definitionen der einzelnen Gedichte zu!

Lösung s. S. 158

a) Erzählt wird die Geschichte eines babylonischen Königs. Er feiert mit einigen Getreuen ein rauschendes Fest anlässlich des Sieges über die Israeliten, in dessen Verlauf er Gott lästert. Die Knechte, mit denen er feiert, lassen sich von der Stimmung mitreißen, bis eine geheimnisvolle Schrift an der Wand erscheint. Der König erblasst, die Knechte verstummen und auch Magier können die Schrift nicht entziffern. Was sie bedeutet enthüllt der Schluss, in dem der König noch in derselben Nacht von seinen eigenen Knechten ermordet wird.

b) Der Sprecher berichtet, ausgehend vom Klappern eines Mühlrades, von der Untreue seiner Geliebten, die ihn verlassen hat und davon, dass er aus Schmerz am liebsten als Künstler in die Welt hinausgehen oder als Reiter in den Krieg ziehen möchte.

c) In hohem Ton preist das lyrische Ich Gott. Es fühlt sich dem Allmächtigen gegenüber klein, es weiß, dass sein Anfang und Ende in ihm ist. Das Rauschen der Natur, das Donnern der Welten und die Erscheinung der Sterne gelten allein Gottes Lobpreis.

d) Der Sprecher berichtet von den grausamen Folgen des Dreißigjährigen Krieges, indem er den Zustand des Landes vor dem Krieg mit dem danach vergleicht. Dabei wird erst am Schluss deutlich, dass es ihm nicht nur um die Zerstörungen an Mensch und Material geht, sondern auch um die seelischen Schäden, die der Krieg verursacht hat.

Übung 3.34 Notieren Sie stichwortartig, welche Aspekte aus den Definitionen Sie in den Inhaltsangaben erkannt haben.

Lösungen s. S. 158

Übung 3.35 Überlegen Sie, welche der genannten Aspekte im folgenden Gedicht vorkommen:
hoher, feierlicher Ton – einfache Bauweise – klar aufgebaute Handlung – Rede und Gegenrede/Dialog – Gefühlsäußerung – Appell an eine höhere Macht – Antithetik – vierhebiger Trochäus

Bestimmen Sie nun die Strophenform und geben Sie eine kurze Textbeschreibung! Versuchen Sie dabei den Zusammenhang zwischen Form und Inhalt herauszustellen.

Joseph von Eichendorff (1788-1857):
Frische Fahrt (1815)

Laue Luft kommt blau geflossen,
Frühling, Frühling soll es sein!
Waldwärts Hörnerklang geschossen,
Mutger Augen lichter Schein;

5 Und das Wirren bunt und bunter
Wird ein magisch wilder Fluß,
In die schöne Welt hinunter
Lockt dich dieses Stromes Gruß.

Und ich mag mich nicht bewahren!
10 Weit von euch treibt mich der Wind,
Auf dem Strome will ich fahren,
Von dem Glanze selig blind!
Tausend Stimmen lockend schlagen,
Hoch Aurora flammend weht,
15 Fahre zu! Ich mag nicht fragen,
Wo die Fahrt zu Ende geht!

Übung 3.36 Bestimmen Sie auch die Strophenform folgender Gedichte aus diesem Buch
und suchen Sie auch hier nach möglichen Verbindungen zum Inhalt.

Lösung s. S. 158

    a)   J.M.R. Lenz, *An das Herz* (S. 63)
    b)   Andreas Gryphius, *Morgen Sonnet* (S. 102)
    c)   Eduard Mörike, *Das verlassene Mägdlein* (S. 127)

3.3   Wie wird gesprochen? – Die sprachlichen Mittel der formalen Gestaltung untersuchen

Mehr noch als durch Mittel der formalen Gestaltung wird die Aussage eines Gedichts bestimmt durch die sprachliche Ebene, denn natürlich ist die Sprache das „Haupt-Medium" eines Textes. Dabei sind drei Formen des Umgangs mit der Sprache für die Interpretation von Bedeutung:
    a) die Ebene der Wortwahl, wobei auf **Wortarten**, **Wortfelder** und besondere **Wortfiguren** zu achten ist,
    b) die Ebene des **Satzbaus**, wobei auf Auffälligkeiten bei der Verwendung und Verteilung der **Satzarten**, auf **Abweichungen vom normalen, grammatisch korrekten Satzbau** sowie bestimmte **Satzfiguren** zu achten ist,
    c) die Ebene der **Gedankenfiguren**, das sind spezielle Fügungen und Kombinationen, mit denen sich die inhaltliche Ausgestaltung von speziellen Gedanken und Gefühlen verbindet.

Die jeweiligen „Figuren" entstammen der antiken Dicht- und Redekunst (Poetik und Rhetorik) und sind daher auch mit griechischen Namen versehen. Sie werden aber immer auch auf Deutsch erklärt und vor allem in ihrer Bedeutung anhand von Beispielen erläutert. Dabei beschränken sich die folgenden Abschnitte auf die wesentlichen Figuren; eine Übersicht über die meisten Figuren findet sich zusätzlich auf S. 139 Ziel der folgenden Abschnitte ist es aber vor allem, dass Ihre Aufmerksamkeit für die **rhetorischen Stilfiguren**, wie diese besonderen Fügungen auch genannt werden, geschärft wird. Es ist wohl kaum zu erwarten und auch nicht sinnvoll, die Vielzahl dieser Mittel auswendig zu memorieren. Zu leicht geschieht es überdies, dass dabei die von den Autoren beabsichtigte Verbindung zum Inhalt verloren geht.

3.3.1 Was wird gesagt – Wortwahl und Wortfiguren herausstellen

Man kann Sprache in ganz verschiedener Weise benutzen, um einen Sachverhalt zu beschreiben oder zu ihm Stellung zu nehmen. Die Art der Sprachverwendung steht immer in einem Zusammenhang mit der **Absicht** (Intention), die man mit einem Text verfolgt: Man kann etwas einfach nur beschreiben, aber auch anpreisen, kritisieren, verspotten oder überhöhen. Dementsprechend kann Sprache sachlich beschreiben, über- oder untertreiben, Nachdruck verleihen, abschwächen, ironisieren. Diese Mittel verwenden wir allesamt auch in der Alltagssprache; in der Dichtung werden sie besonders häufig eingesetzt, weil Dichter ihre Botschaft verschlüsseln, um den Leser zum Nachdenken darüber anzuregen.

Im Folgenden lernen Sie die wichtigsten Mittel der Wortwahl für lyrische Texte kennen. Wo es sich anbietet, gehen wir aber auch auf besondere Verwendungen der Wortwahl und des Satzbaus in der Alltagssprache ein. Daran können Sie lernen, Besonderheiten in der Wortwahl oder im Satzbau zu erkennen.

Zur Ebene der Wortwahl gehört zunächst einmal der Aspekt der **Wortarten**. Dabei geht es nicht um ein bloßes Zählen der Wortarten nach ihrem Vorkommen im Gedicht, sondern um die Frage, ob womöglich eine bestimmte Wortart vorherrscht und **welche Wirkung damit verbunden ist**. Leitfragen für die Untersuchung der Wortwahl sind:

- Gibt es eine auffallende **Häufung bestimmter Wortarten**?
- Sind die entsprechenden Wörter in ihrer eigentlichen oder in einer **übertragenen Bedeutung** verwendet?
- Gibt es **Wortneubildungen** (so genannte „Neologismen")?
- Welche Beziehung lässt sich von auffällig häufig verwendeten Wortarten auf eine mögliche Aussage des Textes herstellen?

Wie eine Untersuchung der Wortstruktur unter dem Gesichtspunkt der Wortarten aussehen kann, bei der es nicht nur um eine bloße Wortstatistik geht, zeigt das folgende Beispiel. Das Gedicht *Patrouille* war bereits auf S. 27 Gegenstand der Betrachtung. Dem Text dürfte eine Situation zu Grunde liegen, die der Autor August Stramm als Soldat im 1. Weltkrieg zumindest gefühlsmäßig durchlebt haben wird.

August Stramm (1874-1915):
Patrouille (1915)

Die Steine feinden
Fenster grinst Verrat
Äste würgen
Berge Sträucher blättern raschlig
5 Gellen
Tod.

Arbeitshypothese:	*Thema: Schilderung der Gefühle eines Soldaten während eines Patrouillenganges*
Aussageabsicht:	*Grundsituation der Angst im Kriege; Gefühl, dass sich alles gegen einen verschworen hat*
sprachliche Umsetzung:	*– Verben: „feinden" (V. 1), „grinst" (V. 2), „würgen" (V. 3), „blättern" (V. 4), „Gellen" (V. 5) ⇒ unangenehmes, unheimliches Gefühl, Feindseligkeit; zugleich Verlebendigung von Gegenständen*
	– Substantive: „Steine" (V. 1), „Fenster" (V. 2), „Verrat" (V. 2), „Äste" (V. 3), „Sträucher" (V. 4), „Tod" (V. 6) ⇒ derselbe Eindruck, v. a. im Zusammenhang mit den Verben; Verwandlung scheinbar harmloser Gegenstände in „Feinde" und Bedrohung
	– Wortneubildungen: „feinden" (V. 1) ⇒ starker aktiver Charakter der Natur/Gegenstände („Steine") (V. 1); Verstärkung der Bedrohung; „raschlig" (V. 4) ⇒ Verstärkung des akustischen Eindrucks
	– Fehlen ausschmückender Adjektive ⇒ Es geht um die nackte Existenz.

Insgesamt ergibt sich durch die Wortwahl eine Atmosphäre der Bedrohung, der Todesnähe und des Unheimlichen.

Übung 3.37 Fassen Sie die vorgegebenen Stichwörter zu einem zusammenhängenden Text über die Wortwahl des Gedichtes zusammen.

Übung 3.38 Beschreiben Sie die Wortstruktur des folgenden Gedichts vom selben Autor. (Eine Arbeitshypothese, die Ihre Arbeit erleichtern soll, ist angegeben.)
Schreiben Sie dazu die besonderen Mittel der Wortwahl und ihre mögliche Wirkung in Form einer Tabelle heraus.
Formulieren Sie anschließend einen zusammenhängenden Text.

Lösungen s. S. 158/159

Traum

Durch die Büsche winden Sterne	*Arbeitshypothese:*
Augen tauchen blaken sinken	*Thema ist die Schilderung*
Flüstern plätschert	*eines (Alp-)Traums.*
5 Blüte gehren	*Aussage: Darstellung des*
Düfte spritzen	*lyrischen Ichs in einem Zustand*
Schauer stürzen	*der Erschütterung, Verunsiche-*
Winde schnellen prellen schwellen	*rung und Verzweiflung*
Tücher reißen	
Fallen schrickt in tiefe Nacht.	

Sprachl. Mittel (Wortwahl)	Wirkung

Ein anderer Aspekt der Wortwahl ist der der **Wortbedeutung**. Dabei geht es darum, ob bestimmte **Wortfelder** (Wörter, die zu demselben Bedeutungs-bereich gehören) dominieren, welche „Färbung" dabei die Sprachverwendung aufweist (z.B. nüchtern-sachlich, emotional-expressiv, traurig, fröhlich).

Übung 3.39 Lesen Sie sich das Gedicht Meeresstrand *von Theodor Storm genau durch und bearbeiten Sie dazu folgende Aufgaben:*
- *Was ist das Thema des Gedichts?*
- *Schreiben Sie alle Wörter (unabhängig von der Wortart) heraus, die*
  - a) *zum inhaltlichen Themenbereich „Meer" und*
  - b) *zum Themenbereich „Abend" gehören.*
- *Notieren Sie in Stichworten, welche Eindrücke die zusammengetragenen Begriffe hervorrufen.*
- *Formulieren Sie davon ausgehend eine Gesamtaussage des Gedichts.*

Lösung s. S. 160

Theodor Storm (1817-1888):
Meeresstrand (1856)

Ans Haff nun fliegt die Möve,
Und Dämmrung bricht herein;
Über die feuchten Watten
Spiegelt der Abendschein.

5 Graues Geflügel huschet
Neben dem Wasser her;
Wie Träume liegen die Inseln
Im Nebel auf dem Meer.

Ich höre des gärenden Schlammes
10 Geheimnisvollen Ton,
Einsames Vogelrufen -
So war es immer schon.

Noch einmal schauert es leise
Und schweiget dann der Wind;
15 Vernehmlich werden die Stimmen,
Die über der Tiefe sind.

Übung 3.40 Fassen Sie Ihre Erkenntnisse zu dem Gedicht in Form eines Textes zusammen. Berücksichtigen Sie dabei sämtliche bisher behandelten formalen und sprachlichen Gesichtspunkte.

Übung 3.41 Verfahren Sie ebenso mit dem Gedicht Weihnachten *von Joseph von Eichendorff, wobei Sie die Schwerpunkte jetzt selbst herausfinden sollen. Berücksichtigen Sie das Ausformulieren des Themas, die Untersuchung des Wortgebrauchs in Bezug auf Wortfelder und die Formulierung einer Gesamtaussage.*

Joseph von Eichendorff (1788-1857):
Weihnachten (1837)

Markt und Straßen stehn verlassen,
Still erleuchtet jedes Haus,
Sinnend geh ich durch die Gassen,
Alles sieht so festlich aus.

5 An den Fenstern haben Frauen
Buntes Spielzeug fromm geschmückt,
Tausend Kindlein stehn und schauen,
Sind so wunderstill beglückt.

Und ich wandre aus den Mauern
10 Bis hinaus ins freie Feld,
Hehres Glänzen, heilges Schauern!
Wie so weit und still die Welt!

Lösungen s. S. 160/161

Sterne hoch die Kreise schlingen,
Aus des Schnees Einsamkeit
15 Steigt's wie wunderbares Singen –
O du gnadenreiche Zeit!

Zur Ebene der Wortbedeutung gehört auch die **„Schattierung"** der Sprache: Ist der Sprachgebrauch unter- oder übertreibend, verleiht er dem Gemeinten Nachdruck oder schwächt er eher ab? Umschreibt er das eigentlich Gemeinte wortreich oder gibt er es nüchtern-direkt wieder?
Fragen dieser „Schattierung" klären die so genannten **Wortfiguren**, von denen Sie die wichtigsten in diesem Abschnitt kennen lernen werden. Doch zunächst einmal eine kleine Probe auf Ihr Sprachempfinden:

Im Folgenden finden Sie einige sachliche Aussagen, die noch keine Wertung enthalten. Daraufhin wird ihre Umwandlung im Rahmen einiger besonderer Textsorten (Bericht, Prospekt) gezeigt:

a) „Aachen ist eine Großstadt."
⇒ „Aachen ist eine der großen Metropolen Europas."

b) „Der Hockenheimring ist eine schwierig zu fahrende Formel-1-Rennstrecke."
⇒ „Die Strecke von Hockenheim! Acht schwierig zu fahrende Kurven! Rechtzeitiges Bremsen überlebensnotwendig! Eine riesige Herausforderung!"

c) „Der unansehnlichen Zusammensetzung aus Getriebestangen und gefaltetem Blech verdanken wir sowohl Arbeitsplätze als auch Umweltschäden.
⇒ „Das Auto bringt einerseits Arbeitsplätze, andererseits aber auch Umweltschäden mit sich."

d) „Häuser, Straßen, Autolärm, Bahnquietschen, Stimmengewirr, Schaufenster – er fand sich bald nicht mehr zurecht."
⇒ „Die Stadt stürzte ihn in Verwirrung."

Den verschiedenen Schattierungen entsprechend unterscheidet man folgende Wortfiguren voneinander, die im Anschluss mit je einem Beispiel aus der Dichtung erklärt sind:

a) die **Hyperbel** (Übertreibung)

Ihr Dach stieß fast bis an die Sterne,
Vom Hof her stampfte die Fabrik,
es war die richtge Mietskaserne,
mit Flur- und Leiermannmusik!
Arno Holz

Lösungen s. S. 161

Übung 3.42 (Zu Punkt a) S. 61) Wo liegt eine Übertreibung vor und welche Wirkung ist damit beabsichtigt?

b) die **Reihung**

> Schwindet hin, was prahlt und prunkt
> Schwindet Hoffen, Hassen, Lieben
> Und ist nichts in Sicht geblieben
>
> Th. Fontane

Übung 3.43 Der Ausschnitt stammt aus einem Gedicht Fontanes über den Tod (vgl. S. 34). Welcher Eindruck entsteht durch die Reihung?

c) die **Emphase** (nachdrückliche Rede)

> Wie im Morgenrot
> Du rings mich anglühst
> Frühling, Geliebter!
>
> Johann Wolfgang Goethe

Lösung s. S. 161

Übung 3.44 Worin besteht das Nachdrückliche in dieser Anrede an den Frühling? Warum würde man eher von nachdrücklicher Rede bzw. Emphase als von Übertreibung sprechen?

d) die **Periphrase** (Umschreibung, indem Merkmale, Eigenschaften oder einzelne Bestandteile für das eigentlich Gemeinte eingesetzt werden)

> Wenn der uralte
> Heilige Vater
> Mit gelassener Hand
> Aus rollenden Wolken
> Segnende Blitze
> Über die Erde sät,
> (...)
>
> Johann Wolfgang Goethe

Übung 3.45 Wer ist mit der Umschreibung gemeint? Welche Merkmale und Eigenschaften verwendet Goethe für die Umschreibung?

Übung 3.46 Analysieren Sie das folgende Gedicht auf vom Autor verwendete Wortfiguren hin und stellen Sie eine Beziehung zum Inhalt her.

Lösungen s. S. 162

J.M.R. Lenz (1751-1792):
An das Herz (1776)

Kleines Ding, um uns zu quälen,
Hier in diese Brust gelegt!
Ach, wer's vorsäh, was er trägt,
Würde wünschen, tätst ihm fehlen!

5 Deine Schläge, wie so selten
Mischt sich Lust in sie hinein!
Und wie augenblicks vergelten
Sie ihm jede Lust mit Pein!

Ach! Und weder Lust noch Qualen
10 Sind ihm schrecklicher als das:
Kalt und fühllos! O ihr Strahlen,
Schmelzt es lieber mir zu Glas!

Lieben, hassen, fürchten, zittern
Hoffen, zagen bis ins Mark
15 Kann das Leben zwar verbittern,
Aber ohne sie – wär's Quark!

3.3.2 Ist das so korrekt? – Auf Satzbau und Satzfiguren achten

Von ähnlicher Bedeutung wie die Wortwahl bei der sprachlichen Untersuchung ist der **Satzbau**. Ein Gedicht weist schon von der äußeren Gestalt her eine kunstvolle Formung auf. Durch das Auslassen einzelner Wörter, durch Umstellung von Satzgliedern und – besonders in modernen Gedichten – durch bewussten Verstoß gegen grammatische Regeln soll eine dem Inhalt entsprechende Wirkung erzielt werden.

Satzarten

Ähnlich wie bei der Wortwahl kann man das Gedicht zunächst einmal daraufhin untersuchen, ob bestimmte Satzarten häufig innerhalb einer Strophe oder im gesamten Text vorkommen. Allgemein sind folgende Leitfragen für die Untersuchung des Satzbaus in Bezug auf die Satzarten von Bedeutung:
- Kommt eine bestimmte Satzart (vor allem **Frage-** und **Ausrufesätze**) auffallend **häufig** vor und ist damit inhaltlich eine besondere Wirkung verbunden?
- Wie verhalten sich die **syntaktischen Sätze** zu den einzelnen **Strophen**? Wie sind die Sätze über die Strophen verteilt?
- Wo gibt es **Abweichungen** von der grammatisch korrekten Syntax?
- Wird die grammatische Syntax ganz und gar **aufgelöst**?

Lösung s. S. 162

Übung 3.47 **Erklären Sie mögliche Wirkungen. Welche der vorgeschlagenen Antworten erscheint Ihnen am wahrscheinlichsten? (Stellenweise kann mehr als nur eine Antwort richtig sein!) Begründen Sie Ihre Ansicht kurz.**

1. Besonders viele Ausrufesätze verweisen am ehesten
   a) auf Erstaunen,
   b) auf Aufregung,
   c) auf Unklarheiten.

2. Besonders viele Fragesätze verweisen
   a) auf nicht verstandene Zusammenhänge,
   b) auf Aufregung,
   c) auf Vergessenes.

3. Besonders viele kurze Aussagesätze verweisen
   a) auf Spracharmut des Autors,
   b) auf Platznot,
   c) auf nüchtern-sachlichen Stil.

4. Die vollkommene Auflösung grammatisch korrekter Syntax verweist
   a) auf den schlechten Deutschunterricht des Autors,
   b) auf die bewusste Störung von Harmonie und Ordnung,
   c) auf Aufregung.

Ebenfalls ähnlich wie bei der Wortwahl gibt es zahlreiche aus der antiken Dichtung und Rhetorik (Redekunst) stammende **Satzfiguren**, von denen Sie die wichtigsten in diesem Abschnitt kennen lernen. Einen vollständigen Überblick erhalten Sie auf S. 139.

Lösung s. S. 162

Übung 3.48 **Zunächst einmal einige Beispiele aus der Umgangssprache. Beschreiben Sie, worin die folgenden Sätze vom grammatisch korrekten Sprachgebrauch abweichen.**

a) „O, wie gern esse ich Obst: Erdbeeren, Birnen, Äpfel, Bananen, Pflaumen, Nektarinen, Stachelbeeren, Johannisbeeren – wie köstlich!"
b) „Zu morgen haben wir Hausaufgaben auf in Mathe und Englisch und Latein und Deutsch."
c) „Du glaubst doch nicht im Ernst, dass ich ...?"
d) „Ihr habt tapfer gespielt, gut eure Chancen genutzt und euren Sieg überragend zu Ende geführt."
e) „Die Erwartungen waren groß, klein war der Ertrag."
f) „Gerechnet hat er genau."

Übung 3.49 Sehen Sie sich nun die folgenden Beispiele aus Gedichten an. Ordnen Sie jeden Auszug einem der oben aufgeführten Beispiele aus der Alltagssprache zu. Beschreiben Sie mit eigenen Worten, worin die Abweichung besteht. Was soll Ihrer Meinung nach mit den einzelnen Sätzen zum Ausdruck gebracht werden?

Lösung s. S. 162

a) „Ich dich ehren? Wofür?"
Goethe

b) „Und ich erwäge den Lauf des Regens und den Rat der Sonne.
Und ich rufe deinen Namen laut und vor allen Leuten.
Und ich esse dein Brot, und ich trinke deinen Wein.
Jesse Thoor

c) „Butterblume, Sumpfdotterblume, feurig, gelblich, rot,
Schaukelt auf den Wasserringen wie Seeräuberboot."
Georg Britting

d) „Gleich wie dieß Licht verfil / so wird in wenig Jahren
Ich / du / und was man hat / und was man sieht / hinfahren."
A. Gryphius

hinfahren: sterben, verloren gehen

e) „Weiß wie Lilien, reine Kerzen,
Sternen gleich, bescheidner Beugung,
Leuchtet aus dem Mittelherzen,
Rot gesäumt, die Glut der Neigung."
Johann Wolfgang Goethe

Übung 3.50 Welche Gemütslage spiegelt sich in der abgehackten, unvollständigen Sprechweise des Verses „Ich dich ehren? Wofür?" (Goethe) wider?

Übung 3.51 Auf welche Weise sind die einzelnen Satzteile in

„Und ich erwäge den Lauf des Regens und den Rat der Sonne.
Und ich rufe deinen Namen laut und vor allen Leuten.
Und ich esse dein Brot, und ich trinke deinen Wein."

miteinander verknüpft? Welche Wirkung entsteht durch diese Art der Verbindung?

Lösungen s. S 162

Übung 3.52 In dem Ausschnitt aus einem Gedicht von Georg Britting wird ein Teich beschrieben:

„Butterblume, Sumpfdotterblume, feurig, gelblich, rot,
Schaukelt auf den Wasserringen wie Seeräuberboot."

Welche Rolle spielt dabei die Aufzählung?

Lösung s. S. 163

Lösungen s. S. 163

Übung 3.53 Erklären Sie die Aussage des Satzes

„Gleich wie dieß Licht verfil / so wird in wenig Jahren
Ich / du / und was man hat / und was man sieht / hinfahren."

und die Bedeutung der Aufzählung im zweiten Vers.
Verläuft die Aufzählung Ihrer Meinung nach eher von „oben" nach „unten" oder umgekehrt?

Übung 3.54 Schreiben Sie den Satz

„Weiß wie Lilien, reine Kerzen,
  Sternen gleich, bescheidner Beugung,
  Leuchtet aus dem Mittelherzen,
  Rot gesäumt, die Glut der Neigung."

in gebräuchlicher Syntax auf.

Die wichtigsten Mittel, den Satzbau zum Zweck der Hervorhebung, der Erzeugung von Aufmerksamkeit, der Veranschaulichung von Leidenschaft oder anderer Gefühlsregungen, der Beschleunigung und der Abstufung zu verändern, sind

1) die **asyndetische Reihung** mehrerer Wörter oder Satzteile (d.h. ohne Bindewörter),
2) die **syndetische Reihung**, d.h. die Aufzählung mehrerer Wörter oder Satzteile mit der Verwendung von Bindewörtern (charakteristisch mehrmaliges „und"),
3) die **Ellipse**, d.h. verschiedene Wörter oder ganze Satzteile, deren Kenntnis beim Leser (oder im Drama beim Gesprächspartner) vorausgesetzt wird, werden ausgelassen,
4) die **Klimax**, d.h. mindestens drei aufeinanderfolgende Wörter oder Satzteile, die eine sich steigernde Reihe darstellen,
5) der **Chiasmus**, d.h. eine Überkeuzstellung einander entsprechender Wörter und
6) die **Inversion**, d.h. die Umstellung einzelner Satzglieder gegenüber dem gebräuchlichen (aber nicht verpflichtenden) grammatischen Satzbauschema Subjekt-Prädikat-Objekt.

Übung 3.55 Beschreiben Sie mit eigenen Worten eine Wirkung, die mit diesen Satzfiguren beabsichtigt sein könnte. Sehen Sie sich dazu die Beispiele noch einmal an; Anhaltspunkte finden Sie auch im Einführungssatz, der dieser Auflistung vorangeht.

Lösung s. S. 163

3.3.3 Das ist doch so gemeint? – Gedankenfiguren erkennen und verstehen

Lyrik hat – im Allgemeinen mehr als Texte der anderen literarischen Gattungen – mit dem konzentrierten Ausdruck besonders hervorgehobener Gedanken und Gefühle zu tun. Das hat zur Folge, dass sich die Lyrik oft spezieller **Gedankenfiguren** bedient. Dazu gehören:

- die **rhetorische Frage**, die eigentlich keine Frage ist, weil die Antwort darauf vom Fragenden als bekannt vorausgesetzt wird. Somit dient sie dazu, der eigentlichen Aussage mehr Nachdruck zu verleihen; im Grund ist sie mehr ein Ausruf als eine Frage;
- die **Antithese**, d.h. die Zusammenstellung gegensätzlicher Begriffe zur Verdeutlichung eines Sachverhalts oder zur nachdrücklichen Gestaltung einer Meinung;
- das **Oxymoron**, d.h. die Verbindung zweier widersprüchlicher, sich ausschließender Begriffe, mit der auf einen bestimmten Sachverhalt aufmerksam gemacht werden soll, indem der Leser stutzt. Das Oymoron gibt es
  - als **Contradictio in adjecto**, d.h. ein Adjektiv steht im Widerspruch zum Substantiv, das es eigentlich näher beschreiben soll („Schwarze Milch der Frühe", Paul Celan), und
  - als **Paradoxon**, d.h. als Widerspruch zweier Begriffe zueinander, der sich bei näherer Betrachtung aber als durchaus sinnvoll erweist („Ich wußte, ungenau / und hatte viel zu tun.", Elisabeth Borchers);
- die **Tautologie**, d.h. die Wiederholung eines Wortes durch ein sinnverwandtes Wort („Voll und ganz");
- den **Pleonasmus**, d.h. zu einem Wort wird ein weiteres hinzugefügt, das zwar nicht direkt sinnverwandt, aber in seiner Bedeutung eigentlich schon enthalten ist („weißer Schimmel").

Übung 3.56 Ein Gedicht, das sich vergleichsweise vieler Gedankenfiguren bedient, ist Prometheus *von Johann Wolfgang Goethe. Versuchen Sie sie herauszufinden. Ein Tipp: Es finden sich die rhetorische Frage, die Antithese, das Paradoxon. (Über die genaue Anzahl wird nichts verraten.)*
Finden Sie die Gedankenfiguren heraus und klären Sie ihre Bedeutung für Inhalt und Aussage des Gedichts.

Lösung s. S. 163

Johann Wolfgang Goethe (1749-1832):
Prometheus (1774/1777)

Bedecke deinen Himmel, Zeus,
Mit Wolkendunst!
Und übe, Knaben gleich,
Der Disteln köpft,
5 An Eichen dich und Bergeshöhn!

Mußt mir meine Erde
Doch lassen stehn,
Und meine Hütte,
Die du nicht gebaut,
10 Und meinen Herd,

Um den du mich beneidest.
Ich kenne nichts Ärmer's
Unter der Sonn' als euch Götter.
Ihr nähret kümmerlich
15 Von Opfersteuern
Und Gebetshauch
Eure Majestät
Und darbtet, wären
Nicht Kinder und Bettler
20 Hoffnungsvolle Toren.

Da ich ein Kind war,
Nicht wußt', wo aus, wo ein,
Kehrte mein verirrtes Aug'
Zur Sonne, als wenn drüber wär'
25 Ein Ohr zu hören meine Klage,
Ein Herz wie meins,
Sich des Bedrängten zu erbarmen.

Wer half mir wider
Der Titanen Übermut?
30 Wer rettete vom Tode mich,
Von Sklaverei?
Hast du's nicht alles selbst vollendet,
Heilig glühend Herz?
Und glühtest, jung und gut,
35 Betrogen, Rettungsdank
Dem Schlafenden dadroben?

Ich dich ehren? Wofür?
Hast du die Schmerzen gelindert
Je des Beladenen?
40 Hast du die Tränen gestillet
Je des Geängsteten?
Hat nicht mich zum Manne ge-
schmiedet
Die allmächtige Zeit
Und das ewige Schicksal,
45 Meine Herren und deine?

Wähntest du etwa,
Ich sollte das Leben hassen,
In Wüsten fliehn,
Weil nicht alle Knabenmorgen-
50 Blütenträume reiften?

Hier sitz' ich, forme Menschen
Nach meinem Bilde,
Ein Geschlecht, das mir gleich sei,
Zu leiden, weinen,
55 Genießen und zu freuen sich,
Und dein nicht zu achten,
Wie ich.

3.4 Wie spricht man in Bildern? – Die Metaphorik untersuchen

Lösung s. S. 163

Übung 3.57 Erklären Sie die folgenden Beispiele bildhaften Sprechens. „Übersetzen" Sie sie in die Alltagssprache und geben Sie damit ihre eigentliche Bedeutung wieder.

1) Die Blüten wurden entdeckt und von der Polizei aus dem Verkehr gezogen.
2) Der Lehrer kochte vor Wut.
3) Sie wurde von ihren früheren Freunden links liegen gelassen.
4) Nach drei Nächten ohne Schlaf sah ich aus wie eine Leiche.
5) Im Herbst des Lebens blüht mancher erst richtig auf.

Bildliches Sprechen kommt sowohl in der Umgangssprache des Alltags als auch in der Sprache der Dichtung vor. Wenn der Fußballreporter sagt: „Der Ball stieg hoch wie eine Rakete in den Himmel von München.", will er mit diesem Vergleich lediglich zum Ausdruck bringen, dass es sich um einen hohen Schuss gehandelt hat. Wenn im Umweltreport von den „Seitenarmen der Donau" geschrieben wird, handelt es sich nicht um bewegliche Glieder eines Körpers. Und wenn sich im Spiel „die Waage zu Gunsten von Team A neigte", geht es nicht um das Messen irgendeines Gewichtes, sondern um Erfolg und Glück.

Die Formen bildlichen Sprechens dienen meist der **Veranschaulichung** eines Sachverhalts oder eines Gefühls. Gelegentlich machen sie das, was eigentlich gesagt werden soll, aber auch **vieldeutiger.** Das ist besonders bei poetischen Texten der Fall. Der Leser soll nachdenken über den Text, eigene freie Vorstellungen und Verbindungen zu ihm herstellen. In seltenen Fällen dient bildliches Sprechen sogar der **Verrätselung** eines Sachverhalts. Auch hier ist das Bestreben den Text nicht vorschnell zu deuten als wesentlicher Grund anzusehen.

So sind sprachliche Bilder im Rahmen der Dichtung und hier besonders konzentriert in Gedichten, eine Form **„uneigentlichen Sprechens".**

Im Wesentlichen unterscheidet man folgende Formen von sprachlichen Bildern:
  a) die **Metapher,**
  b) die **Chiffre,**
  c) die **Personifikation,**
  d) das **Symbol,**
  e) die **Allegorie** und
  f) den **Vergleich.**

a) Das vermutlich am häufigsten verwendete sprachliche Bild ist die **Metapher.** Bei der Metapher findet eine **Bedeutungsübertragung** statt, z.B.:

> „Der Paragrafendschungel ist zum Verzweifeln."

Dabei ist natürlich nicht an einen echten „Dschungel", jenes Dickicht aus Pflanzen mit einer faszinierenden Tierwelt, gedacht. Charakteristisch für die Metapher ist, dass **Wörter aus verschiedenen Bedeutungsfeldern** miteinander kombiniert werden. In unserem Beispiel sind dies die Bereiche „Recht" und „Pflanzenwelt". Dabei steht der Dschungel stellvertretend für Undurchdringlichkeit, und im Zusammenhang mit dem Bestimmungswort „Paragrafen" stellt sich folgende Bedeutung her:

> „Die vielen Paragrafen und deren Undurchschaubarkeit bringen mich zum Verzweifeln."

Metaphern wie „Paragrafendschungel", „Demonstrationswelle" oder „Flussarm" sind feste Bestandteile der Umgangssprache und werden kaum noch als Metaphern wahrgenommen. Deshalb nennt man sie auch **verblasste Metaphern.**

Für eine Untersuchung und Deutung dichterischer Sprache sind sie verhältnismäßig uninteressant. Die Art der Metapher, die sich häufig in der Literatur, besonders in Gedichten, findet, ist die so genannte **kühne Metapher**. Sie heißt so, weil sie sich in ihrer Verwendung klar von der Alltagssprache abhebt; für den Leser ist damit das Uneigentliche des Sprechens deutlich wahrnehmbar. Metaphern können sowohl als ein zusammengesetztes Wort (zumeist ein Substantiv), aber auch als **Verbindung zweier Wörter** erscheinen.

Lösung s. S. 164

Übung 3.58 Lesen Sie das folgende Gedicht von Andreas Gryphius, schreiben Sie die Metaphern heraus und erklären Sie ihre Bedeutung.
Können Sie sich vorstellen, warum Gryphius in diesem Text vergleichsweise viele Metaphern verwendet?

Andreas Gryphius (1616-1664):
Menschliches Elende (1637/1663)

Was sind wir Menschen doch! Ein Wohnhaus grimmer Schmerzen,
Ein Ball des falschen Glücks, ein Irrlicht dieser Zeit,
Ein Schauplatz herber Angst, besetzt mit falschem Leid,
Ein bald verschmelzter Schnee und abgebrannte Kerzen.

5 Dies Leben fleucht davon wie ein Geschwätz und Scherzen.
Die vor uns abgelegt des schwachen Leibes Kleid
Und in das Totenbuch der großen Sterblichkeit
Längst eingeschrieben sind, sind uns aus Sinn und Herzen.

Gleich wie ein eitel Traum leicht aus der Acht hinfällt
10 Und wie ein Strom verscheußt, den keine Macht aufhält,
So muss auch unser Nam, Lob, Ehr und Ruhm verschwinden.

Was itzund Atem holt, muß mit der Luft entfliehn,
was nach uns kommen wird, wird uns ins Grab nachziehn.
Was sag ich? Wir vergehn wie Rauch von starken Winden.

Während viele sprachliche Bilder aus dem Zusammenhang der jeweiligen Gedichte vergleichsweise leicht zu erklären sind, ist das bei manchen Metaphern nicht so einfach:

b) Die **Chiffre**

Ein Gedicht einer zeitgenössischen Schriftstellerin lautet so:

Ilse Aichinger (*1921):
Gebirgsrand (1963)

Denn was täte ich,
wenn die Jäger nicht wären, meine Träume,
die am Morgen
auf der Rückseite der Gebirge
5 niedersteigen, im Schatten.

Übung 3.59 Welche sprachlichen Bilder enthält dieses Gedicht?

Eine Metapher, „Jäger", ist erklärt. Gemeint sind Träume. Aber der Zusammenhang ist nicht auf den ersten Blick klar, weil sich der gemeinsame Gehalt von Bild und Bedeutung nicht unmittelbar erschließt. Dann muss man versuchen durch spezielle Fragen weiterzukommen:
   – *Wen jagen die „Jäger"?*
   – *Gibt es Anhaltspunkte für einen Grund dafür?*
   – *Was bedeutet es für das lyrische Ich, sich als gejagt zu empfinden?*
   – *Welche Haltung nimmt das lyrische Ich zu den „Jägern" ein?*
Versuchen Sie diese Fragen schlüssig zu beantworten.

Lösung s. S. 164

Die zweite Metapher, „Gebirge", ist vielleicht noch schwerer zu entschlüsseln. Auch dabei können einige gezielte Fragen helfen:
   – *Was heißt es, wenn die „Jäger" (Träume) „niedersteigen"?*
   – *Wenn „niedersteigen" heißt, dass die Träume abklingen und ins Bewusstsein gelangen – welches ist dann der Ort, an dem dieses geschieht?*
   – *Und was ist dann der „Rand" dieses Ortes? (⇒ Titel!)*
   – *Welche Bedeutung hat dann der „Schatten"?*
Versuchen Sie auch diese Fragen so schlüssig wie möglich zu beantworten.

Übung 3.60 Formulieren Sie auf der Basis Ihrer Ergebnisse (oder der Anregungen zu den beiden vorhergehenden Übungsaufgaben) eine zusammenhängende Deutung des Gedichts von Ilse Aichinger.

Lösung s. S. 164

Metaphern, die sehr schwer oder manchmal überhaupt nicht zu entschlüsseln sind, bezeichnet man als **Chiffren**. Sie erschweren den Zugang zum Text. Die Absicht, so kann verallgemeinernd gesagt werden, ist es, den Leser zu einer angestrengten Beschäftigung mit dem Text, zum **Entschlüsseln und Enträtseln** zu bringen. So ist er nicht allzu schnell mit der Bedeutung eines Gedichts und seiner Aussage „fertig" und kommt eventuell zu neuen Einsichten über Sprache und Inhalt.
Chiffren werden insgesamt eher selten verwendet; wenn sie vorkommen, dann meist in Texten der zeitgenössischen Lyrik.

c) Die **Personifizierung**

Lösungen s. S. 165

Übung 3.61 Beschreiben Sie die Bedeutung der folgenden Redewendungen.
  Das Unrecht schreit zum Himmel.
  Das neue Auto lachte mich aus dem Verkaufsraum an.
  Der Motor stotterte am Schluss nur noch.
  Von weitem grüßte der Wald freundlich zu uns herüber.

Übung 3.62 Man nennt diese Form des sprachlichen Bildes „Personifizierung". Erklären Sie, wie eine Personifizierung funktioniert.

Übung 3.63 Versuchen Sie selbst Personifizierungen zu folgenden Sachverhalten zu formulieren:
  1) Die Sonne strahlt am Himmel.
  2) Der Fluss überschwemmte weite Teile des Tieflands.
  3) Die Autobahn wurde immer tiefer in den Wald hinein gebaut.
  4) Die Zeit vergeht.

Lösung s. S. 166

Übung 3.64 Welche Wirkung geht in erster Linie von einer Personifizierung aus:
  a) „Verlebendigung" von unbelebten Dingen oder Sachverhalten?
  b) Nachdrückliche Betonung einzelner Zusammenhänge und Gedanken?
  c) Veranschaulichung von Dingen oder Sachverhalten?
Begründen Sie Ihre Antwort.

Ein Dichter, der viele Personifizierungen verwendet hat, war Joseph von Eichendorff. Lesen Sie das folgende Gedicht von ihm, *Mondnacht*, das übrigens häufig im Deutschunterricht behandelt wird.

Joseph von Eichendorff (1788-1856):
Mondnacht (1837)

Es war, als hätt der Himmel
Die Erde still geküßt,
Daß sie im Blütenschimmer
Von ihm nun träumen müßt.

5 Die Luft ging durch die Felder,
Die Ähren wogten sacht,
Es rauschten leicht die Wälder,
So sternklar war die Nacht.

Und meine Seele spannte
10 Weit ihre Flügel aus,
Flog durch die stillen Lande,
Als flöge sie nach Haus.

Übung 3.65 Schreiben Sie sämtliche Personifikationen aus dem Text heraus und erklären Sie sie.

Übung 3.66 Verfassen Sie eine Darstellung und Deutung des Inhalts unter Berücksichtigung der bis jetzt eingeführten formalen und sprachlichen Merkmale.

Lösungen s. S. 166

d) Das **Symbol**

Symbole kommen in vielfacher Gestalt im Alltag vor. Wenn ein Ehepaar Ringe austauscht, so sind diese ein Symbol für Liebe und Verbundenheit. Ein Symbol für seine Verliebtheit ist es auch, wenn ein junger Mann seiner Freundin eine Rose schenkt. Auch ein teures Auto kann ein Symbol sein, nämlich für Wohlstand und Reichtum; man spricht dann von einem „Statussymbol".
So ist ein Symbol ein **sicht- und erfahrbares Zeichen für eine ungegenständliche Wirklichkeit**. Der Gegenstand wird gleichsam „stellvertretend" eingesetzt.
Gerade in der Lyrik werden Symbole häufig eingesetzt, denn sie eignen sich gut zum Verschlüsseln von Sachverhalten.

Eine Strophe aus dem *Abendlied* von Mattias Claudius (1740-1815) lautet:

Seht ihr den Mond dort stehen? –
Er ist nur halb zu sehen,
   Und ist doch rund und schön!
So sind wohl manche Sachen,
Die wir getrost belachen,
   Weil unsre Augen sie nicht sehn.

Übung 3.67 Wofür steht der (Halb-)Mond im Gedicht von Matthias Claudius?

e) Die **Allegorie**

Lösung s S. 163

Im Gegensatz zur Metapher und zum Symbol ist die Allegorie eine Form des sprachlichen Bildes, die eine **feste Bedeutung** hat. Ein Zeitgenosse von Andreas Gryphius wird z.B. keine Schwierigkeiten gehabt haben, V. 5 von *Abend* zu verstehen als „Der Körper nähert sich langsam, aber sicher seinem Ziel", d.h. dem Ende, da „Port" als Hafen mit der Bedeutung „Ende, Tod" und „der Glieder Kahn" als (sterblicher) Körper verstanden wurde. Ähnliche feste Verbindungen kommen auch heute im Sprachgebrauch vor; meist beziehen sie sich auf menschliche Grundsituationen. So ist der „Sensenmann" der Tod, „Fortuna" das Synonym für Glück bzw. Schicksal, die „Waage" bzw. „Justitia" ist gleichbedeutend mit Gerechtigkeit, „Salz und Brot" bezeichnen das für den Menschen Lebensnotwendige.
Allegorien sind in Gedichten vergleichsweise selten. Ihr Einsatz zeugt aber von einem hohen Gestaltungswillen des Künstlers. Lesen Sie sich das folgende Gedicht durch:

Georg Trakl (1887-1914):
Ein Winterabend (1913)

Wenn der Schnee ans Fenster fällt,
Lang die Abendglocke läutet,
Vielen ist der Tisch bereitet,
Und das Haus ist wohlbestellt.

5 Mancher auf der Wanderschaft
Kommt ans Tor auf dunklen Pfaden.
Golden blüht der Baum der Gnaden
Aus der Erde kühlem Saft.

Wanderer tritt still herein;
10 Schmerz versteinerte die Schwelle.
Da erglänzt in reiner Helle
Auf dem Tische Brot und Wein.

In diesem Gedicht finden sich die Allegorien:
– „Baum der Gnade" (V. 7)
– „Brot und Wein" (V. 12)

Übung 3.68 Versuchen Sie diese Allegorien zu erklären und geben Sie davon ausgehend eine Deutung des Gedichts.

Lösungen s. S. 168

f) Der **Vergleich**

Übung 3.69 Erklären Sie die Bedeutung der nachstehenden Sätze:
1) Er ist schnell wie der Wind.
2) Die U-Bahn war voll wie eine Sardinenbüchse.
3) Engelsgleich kam sie ihm vor.
4) Es war so laut, als ob man sich in einer Fabrikhalle befand.

Übung 3.70 Drücken Sie die folgenden Sachverhalte in Vergleichen aus. Versuchen Sie mehrere Formen für den Vergleich zu verwenden.
a) Er fuhr sehr riskant. Man konnte denken, dass er nicht um sein Leben fürchtete.
b) Sie kaufte viele Sachen ein. Es schien, dass sie viel Geld hatte.
c) Sie waren sich von Anfang an sympathisch. Sie wirkten wie alte Bekannte.

Lösung s. S. 169

Vergleiche werden in der Alltagssprache und in der Dichtung verwendet, um einen Gedanken **anschaulicher** zu machen und die Wirkung des Gesagten auf den Hörer bzw. Leser zu steigern. Dabei sollte darauf geachtet werden, wie sehr sich das Vergleichsglied vom eigentlich Gemeinten entfernt. Ein Vergleich ist leicht zu erkennen an der Partikel **„wie"**, gelegentlich auch **„gleich"**; auch die Konjunktion **„als ob"** kann einen Vergleich einleiten.

Übung 3.71 Das Gedicht von Georg Herwegh im folgenden Abschnitt enthält mehrere Vergleiche. Finden Sie sie heraus und erklären Sie sie.

Lösung s. S. 169

3.5 Über das Gedicht hinaus? – Außertextliche Komponenten (Autor, Lebensdaten, Geschichte) einarbeiten

Ich möchte hingehn wie das Abendrot
Und wie der Tag in seinen letzten Gluten –
O leichter, sanfter, ungefühlter Tod! –
Mich in den Schoß des Ewigen verbluten.

5 Ich möchte hingehn wie der heitre Stern
Im vollsten Glanz, in ungeschwächtem Blinken;
So stille und so schmerzlos möchte gern
Ich in des Himmels blaue Tiefen sinken.

Ich möchte hingehn wie der Blume Duft,
10 Der freudig sich dem schönen Kelch entringet
Und auf dem Fittich blütenschwangrer Luft
Als Weihrauch auf des Herren Altar schwinget.

Ich möchte hingehn wie der Tau im Tal,
Wenn durstig ihm des Morgens Feuer winken;
15 O wollte Gott, wie ihm der Sonnenstrahl,
Auch meine lebensmüde Seele trinken!

Ich möchte hingehn wie der bange Ton,
Der aus den Saiten einer Harfe dringet,
Und, kaum dem irdischen Metall entflohn,
20 Ein Wohllaut in des Schöpfers Brust erklinget.

Du wirst nicht hingehn wie das Abendrot,
Du wirst nicht stille wie der Stern versinken,
Du stirbst nicht einer Blume leichten Tod,
Kein Morgenstrahl wird deine Seele trinken.

25 Wohl wirst du hingehn, hingehn ohne Spur,
Doch wird das Elend deine Kraft erst schwächen;
Sanft stirbt es einzig sich in der Natur,
Das arme Menschenherz muß stückweis brechen.

Lösungen s. S. 169

Übung 3.72 Bestimmen Sie Thema und Aussage des Gedichts.
Es geht in diesem Gedicht
- a) um Gedanken eines verzweifelten Mensch vor dem Selbstmord,
- b) um den Wunsch eines Sterbenden nach einem sanften Ende,
- c) um die Hoffnung eines Schwerkranken, noch einmal mit dem Leben davonzukommen.

Begründen Sie Ihre Entscheidung am Text.

Übung 3.73 Fassen Sie die Strophen jeweils knapp zusammen.
*Beschreiben Sie, wie die **Struktur** die Aussage stützt.*

Das Gedicht selbst hat keinen Titel, stammt aber aus einem Zyklus mit dem Titel *Strophen aus der Fremde.*

Lösung s. S. 170

Übung 3.74 Was könnte sich an der Bestimmung von Thema und Aussage ändern, wenn die Überschrift bekannt ist?

In vielen Fällen beziehen sich – vor allem politisch engagierte – Dichter auf historische Ereignisse oder Sachverhalte. Ein Standardbeispiel, das Sie vielleicht aus dem Deutschunterricht kennen, ist Heinrich Heines Gedicht *Die schlesischen Weber*, in dem er das Elend der Arbeiter anprangert und damit – über den unmittelbaren Zusammenhang hinaus – zu einem Umsturz der politischen Verhältnisse aufruft. In solchen Fällen kann ein Text nicht nur für sich allein (werkimmanent) betrachtet werden, sondern die betreffenden Ereignisse und Sachverhalte müssen in die Untersuchung mit einbezogen werden.

Dabei ist allerdings auch vor voreiligen Schlussfolgerungen zu warnen:
- Beschränken Sie die Interpretation des Inhalts nie auf den historischen Sachverhalt allein.
- Das lyrische Ich bleibt das lyrische Ich! Auch wenn eine große Übereinstimmung zwischen Autor und Sprecher anzunehmen ist – setzen Sie nie beide miteinander gleich!
- Die Gesamtaussage sollte möglichst allgemeiner Natur und in möglichst geringem Maße auf das zu Grunde liegende Ereignis zugeschnitten sein. Ein Gedicht ist nicht nur zeitbezogen.

Das oben stehende Gedicht stammt aus dem Jahre 1841. Einige **Informationen zu der Zeit vor dem Jahr 1848**, das mit Volksaufständen und dem ersten deutschen Parlament in der Frankfurter Paulskirche einen vorübergehenden Umschwung in der deutschen Geschichte markierte, können für das Verständnis nützlich sein:
- polizeistaatliches Klima im Gefolge des Wiener Kongresses (1813): Verbot demokratischer Bewegungen, scharfe Zensur des geschriebenen Wortes, Behördenwillkür;
- unbarmherziges Vorgehen gegen Kritiker: zahlreiche Emigrationen, v.a. nach Frankreich und in die Schweiz;

- absolutistisches Herrschaftssystem mit feudalen Strukturen: Vorherrschaft des Adels, nur geringer politischer Einfluss des Bürgertums;
- rasches Wachstum arbeitsteiliger und später industrieller Produktion: großes Ungleichgewicht zwischen Reich und Arm;
- in der Literatur vorherrschende Richtung der „Empfindsamkeit": Abwendung von der historischen Realität, Hinwendung zur Verinnerlichung.

Übung 3.75 Prüfen Sie, welche Informationen für das Verständnis des Gedichtes nützlich sind.

Die *Strophen aus der Fremde* stammen von Georg Herwegh (1817-1875), einem seinerzeit recht bekannten Dichter, über den Sie im Folgenden einiges erfahren:

Lösung s. S. 170

- geboren 1817 in Stuttgart;
- zunächst Studium der Theologie, das er aufgibt, um sich der Schriftstellerei zu widmen;
- 1841-1843: *Gedichte eines Lebendigen* als großer Erfolg;
  Herwegh reist als gefeierter Lyriker durch Deutschland und wird vom König Friedrich Wilhelm IV. empfangen;
  Ausweisung aus Deutschland wegen unvorsichtiger Äußerungen über die politische und soziale Lage; lebt daraufhin in Paris;
- 1848 führt Herwegh das „Republikanische Komitee der Deutschen in Paris" an und greift in den badischen Aufstand ein;
- lebt danach in der Schweiz, ab 1866 in Baden-Baden, wo er 1875 stirbt.

Übung 3.76 Prüfen Sie, welche dieser biografischen Fakten Sie für die Interpretation des Gedichtes nutzen können.

> Bei der Einarbeitung historischer oder biografischer Hintergründe ist stets auf die **Verbindung zur Hauptaussage** zu achten. Es nutzt nichts, die Fakten einfach nur zu nennen – damit kommen Sie nur vom Thema ab.

Lösungen s. S. 170

Übung 3.77 Beurteilen Sie unter diesem Gesichtspunkt die folgenden Versuche, indem Sie die Fehler in den folgenden Texten analysieren:

a) „Zwar nennt Herwegh in seinem Gedicht keine Jahreszahl und kein historisches Ereignis beim Namen, aber da er selbst für Freiheit und Demokratie eingetreten ist, handelt das Gedicht von einem Menschen, der sein Land verlassen musste."

b) „Georg Herwegh beschreibt, wie er sich sein Ende eigentlich wünscht, doch ist er anscheinend sicher, dass es so nicht kommen wird. So kommt es im Leben oft anders, als man sich es wünscht."

c) „Das lyrische Ich beschreibt sein Schicksal in der Emigration in der Zeit vor 1848. Wahrscheinlich musste er wegen politischer Äußerungen oder Schriften das Land verlassen. Wie traurig sein Schicksal ist, zeigt sein Wunsch zu sterben. In der Fremde stirbt man nur gebrochenen Herzens."

Lösungen s. S. 170/171

Übung 3.78 Verfassen Sie unter Zuhilfenahme der Hintergrundinformationen, die Sie als wichtig erkannt haben, sowie unter Zuhilfenahme der folgenden Hinweise einen kurzen Text, in dem Sie die Gesamtaussage des Gedichts mit den Hintergründen verbinden. Hartes Schicksal der Emigranten – getrennt von der Heimat – gebrochenes Herz – Todeswunsch stellvertretend für Schicksal – geduldet, aber von niemandem erwünscht – einsam – grundsätzliche Auseinandersetzung mit dem Tod – Wunsch, versöhnt zu sterben – Traum – möglicherweise Vorwegnahme eigener Erfahrung

Übung 3.79 Am folgenden Gedicht, ebenfalls von Georg Herwegh, können Sie die Einarbeitung historisch-politischer Details üben:

Georg Herwegh (1817-1875):
Wiegenlied (1843)

V. 1: **Pfühl**: Ruhelager; Bezug auf Goethes Gedicht *Nachtgesang*
V. 13: **Kamele**: Anspielung auf F. Freiligrath und E. Geibel, die vom König 300 Taler Jahresgehalt bekamen und sich seither mit Kritik zurückhielten
V. 17: **Blätter**: demokratisch gesinnte Zeitungen
V. 18: **Sparterheer**: Anspielung auf die Tapferkeit der Spartaner, die auch in scheinbar aussichtslosen Situationen den Kampf nicht aufgaben
V. 21: **ohne Höschen**: Anspielung auf die *Sansculottes* (frz. wörtl.: „Ohnehosen"), revolutionäre Jakobiner aus Frankreich

Deutschland – auf weichem Pfühle
Mach dir den Kopf nicht schwer!
Im irdischen Gewühle
Schlafe, was willst du mehr?

5   Laß jede Freiheit dir rauben,
Setze dich nicht zur Wehr,
Du behältst ja den christlichen Glauben:
Schlafe, was willst du mehr?

Und ob man dir alles verböte,
10   Doch gräme dich nicht zu sehr,
Du hast ja Schiller und Goethe:
Schlafe, was willst du mehr?

Dein König beschützt die Kamele
Und macht sie pensionär,
15   Dreihundert Taler die Seele:
Schlafe, was willst du mehr?

Es fechten dreihundert Blätter
Im Schatten, ein Sparterheer;
Und täglich erfährst du das Wetter:
20   Schlafe, was willst du mehr?

Kein Kind läuft ohne Höschen
Am Rhein, dem freien, umher:
Mein Deutschland, mein Dornröschen,
Schlafe, was willst du mehr.

3.6 Was bedeutet das für uns heute? – Einen aktuellen Bezug herstellen

Übung 3.80 Wie schätzen Sie die folgenden Äußerungen zu dem Gedicht Strophen aus der Fremde *(S. 75) von Georg Herwegh ein?*

a) „Ich halte das Gedicht für sehr aktuell. Georg Herwegh schreibt über Erfahrungen, die genau so für Asylbewerber heutzutage gelten: Keine Arbeitserlaubnis, keine sozialen Kontakte, keine Sprachkenntnisse, Unterstützung nur in Form von Sachleistungen – das ist auch ein stückweiser Tod, wie ihn die letzte Strophe anspricht."

b) „Die politischen Verhältnisse gegenüber 1841 haben sich aber geändert. Hierzulande muss niemand mehr wegen seiner politischen Ansichten das Land verlassen. Aber in vielen Ländern, z.B. in China, werden Schriftsteller und andere Künstler verfolgt und vertrieben. Darauf aufmerksam zu machen, ist der aktuelle Aspekt des Gedichts."

c) „Georg Herwegh zeigt, wie Asylbewerber leben müssen. Wir sind daher gefordert, für mehr Menschlichkeit zu sorgen und diese Menschen in jeder sich bietenden Situation zu unterstützen."

Lösung s. S. 171

Wenn es sich vom Text her anbietet, ist es sinnvoll, den **aktuellen Bezug** des jeweiligen Gedichtes herauszuarbeiten und im Zusammenhang mit der Gesamtaussage in die Interpretation aufzunehmen. Damit machen Sie deutlich, dass das jeweilige Gedicht nicht lediglich an seinen Autor und an die Zeit seiner Entstehung gebunden ist, sondern einen darüber hinaus gehenden Anspruch hat. Ein treffender aktueller Bezug, der zugleich über den unmittelbaren Text hinausweist, ist somit eine gelungene Abrundung einer Interpretation. Dennoch sind dazu einige wichtige Regeln zu beachten:

- Achten Sie darauf, dass der **Textbezug** gewahrt bleibt; die aktuelle Bedeutung muss am Text nachvollziehbar sein.
- Auf eine aktuelle Bedeutung sollten Sie normalerweise erst **am Schluss, nach der eigentlichen Interpretation** eingehen. Eigentlich sollte sich die Aktualisierung aus der Interpretation von selbst ergeben. Ihre Stellung am Schluss zeigt an, dass sie nie bedeutender als der Text selbst werden kann.
- Die Aktualisierung zielt nicht auf den historisch-biografischen Bezug (vgl. 3.5), sondern auf die **Bedeutung des Textes heute**, auf aktuelle Fragestellungen oder Einstellungen bzw. Gedanken bezogen.

Ein zeitgenössisches Gedicht und dazu gehörende Angaben sollen Ihnen ermöglichen, politisch-historische *und* biografische Details auszuwählen und in die Formulierung einer Gesamtaussage einzuarbeiten:

Christa Reinig (*1926):
Vor der Abfahrt (erschienen 1969)

Sie kamen und suchten
unter der Bank, im Gepäcknetz
suchten sie jemand.
Danke, sagten sie zu mir.

5 Auf dem Dach, zwischen den Rädern
suchten sie jemand.
Unter meiner Mütze
suchten sie nicht.

Starr war die Erde.
10 Da nahm ich den Schnee.
In meiner Manteltasche
nahm ich den Schnee mit.

Christa Reinig
- geboren 1926;
- arbeitet zunächst als Fabrikarbeiterin in Ost-Berlin;
- Studium der Kunstgeschichte und Archäologie;
- Assistentin am Märkischen Museum in Ost-Berlin;
- bekannte Lyrikerin, aber in der DDR kaum gedruckt;
- Vertrieb der Texte u.a. durch handschriftliche Übertragungen;
- 1964, anlässlich der Verleihung des Bremer Literaturpreises, Übersiedlung in die Bundesrepublik Deutschland.

Zur politischen Situation in Deutschland nach 1945
- nach 1945: „Kalter Krieg" zwischen den Kriegsgewinnern USA und UdSSR um Vorherrschaft in Europa; gespannte Situation Ost-West;
- 1949: Gründung der beiden deutschen Staaten;
- 50er Jahre: Verschärfung der Gegensätze zwischen Ost und West; stalinistisches System in der DDR (Unterdrückung); massenhafte Auswanderung nach Westdeutschland;
- 1953: gewaltsame Niederschlagung eines Arbeiteraufstandes;
- 1961: Bau der Berliner Mauer und des Grenzzauns durch die DDR zum Stopp der Flüchtlingswelle; Festigung der deutschen Teilung;
- schwierige Situation kritischer Intellektueller in der DDR;
- schwierige Reisesituation, auch für Privatbesuche: Passierscheine für die Einreise in die DDR, starke Personenkontrollen für Kraftfahrzeuge und in Zügen im Verkehr zwischen den deutschen Staaten.

Übung 3.81 Prüfen Sie, welche Informationen Sie für eine Interpretation unter Berücksichtigung biografischer und historischer Details verwenden können, um das Verständnis des Textes zu verbessern.

Lösungen s. S. 172

Übung 3.82 Mauer und innerdeutsche Grenze sind seit nunmehr zehn Jahren verschwunden. Inwiefern ist das Gedicht dennoch aktuell?
Schreiben Sie einen kurzen Text zur aktuellen Bedeutung des Gedichts und fügen Sie ihn mit der bisher von Ihnen erarbeiteten Gesamtaussage zusammen.

 Wie ist das zu verstehen? – Besonderheiten moderner Lyrik erkennen

Im Zusammenhang mit den sprachlichen Bildern wurde es besonders deutlich: Alle künstlerischen Texte, also auch alle Gedichte, sind verschlüsselte Texte und müssen dementsprechend „entschlüsselt" werden. Das bezieht sich nicht allein auf einen verfremdeten Sprachgebrauch und die Bildlichkeit, auch die Haltung des lyrischen Ichs oder die Bedeutung des zentralen Gedankens sind Gegenstand der Entschlüsselung. Voraussetzung dafür, dass dieses gelingen kann, ist grundsätzliche Möglichkeit, einen Text auf gleiche Weise zu verstehen (Verständnishorizont). Dazu geht man davon aus, dass die Sprache Sachverhalte mitteilt und dass sich umgekehrt die Tatsachen so verhalten, wie die Sprache sie mitteilt (wenn keine absichtliche Lüge vorliegt).

Vor allem seit Beginn des 20. Jahrhunderts jedoch beginnen Dichter die Sprache zu hinterfragen; stellenweise spricht man sogar von einer „Sprachkrise". Manche Schriftsteller waren (und sind) der Ansicht, dass die Sprache nicht ausreicht, um die Welt so zeigen, wie sie ist; auch seien unsere festgefügten Lese- und Verstehensgewohnheiten die Ursache dafür, dass Sprache nicht mehr in hinreichender Weise der Ausdruck des Individuums sei.

Als Schlussfolgerung daraus versuchen viele Schriftsteller **mit der Sprache zu experimentieren** oder zu spielen. Sie selbst gewinnen dadurch künstlerische Freiheit, die Sprache gewinnt an Vielseitigkeit. Das Gedicht ist für das Sprachexperiment ganz besonders gut geeignet, da es sich um einen knappen, übersichtlichen Text handelt, bei dem Besonderheiten schnell erkennbar sind und auf den Punkt gebracht werden können.

Moderne Lyrik

Moderne Lyrik weicht von traditionell gebauten Gedichten oftmals durch einen freieren Umgang mit der Sprache und den formalen Eigenheiten ab. Oft findet sich ein Verzicht auf Reim und Metrum; das Sprachexperiment führt manchmal zur völligen Loslösung von einem grammatischen Sprachgebrauch, selbst zur Auflösung von verständlichen Wörtern (konkrete Poesie). Motive dafür sind:
– die **Vieldeutigkeit von Sprache** neu zu erkennen und zu betonen,
– einen angemessenen **Ausdruck für die Komplexität des Lebens** zu finden,
– das **Vermeiden von** als unpassend empfundener **Harmonie und Geschlossenheit,**
– das Eröffnen von **neuen Wahrnehmungsmustern.**
Moderne Lyrik verzichtet in vielen Fällen auf Reim, Metrum und feste Strophenform und betont dagegen stärker auch den optischen Charakter des Gedichts. Machmal allerdings werden die traditionellen Formen bewusst eingesetzt, z.B. um einen besonders deutlichen Kontrast zum Inhalt zu erreichen.

Diese Eigenschaften bestimmen auch die Anforderungen für die Interpretation moderner Lyrik, denn das Erschließen eines modernen Gedichts über die oben behandelten Kategorien ist oft nicht möglich. Bei der Interpretation eines modernen Gedichts müssen Sie daher vor allem achten

a) auf **Auffälligkeiten in der Form**. Mögliche Leitfragen dazu sind:
   - Wie ist der Text **äußerlich gegliedert**? Sind **Strophen** erkennbar oder ist eine äußere Struktur nicht mehr klar erkennbar?
   - Wie ist der **innere Aufbau** des Textes? Entspricht er in irgendeiner Weise dem äußeren Aufbau?
   - Wenn Reim, Metrum und Strophenform nicht mehr verwendet werden, welche **Mittel zur Gestaltung der inneren Beziehung** zwischen den einzelnen Teilen gibt es?
   - Wodurch werden **zentrale Gedanken** hervorgehoben?
   - Wie verhält sich die **Überschrift** zum Text?

b) auf **Besonderheiten in der Sprache**:
   - Gibt es Auffälligkeiten im Wortschatz? Kommen **ungewöhnliche Wortkombinationen** oder **Wortneubildungen** vor?
   - Gibt es **zentrale Bilder und Metaphern**?
   - Kommt ein **Schlüsselwort** (etwa in Verbindung mit der Überschrift) vor?
   - Wie ist die **Syntax** gestaltet? Fallen starke **Verfremdungen** auf? Welche Funktion könnten sie haben?
   - Werden **traditionelle Gedanken** und **Motive** in einen **neuen und ungewöhnlichen Zusammenhang** gestellt? Kann man die Absicht der **Provokation** erkennen?

Nicht jeder dieser Aspekte trifft auf ein modernes Gedicht zu; und umgekehrt gilt, dass manche dieser Gesichtspunkte auch für ein älteres, traditionelles Gedicht gelten. Dennoch sind diese Fragen ein geeignetes Muster zur Erschließung moderner Lyrik, wie das folgende Beispiel einer recht genauen Untersuchung eines Gedichts zeigen soll.

Übung 4.1 Notieren Sie sich spontan, welche Gedanken und Vorstellungen traditionell mit dem Stichwort „Wald" verbunden werden und was Ihnen zu diesem Thema einfällt.

Lösung s. S. 173

Lesen Sie sich nun das 1973 erschienene Gedicht des Lyrikers Günter Eich (1907-1972) durch:

Wald, Bestand an Bäumen, zählbar
Schonungen, Abholzung, Holz- und Papierindustrie,
Mischwald ist am rentabelsten
Schädlinge, Vogelschutz
5 Wildbestand, Hege, Jagdgesetze
Beeren, Bucheckern, Pilze, Reisig
Waldboden, Wind, Jahreszeiten

Zivilisationslandschaft
Zauberwald Merlins
10 Einhorn (das Tier, das es nicht gibt)
    das uns bevorsteht,
    das wir nicht wollten
    die vergessene Zukunft

An diesem Gedicht können Sie nun schrittweise die wichtigsten Schritte für eine Untersuchung moderner Lyrik durchführen:

Übung 4.2 Notieren Sie sich nach zweimaligem Lesen die ersten Gedanken, die Ihnen zu dem Gedicht eingefallen sind.

Übung 4.3 Das Gedicht hat keine Überschrift. Welche Wirkung entsteht dadurch?

Übung 4.4 Fassen Sie, so gut das geht, den Inhalt der beiden Strophen knapp zusammen!

Übung 4.5 Betrachten Sie die erste Strophe:
  – Was fällt an der Wortwahl auf?
  – Können Sie die Wörter über den Themenbereich „Wald" zwei anderen, differenzierteren Bedeutungsfeldern zuordnen?
  – Wie verstehen Sie das letzte Wort der ersten Strophe, das ja nicht grundsätzlich etwas mit „Wald" zu tun hat? Wodurch ist seine besondere Bedeutung schon äußerlich erkennbar?

Übung 4.6 Wie unterscheidet sich die zweite von der ersten Strophe in der Wortwahl und im Satzbau?

Übung 4.7 Welche Ihnen bekannten Stilmittel (Wort-, Klang-, Gedankenfiguren) enthält das Gedicht?

Übung 4.8 Wenn man das „Einhorn", ein Fabelwesen, als sprachliches Bild für „Fantasie, Zauber, Bezauberung" ansieht – wie sind dann die letzten drei Zeilen des Gedichts zu verstehen?

Übung 4.9 Fertigen Sie nun eine zusammenhängende Darstellung und Deutung des Textes an.

Nun sollen Sie ein modernes Gedicht eigenständig untersuchen:

Lösungen s. S. 173

Lösungen s. S. 174

Jürgen Becker (*1932):
Natur-Gedicht (1974)

in der Nähe des Hauses,
der Kahlschlag, Kieshügel, Krater
erinnern mich daran -
nichts Neues; kaputte Natur,
5 aber ich vergesse das gern,
solange ein Strauch steht

Übung 4.10 Interpretieren und analysieren Sie das Gedicht und gehen Sie dabei besonders auf seine formalen und sprachlichen Besonderheiten ein.

Lösung s. S. 175

5 „Oberstufen-Special" – Worauf es bei Klausuren und in der Abiturprüfung besonders ankommt

Es folgt ein Kapitel, in dem ausnahmsweise nur sehr wenig Übungsaufgaben gestellt werden.

In der Oberstufe ändert sich einiges gegenüber der Mittelstufe. Nicht nur, dass man die Klassenarbeiten plötzlich „Klausuren" nennt, oft werden sie länger und die Aufgabenstellungen schwieriger. Besonders ist das natürlich in Leistungskursen der Fall. Obwohl sich an den grundsätzlichen Arbeitstechniken eigentlich nichts ändert, sind viele Schülerinnen und Schüler verunsichert über die Anforderungen. Das gilt insbesondere für das Abitur.

Daher sollen hier einige Hinweise darauf erfolgen, worauf es eigentlich ankommt. Die entsprechenden Aspekte können Sie im folgenden Kapitel an ausgewählten Gedichten noch einmal systematisch trainieren.

Der Arbeitsbereich „Analyse von literarischen Texten" deckt nur einen Teil der in Deutsch gestellten Anforderungen ab, und die Interpretation von Gedichten wiederum ist nur ein Teil der Analyse literarischer Texte. Daraufhin sollen die folgenden Erläuterungen abgestimmt sein. Sie orientieren sich an „Einheitliche Prüfungsanforderungen in der Abiturprüfung. Deutsch" der Kultusministerkonferenz, kurz EPA, die allen Abituraufgaben zu Grunde liegen.

Schon die Auswahl der Texte sagt etwas über die Anforderungen aus, die mit ihrer Interpretation verbunden sind. Sie sollen folgende Eigenschaften aufweisen:

- „ästhetische Qualität und geschichtliche Bedeutung",
- „exemplarische(n) Charakter für eine Epoche, Textart oder Gattung"
- „motiv-, form- und stilgeschichtliche Relevanz",
- „thematische Bedeutung für die Schülerinnen und Schüler, bezogen auf ihre Mit- und Umwelt sowie auf Grundprobleme der menschlichen Existenz". (EPA, S. 9)

Infolgedessen sollte Ihre Interpretation grundsätzlich folgende Anforderungen erfüllen:

genaue Kenntnis der Biografie des Autors – Einordnung in die literarische Epoche – Herausarbeiten der besonderen Art des künstlerischen Umgangs mit Sprache – Nennung von Merkmalen, die das betreffende Gedicht mit anderen verbindet – aktuelle Bedeutung benennen – eingehende Behandlung der Rezeptionsgeschichte

Übung 5.1 Ordnen Sie die Anforderungen den Kriterien für die Textauswahl zu und bestimmen sie die beiden Aspekte, die nicht dazu gehören.

Lösung s. S. 176

Genauer geht die EPA auch auf die Arbeitstechniken ein, deren Beherrschung Sie in einer Klausur unter Beweis stellen sollen. Für das Abitur gibt es dafür ausgesprochene „Anforderungsbereiche", die unausgesprochen aber auch normalen Klausuren zu Grunde liegen:

Anforderungsbereich I: Wiedergabe von Wissen, „Kenntnis von Fakten und Fachbegriffen, Methoden und Modellen und deren Anwendung";

Anforderungsbereich II: selbstständige Verarbeitung und Darstellung der Sachverhalte, d.h. Sie sollen nicht nur zeigen, dass Sie die entsprechende Fachterminologie beherrschen, sondern Sie sollen sie auch inhaltlich füllen;

Anforderungsbereich III: begründete Schlussfolgerungen aus der durchgeführten Analyse, eigene Wertungen vornehmen, die Fähigkeit zeigen, das eigene Vorgehen kritisch zu hinterfragen. (EPA, S. 10)

Übung 5.2 Welches der folgenden Urteile aus Lehrerkommentaren würden Sie welchem Anforderungsbereich zuordnen?

Lösung s. S. 177

a) „Die Schülerin hat das Gedicht inhaltlich und formal zutreffend und umfassend gedeutet und ist zu einem begründeten Urteil über die Einstellung des Textes zur Natur gelangt. Dabei hat sie zutreffende Parallelen zu anderen Texten aus der entsprechenden Zeit gezogen und die aktuelle Bedeutung herausgearbeitet. Indem sie auch den biografischen Interpretationsansatz in ihre Überlegungen mit einbezog, gelang es ihr, den Horizont einer reinen Textbetrachtung Gewinn bringend zu überschreiten."

b) „Der Schüler hat die wesentlichen Merkmale des Textes – die formale Struktur und einige sprachliche Mittel – zutreffend herausgearbeitet und benannt. Dabei bewegt er sich jedoch weitgehend auf der Ebene der Textdarstellung."

c) „Die Schülerin hat die formale Eigenart des Textes herausgearbeitet und zutreffende Beobachtungen zur Entsprechung von Form und Inhalt angestellt. Die sprachlichen Mittel wurden nicht nur fast vollständig zusammengestellt, sondern zumeist auch in ihrer Wirkungsweise erklärt. Die Gliederung der Arbeit entspricht den Anforderungen, jedoch hätte die Schülerin an verschiedenen Punkten (Kontexteinordnung, aktueller Bezug) in stärkerem Maße über den Text hinausgehen können."

Was genau zur Textanalyse in der Oberstufe gehört, legt die EPA ebenfalls fest. Sie können sehen, dass es für den Bereich der Gedichtanalyse genau die Aspekte sind, die in dieser Lernhilfe geübt werden können: „Beschreibung, Erläuterung und Einschätzung der Aussagen des Textes und der darstellerischen Mittel sowie des Kontextes der Entstehung und Vermittlung" (EPA, S. 12). Das bedeutet

„in Bezug auf die Erarbeitung des Textes:
– fachgerechte Untersuchungsmethoden anwenden,
– zentrale Aussagen und Probleme erfassen,
– Textstruktur und strukturbildende Elemente ermitteln,
– Textintention erfassen,
– erfassen, wie Phänomene der erfahrbaren und denkbaren Wirklichkeit unter gegebenen historischen, sozialen und persönlichen Bedingungen ausgewählt und gedeutet worden sind,

– ggf. sich mit den Normen und Wertvorstellungen, die dem Text zu entnehmen sind, auseinandersetzen,
– zu der Aussageweise des Textes Stellung nehmen,
– ggf. Art und Umfang der Verbreitung des Textes (z.B. Auflagenhöhe, Rezipienten, Vermittlung durch bestimmte Medien) berücksichtigen,
– den Text in größere Zusammenhänge (z.B. in der Literaturgeschichte, der Ästhetik, der Biografie des Autors, der Gesellschaft) einordnen." (EPA, S. 13)

Übung 5.3 Im Grunde sind diese Anforderungserwartungen ja nichts Neues. Überprüfen Sie am Inhaltsverzeichnis, besonders an den Kapiteln 2 und 3, welche Abschnitte dieser Lernhilfe welchen Anforderungen der EPA zuzuordnen sind.

Lösung s. S. 177

Was die Anforderungen an Ihren Aufsatz betrifft, gilt:
– nicht nur den Text wiedergeben, sondern erläutern,
– auf den Zusammenhang von Form und Inhalt achten,
– eindeutig und verständlich formulieren,
– geeignete Belegstellen finden und richtig zitieren,
– eine der Aufgabenstellung angemessene Gliederung entwerfen,
– mit Wertungen zurückhaltend sein, diese ggf. aber auf jeden Fall begründen
– in einem nüchternen, sachlich-distanzierten Ton schreiben.

All diese Aspekte werden in den vielen Einzelübungen dieses Bandes trainiert. Wenn Sie sich den schrittweise entwickelten kompletten Interpretationen zuwenden, nehmen Sie die Aufgabe des Schreibens ernst, auch dort, wo es Ihnen unter Umständen recht mühsam erscheinen mag. Wenn Sie die angebotenen Übungsmöglichkeiten in vollem Maße nutzen, sollten die sprachlichen Anforderungen für Sie eigentlich kein Hindernis darstellen.

Aus den genannten Gesichtspunkten ergeben sich für die Beurteilung Ihrer Leistung folgende Kriterien:
„– sachliche Richtigkeit,
– Folgerichtigkeit und Begründetheit der Aussagen,
– Vielfalt der Gesichtspunkte und ihre funktionale Bedeutsamkeit,
– Differenziertheit des Verstehens und Darstellens,
– Grad der Selbstständigkeit,
– Klarheit in Aufbau und Sprache,
– Sicherheit im Umgang mit Fachsprache und -methoden,
– Berücksichtigung standardsprachlicher Normen" (EPA, S. 21).

Übung 5.4 Auch diese Kriterien sollten an dieser Stelle für Sie nichts Neues mehr darstellen. Damit Sie sich aber dennoch ihrer Bedeutung voll und ganz bewusst sind, formulieren Sie die Aspekte in „Acht Gebote der (Gedicht)Interpretation" um, die Sie im Lösungsteil finden und sich am besten auch in Ihrem Hefter notieren.

Lösung s. S. 178

Im Abitur oder in einer gewöhnlichen Klausur werden Sie mit <u>verschiedenen Aufgabenstellungen</u> konfrontiert, bei denen die Grundanforderungen jedoch sehr ähnlich sind, z.B:

1) **Nicht näher eingegrenzte Arbeitsaufgabe:**
   „Interpretieren Sie das Gedicht *Abend* von Andreas Gryphius aus dem Jahre 1650."

2) **Arbeitsaufgabe mit einem angegebenen Schwerpunkt:**
   „Interpretieren Sie das Gedicht *Abend* von Andreas Gryphius aus dem Jahre 1650 und gehen Sie dabei besonders auf die sprachlichen Mittel ein, die im Text verwendet wurden."

3) **Arbeitsaufgabe mit einer über das Gedicht hinaus gehenden Aufgabenstellung:**
   „Interpretieren Sie das Gedicht *Abend* von Andreas Gryphius aus dem Jahre 1650.
   Untersuchen und erläutern Sie den Inhalt des Gedichts.
   Untersuchen Sie die Strophenform und gehen Sie auf eine mögliche Beziehung zum Inhalt und zur Aussage ein.
   Zeigen Sie auf, inwieweit *Abend* für die Zeit des Barock ein typisches Gedicht ist.

4) **Vergleich zweier Gedichte entweder aus derselben Epoche oder mit demselben Motiv:**
   „Analysieren und interpretieren Sie die Gedichte *Abend* von Andreas Gryphius (1650) und *Wenn man stirbt* von Horst Bienek (1957) und vergleichen Sie sie miteinander hinsichtlich der Behandlung des Todesmotivs."

Wie gesagt, so sehr, wie es scheint, unterscheiden sich die Aufgaben gar nicht. Bei den Aufgaben vom Typ 1 (*Nicht näher eingegrenzte Arbeitsaufgabe*) müssen Sie allerdings selbst erkennen, welche Schwerpunkte bei Ihrer Arbeit im Mittelpunkt stehen sollen. Sie müssen also selbstständig darauf achten, welche Aspekte bei dem Ihnen vorliegenden Text Auffälligkeiten aufweisen. – Die Aufgaben vom Typ 2 geben Ihnen einen Schwerpunkt vor, jedoch bedeutet dies nicht, dass Sie die anderen Aspekte der Interpretation unberücksichtigt lassen können. Die Behandlung des Schwerpunkts sollte allerdings den ihr angemessenen Raum in der Arbeit einnehmen.

Die Aufgaben vom Typ 3 weisen über den Text selbst hinaus, indem sie eine weiterführende Aufgabenstellung enthalten. Die außertextlichen Elemente (Biografie, Zeithintergrund, Rezeptionsgeschichte) sind ebenfalls in der herkömmlichen Interpretation mit zu berücksichtigen. Werden sie jedoch in der Aufgabenstellung selbst mit genannt, ist das ein Hinweis auf vorhandene Besonderheiten, die entsprechend berücksichtigt werden sollten.

Gegenüber den Aufgaben vom Typ 1-3 enthält der Gedichtvergleich (Typ 4) nichts wesentlich Neues. Hier haben Sie die Aufgabe, zwei Texte zu untersuchen und – meist unter inhaltlichem Aspekt – miteinander zu vergleichen. Achten Sie also auf das **„tertium comparationis"**, auf die Gesichtspunkte, die

sich für einen Vergleich eignen. Die besondere Schwierigkeit dieses Aufgaben-
typs ist es, die beiden Interpretationen miteinander zu „verzahnen", denn es
geht ja nicht einfach darum, zwei Interpretationen zu verfassen, die nichts miteinander zu tun haben. Wie dies möglich ist, können Sie in Kap. 7 (S. 118)
nachlesen.

6 Einzelinterpretationen unter bestimmten Gesichtspunkten

6.1 Heinrich Heine: *Belsazar* – Eine Ballade interpretieren

Heinrich Heine (1797-1856):
Belsazar (1822) *

<u>Aufgabenstellung:</u> Interpretieren Sie die Ballade *Belsazar* von Heinrich Heine. Beziehen Sie die formale Gestaltungsweise des Gedichts in die Interpretation ein.

Die Mitternacht zog näher schon;
In stummer Ruh lag Babylon.

Nur oben in des Königs Schloß.
Da flackert's, da lärmt des Königs Troß.

5 Dort oben in dem Königssaal
Belsazar hielt sein Königsmahl.

Die Knechte saßen in schimmernden Reihn
Und leerten die Becher mit funkelndem Wein.

Es klirrten die Becher, es jauchzten die Knecht;
10 So klang es dem störrigen Könige recht.

Des Königs Wangen leuchten Glut;
Im Wein erwuchs ihm kecker Mut.

Und blindlings reißt der Mut ihn fort;
Und er lästert die Gottheit mit sündigem Wort.

15 Und er brüstet sich frech und lästert wild;
Die Knechteschar ihm Beifall brüllt.

Der König rief mit stolzem Blick;
Der Diener eilt und kehrt zurück.

Er trug viel gülden Gerät auf dem Haupt,
20 Das war aus dem Tempel Jehovas geraubt.

Und der König ergriff mit frevler Hand
Einen heiligen Becher, gefüllt bis am Rand.

Und er leert ihn hastig bis auf den Grund
Und rufet laut mit schäumendem Mund:

25 „Jehova! Dir künd ich auf ewig Hohn –
Ich bin der König von Babylon!"

Doch kaum das grause Wort verklang,
Dem König ward's heimlich im Busen bang.

Das gellende Lachen verstummte zumal;
30 Es wurde leichenstill im Saal.

Und sieh! und sieh! an weißer Wand,
Da kam's hervor wie Menschenhand;

Und schrieb, und schrieb an weißer Wand
Buchstaben von Feuer und schrieb und schwand.

35 Der König stieren Blicks da saß,
Mit schlotternden Knien und totenblaß.

Die Knechteschar saß kalt durchgraut
Und saß gar still, gab keinen Laut.

Die Magier kamen, doch keiner verstand
40 Zu deuten die Flammenschrift an der Wand.

Belsazar ward aber in selbiger Nacht
Von seinen Knechten umgebracht.

Balladen sind in mehrfacher Hinsicht gute Übungsgegenstände, nämlich
1. zum Zusammenfassen des Inhalts (d.h. vor allem für die Trennung von Wichtigem und Unwichtigem für die Interpretation),
2. um (relativ leicht erkennbare) formale Merkmale zu erarbeiten und auf ihre Wirkung zu untersuchen und
3. um eigene Deutungen mit Beobachtungen am Text richtig zu verbinden.

Diese drei Punkte können Sie im Folgenden an der Interpretation von *Belsazar* trainieren.
Dabei wird es Ihnen insofern noch leicht gemacht, als Sie nach einzelnen formalen und sprachlichen Mitteln nicht mehr suchen müssen. Sie sind in den folgenden Abschnitten vorgegeben, doch fehlerhaft umgesetzt. Sie haben die

Aufgabe, diese Fehler zu verbessern und den Text in einer entsprechend korrigierten Form aufzuschreiben. Das Ergebnis können Sie dann mit dem Vorschlag im Lösungsteil vergleichen.

Zur Erleichterung Ihrer Arbeit und um Ihnen die Abfolge der Arbeitsschritte noch einmal zu vergegenwärtigen, sind die einzelnen „Stationen" der Interpretation vor dem entsprechenden Übungsteil hervorgehoben.

1) Das Thema benennen

Übung 6.1 Streichen Sie aus der folgenden Themenangabe alle überflüssigen Angaben und formulieren Sie das Thema in einem Satz.

Die Ballade *Belsazar* hat Heinrich Heine geschrieben, um vor der menschlichen Überheblichkeit zu warnen, weil der König, von dem das Gedicht handelt, für seine Gotteslästerung mit dem Leben bezahlt hat. Daran trägt er allein die Schuld.

Lösung s. S. 178

2) Den Aufbau des Gedichts darstellen

Übung 6.2 Die folgende Einteilung ist gar nicht unbedingt falsch, aber viel zu genau und detailliert. Für die Interpretation ist es wichtig, eine <u>Übersicht</u> über den Handlungs- oder Gedankengang zu haben, denn wenn es eine <u>Entwicklung</u> gibt, ist diese für die Deutung wichtig.
Kürzen Sie diese Übersicht auf die vier wichtigsten Teile und benennen Sie die entsprechenden Verse:

Lösung s. S. 178

Die Ballade lässt sich in folgende Teile einteilen:
Situation in der Stadt – Gelage im Schloss – Freude bei den Knechten – zunehmende Trunkenheit des Königs – Gotteslästerung – Befehl, das Tempelgerät zu holen – Entweihung durch Trinken aus heiligem Becher – Verhöhnung Gottes – eigenes Erschrecken – Erscheinung der Feuerschrift – Angst der Knechte – vergeblicher Versuch der Magier – Belsazars Ende

3) Den Inhalt detailliert darstellen und untersuchen.

Für die Untersuchung des Inhalts müssen Sie die Handlung des Gedichts genauer darstellen, denn bei der Beschreibung eines Textes wird bereits interpretiert.
Das bedeutet aber nicht, dass Sie jede Kleinigkeit wiedergeben sollen, sondern die Teile, die <u>für Thema und Aussage wirklich wichtig</u> sind.

Übung 6.3 Im folgenden Abschnitt sind Elemente der Inhaltsangabe und der Deutung enthalten, jedoch sind sie zum Teil auf unpassende Art und Weise miteinander verbunden.

Lösung s. S. 178

Die Stellen, an denen dies der Fall ist, sind durch Klammern gekennzeichnet. Arbeiten Sie die Korrekturhinweise ein.
Verwenden Sie dazu Übergangsfloskeln, die einen Zusammenhang zwischen den entsprechenden Teilen verdeutlichen.

Die Handlung der Ballade spielt in Babylon. In der Stadt ist es zu mitternächtlicher Stunde ruhig, und im Schloss sitzen der König Belsazar und einige Getreue beisammen und feiern ein rauschendes Fest. *(⇒ Gegensätzlichkeit zwischen den beiden Sätzen stärker herausstellen.)* Der König und sein Gefolge werden vom Sprecher negativ dargestellt. Die Nachtruhe steht in einem starken Kontrast zur Feier: „da lärmt des Königs Troß" (V. 4). *(⇒ Zusammenhang zwischen den beiden Sätzen deutlich machen.)* Während sie zusammen sind, wird viel getrunken. Die Knechte genießen die Feier, und der König genießt es, sich von den Knechten feiern zu lassen. Auch der König erscheint von Anfang an negativ; er wird mit dem Adjektiv „störrig" (V. 10) beschrieben *(⇒ Beobachtung und Deutung [kausal] miteinander verbinden.)* Störrisch ist eigentlich jemand, der sich widersetzt, und so kann man sich fragen, gegen wen sich der mächtige König von Babylon wehrt.

Das wird im zweiten Teil des Gedichts deutlich. Weil die Feier ihren Fortgang nimmt, lässt sich Belsazar dazu hinreißen, Gott zu lästern. *(⇒ fehlerhaften Zusammenhang verbessern.)* Dafür gibt es zwei Gründe: zum einen die Tatsache, dass er sich nach dem Genuss von so viel Wein mutig fühlt, zum anderen die Tatsache, dass er einen Sieg über die Israeliten errungen und den Tempel beraubt hat (vgl. V. 19f.). Nun scheint sich Belsazar mächtiger als Gott zu fühlen. *(⇒ Zeitlicher Zusammenhang [„Nun"] ist falsch.)* Um seine Macht zu demonstrieren und Gott zu demütigen, lässt er sich „viel gülden Gerät" (V. 19) aus dem geraubten Tempelschatz herbeibringen und einen heiligen Becher „bis am Rand" (V. 22) füllen. *(⇒ Zusammenhang herstellen, dass die Absicht Belsazars deutlich wird.)* Indem er so den heiligen Gegenstand entweiht, lästert er Gott nicht nur mit Worten, sondern auch mit Taten. Belsazar leert den Becher „hastig bis auf den Grund" (V. 23) und besiegelt seine Gotteslästerung mit den Worten: „Jehova! Dir künd ich auf ewig Hohn, – / Ich bin der König von Babylon!" (V. 25f.). Die Hast, mit der er den Becher leert, verrät schon erste Zeichen von Unsicherheit, und die Worte, mit denen er Gott lästert, wirken eher trotzig als überlegen.

Dass er sich des Ungeheuren seines Anspruchs bewusst ist, zeigt der dritte Teil des Gedichts. Im Moment der Gotteslästerung selbst wird es Belsazar unheimlich zu Mute. Ähnlich ist die Reaktion der anderen. Hier kündigt sich eine Wende im Gedicht an: „Es wurde leichenstill im Saal" (V. 30). *(⇒ Zusammenhang deutlich machen: Was folgt woraus?)* Plötzlich erscheint eine geheimnisvolle Hand, die mit „Buchstaben von Feuer" (V. 34) etwas an die Wand schreibt. Die Anwesenden sind entsetzt, der eben noch so stolze und prahlerische König sitzt plötzlich „stieren Blicks" (V. 35) da, „Mit schlotternden Knien und totenblaß" (V. 36). Das mag am Unheimlichen des Vorgangs liegen. Der Tod wird ein zweites Mal erwähnt. Der König und seine Getreuen ahnen etwas. Es gibt einen Zusammenhang mit der Gotteslästerung. *(⇒ zwischen den letzten drei Sät-*

zen den Zusammenhang deutlich machen.) Belsazar unternimmt einen letzten Versuch sich gegen das Schicksal zu wehren, indem er Magier beauftragt, die Schrift zu entziffern und zu deuten, doch vergebens.

Die letzte Strophe berichtet in vergleichsweise einfachen Worten davon, dass der König noch in derselben Nacht „Von seinen Knechten umgebracht" (V. 42) wird.

4) Die Aussage präzisieren

Übung 6.4 Natürlich ist die Überheblichkeit Belsazars der hauptsächliche Grund für seine Bestrafung. Es sind aber noch andere Gründe möglich, z.B.

Lösung s. S. 179

Babylon braucht einen neuen König.
  – *Hinter dem Mord stecken Agenten der unterlegenen Israeliten.*
  – *Die Knechte sind falsche Freunde: Erst feiern sie mit dem König, und als er einen schwachen Moment hat, töten sie ihn.*
  – *Jemanden aus der Stadt hat das ewige Feiern gestört, und es gelang ihm, einige Knechte gegen Belsazar aufzubringen.*
  – *Die Knechte haben selbst Angst bekommen vor einer möglichen Rache Gottes und wollten durch die Ermordung des Königs drohendes Unheil abwenden.*
  – *Alle Macht ist vergänglich – auch die eines Königs.*

Von diesen Begründungen kommen drei zumindest als nebensächliche Gründe in Frage. Um welche handelt es sich?
Formulieren Sie einen entsprechenden Absatz, der mit folgendem Satz beginnt:
Gründe werden nicht genannt, und ganz verschiedene sind denkbar: ...

Belsazar weist die typischen Kennzeichen einer Ballade auf. Das Gedicht hat eine ausgestaltete und gegliederte Handlung mit Einleitung, Hauptteil mit erkennbarem Höhepunkt und Schluss zum Inhalt. In der formalen Gestaltung weist es die typischen Merkmale eines Gedichts auf: Verse, Strophen und ein Reimschema. Im Unterschied zu anderen Balladen findet sich allein mit der Gotteslästerung V. 25f. relativ wenig wörtliche Rede, doch enthält das Gedicht mit lärmender Königsschar und zu Rate gezogenen Magiern weitere dramatische Elemente.

Die Handlung ist aus mehreren Gründen gut für eine Ballade geeignet: In ihrem Mittelpunkt steht ein (Anti-)Held, es geschieht Unheimliches, und die Handlung hat ein dramatisches und nicht unbedingt erwartetes Ende.

5) Die formalen und sprachlichen Mittel detailliert untersuchen, Funktionen benennen und Schlussfolgerungen ziehen

Besonders bei der Analyse der formalen und sprachlichen Mittel kommt es darauf an, <u>Schlussfolgerungen</u> aus den einzelnen Beobachtungen zu ziehen und dies auch im Text erkennbar herauszustellen. Man zeigt dann, dass die poetischen Mittel eine Funktion *haben, dass man diese erkannt hat und nicht um ihrer selbst willen Wort- und Satzfiguren ermittelt.*

Schlussfolgerungen kann man durch Übergangswendungen wie „Daraus ergibt sich…", „Daran zeigt sich…", „Daran lässt sich erkennen…", „Daraus kann man die Schlussfolgerung ziehen, dass…", „Daraus folgt…" herausstellen. Die Funktion einzelner Bestandteile kann auch durch Verben wie „dienen zu", „verwendet werden zu" etc. ausgedrückt werden.

Lösung s. S. 180

Übung 6.5 Formulieren Sie jeweils eine Verbindung zwischen den beiden durch einen Pfeil aufeinander bezogenen Aussagen, indem Sie die Funktion des entsprechenden poetischen Mittels oder Ihre Schlussfolgerung herausstellen. Setzen Sie damit dann den darunter begonnenen Text fort.

> Regelmäßiger Aufbau, 21 Strophen zu zwei im Paarreim verbundenen Versen bei vierhebigem Jambus mit männlichen Kadenzen ⇒ Einprägsamkeit (Lied, Ballade), gewisse Distanz zum Geschehen;
> jambischer Rhythmus gelegentlich durchbrochen (V. 14, 15 und 25), Anapäst ⇒ Frevel besonders hervorheben;
> Enjambement innerhalb der Verse ⇒ Zusammenhang der Handlung;
> abgeschlossene Einheit der einzelnen Strophen (Syntax, Interpunktion) ⇒ schrittweise sich entwickelnde Handlung;
> Tempuswechsel (Erzählbericht: Präteritum; Frevel: Präsens) ⇒ Steigerung der Unmittelbarkeit an wichtigsten Stellen; „dramatischer" Bestandteil der Ballade;
> Klang ⇒ Wirkung der Handlung wird unterstützt: helle Vokale (*i, e, ü*) ⇒ lautliche Unterstreichung der ausgelassenen Stimmung, dunkle Vokale (*u, o*) ⇒ Ausdruck der Spannung und des Schreckens;
> Wortwahl: Adjektive und Verben, die den Frevel des Königs von Anfang an kennzeichnen: „störrigen" (V. 10), „kecker" (V. 12), „lästert" (V. 14) etc. ⇒ Überheblichkeit kein „Ausrutscher";
> Vergleiche, Anapher, Alliteration, Wiederholungen ⇒ Steigerung der Eindringlichkeit;
> Wortneubildung „durchgraut" (V. 37) ⇒ Veranschaulichung des Unheimlichen.

Die formalen und sprachlichen Mittel in *Belsazar* dienen einerseits zur Unterstützung der Aussage, andererseits unterstreichen sie den Charakter des Gedichts als Ballade. …

6) Die Aussageabsicht zusammenfassen und eine allgemeine Deutung versuchen

Lösung s. S. 181

Übung 6.6 Am Ende kommt es nicht allein darauf an, die Aussageabsicht, so wie sie sich aus Ihrer Untersuchung ergeben hat, zusammenzufassen. Darüber hinaus sollten Sie versuchen, den <u>allgemeinen Gehalt</u> und möglicherweise auch eine aktuelle Bedeutung der Aussageabsicht zu bestimmen.

Für Belsazar *sollte dies nun nicht mehr schwer fallen. Zur Aussageabsicht – Überheblichkeit und ihre Bestrafung – bieten sich folgende Verallgemeinerungen und mögliche Aktualisierungen an:*

– *menschlicher Hochmut allgemein, auch gegenüber Mitmenschen;*
– *alle menschliche Herrschaft ist nur relativ und zeitlich begrenzt;*
– *daran denken, dass alles Handeln Folgen hat.*

Formulieren Sie nun einen Schluss für den Aufsatz.

6.2 Detlev von Liliencron: *Der Blitzzug* – Rhythmus und Lautung berücksichtigen

<u>Aufgabenstellung</u>: Interpretieren Sie das Gedicht *Der Blitzzug* von Detlev von Liliencron und gehen Sie dabei besonders auf die sprachlichen Mittel zur Verdeutlichung wichtiger Handlungselemente (Geschwindigkeit; Zusammenprall) ein.

Detlev von Liliencron (1844-1909):
Der Blitzzug

Quer durch Europa von Westen nach Osten
Rüttert und rattert die Bahnmelodie.
Gilt es, die Seligkeit schneller zu kosten?
Kommt er zu spät an im Himmelslogis?
5   Fortfortfort Fortfortfort drehn sich die Räder
Rasend dahin auf dem Schienengeäder,
Rauch ist der Bestie verschwindender Schweif,
Schaffnerpfiff, Lokomotivengepfeif.

Länder verfliegen und Städte versinken,
10 Stunden und Tage verflattern im Flug,
Täler und Berge, vorbei, wenn sie winken,
Traumbilder, Sehnsucht und Sinnenbetrug.
Mondschein und Sonne, noch einmal die Sterne
Bald ist erreicht die beglückende Ferne,
15 Dämmerung, Abend, Nebel und Nacht,
Stürmisch erwartet, was glühend gedacht.

Dämmerung senkt sich allmählich wie Gaze,
Schon hat die Venus die Wache gestellt,
Nur noch ein Stündchen! Dann nimmt sich die Straße,
20 Trennt, was sich hier aneinander gesellt:
Reiche, Familien, Bankiers, Kavaliere,

V.17: Gaze: durchsichtiger, sehr lockerer Stoff, Verbandmull

V.37: seraphisch: engelgleich, erhaben

V.38: Camöne: Frauenname

Landrat, Gelehrter, ein Prinz, Offiziere,
„Damen und Herren", ein Dichter im Schwarm,
Liebliche Kinder mit Spielzeug im Arm.

25 Nun ist das Dunkel dämonisch gewachsen,
In den Coupés brennt die Gasflamme schon.
Fortfortfort Fortfortfort, Glühende Achsen,
Schrillt ein Signal, klingt ein wimmernder Ton?
Fortfortfort Fortfortfort, steht an der Kurve,
30 Steht da der Tod mit der Bombe zum Wurfe?
halthalthalthalthalthalthalthaltein –
Ein andrer Zug fährt schräg hinein.

Folgenden Tags, unter Trümmern verloren,
Finden sich zwischen verkohltem Gebein,
35 Finden sich schuttüberschüttet zwei Sporen,
Brennscheren, Uhren, ein Aktienschein,
Geld, ein Gedichtbuch: „Seraphische Töne",
Ringe, ein Notenblatt: „Meiner Camöne",
Endlich ein Püppchen, im Bettchen verbrannt,
40 Dem war ein Eselchen vorgespannt.

Lösung s. S. 181

Übung 6.7 Bestimmen Sie das Thema des Gedichts, indem Sie Ihre ersten Eindrücke zum Text mit den folgenden Sätzen vergleichen.

a) In dem Gedicht *Der Blitzzug* beschreibt Detlev von Liliencron eine Zugfahrt, die kein gutes Ende nimmt.
b) Das Gedicht handelt von der zu großen Sorglosigkeit der Menschen im Umgang mit der modernen Technik.
c) Der Autor will uns mit dem Gedicht warnen, allzu viel Vertrauen in die neue Technik zu setzen.
d) Das Gedicht bringt die Geschwindigkeit einer Fahrt mit dem Schnellzug und ihr plötzliches Ende durch einen Zusammenstoß mit einem anderen Zug anschaulich zum Ausdruck.
e) Der Autor stellt die Schwierigkeiten des Menschen mit der Technik anschaulich dar.
f) Das Gedicht *Der Blitzzug* handelt von einer Zugfahrt.

Zwei dieser Thesen können Sie für eine gelungene Themenformulierung verwenden. Bestimmen Sie, welche es sind, und begründen Sie, warum die anderen Thesen ausscheiden.

Formulieren Sie im Anschluss daran eine eigene Bestimmung des Themas in einem Satz und versuchen Sie in einem zweiten Satz, das Geschehen zusammenzufassen.

*Übung 6.8 Im Folgenden finden Sie eine ausführliche Beschreibung und Deutung der ers-
ten drei Strophen des Gedichts. Unterstreichen Sie mit drei verschiedenen Farben, wo es
sich*
– *um die Darstellung des Inhalts,*
– *um die Deutung des Inhalts und*
– *um Belege handelt.*
Achten Sie darauf, wie die einzelnen Teile miteinander verbunden sind.

Lösung s. S. 181

In der ersten Strophe werden die Situation der Zugfahrt und ihre Geschwindigkeit beschrieben. Der Zug hat offenbar eine lange Strecke zurückzulegen (vgl. V. 1), die er „rasend" (V. 6) hinter sich bringt. Mit großem
Tempo (vgl. V. 5), einer Melodie gleich (vgl. V. 2) bewegt er sich unter verschiedensten Geräuschen (vgl. V. 8) und optischen Eindrücken (vgl. V. 7)
fort. Die einzige Sorge ist, ob es eine Verspätung geben wird. Einzig der Vergleich des Zuges mit einer „Bestie" (V. 7) deutet an, dass auch etwas Unheimliches mit im Spiel ist.
In der zweiten Strophe wird der Blick nach draußen gerichtet, wo Länder,
Städte und Landschaften vorbeifliegen (vgl. V. 9, 11), sodass sie kaum noch
wirklich erscheinen (vgl. V. 12). Tag und Nacht wechseln, allmählich
kommt der Zug seinem Ziel näher. Der letzte Eindruck von den Tageszeiten
ist „Dämmerung, Abend und Nebel und Nacht" (V. 15), vielleicht ist auch
das schon eine Andeutung der kommenden Katastrophe.
Die dritte Strophe beschreibt, wie es Abend wird. Die Passagiere, anscheinend lauter besser gestellte Menschen (vgl. V. 21-24), die eine zufällig zusammengewürfelte Reisegesellschaft bilden, werden bald auseinander gehen.
Jeder denkt: „Nur noch ein Stündchen!" (V. 19) und ist mit seinen Gedanken bei dem, was er nach der Zugfahrt tun wird.

*Übung 6.9 Fertigen Sie nach dem Muster der Strophen 1-3 nun für die letzten beiden
Strophen eine genaue Textdarstellung an, wobei Sie auf die Unterscheidung von Beob-
achtung, deutender Schlussfolgerung und Beleg achten müssen.
Berücksichtigen Sie abschließend auch die Überschrift.*

Lösung s. S. 182

Das Fazit der inhaltlichen Untersuchung könnte in etwa so zusammengefasst werden:

So ist das Gedicht insgesamt als eine Warnung vor zu großer Sorglosigkeit und
zu großem Vertrauen in die Technik zu verstehen. Die Menschen haben sich
dem Rausch der Geschwindigkeit überlassen und die Risiken und Gefahren
nicht bedacht, doch in einem einzigen Augenblick können alle Erwartungen
und Hoffnungen zerstoben sein.
Das Gedicht arbeitet mit vielen poetischen Mitteln, um seine Aussage zu unterstützen. Besonders die Geschwindigkeit des Zuges und die Wucht der Ex-
plosion werden mit diesen Mitteln verdeutlicht.

Der gleichmäßige äußere Bau – fünf Strophen, die jeweils in zwei Halbstro-
phen unterteilt sind, daktylisch bestimmtes Versmaß, zwischen den Halbstro-

phen wechselnder Kreuz- und Paarreim, regelmäßiger Wechsel von weiblicher und männlicher Kadenz – spiegelt das Gleichmäßige der Zugfahrt wider. Interessanterweise wird dieser Eindruck auch in der letzten Strophe, nach dem Unglück also, beibehalten.

Lösung s. S. 182

*Übung 6.10 Beschreiben Sie den **Rhythmus** des Gedichts, indem Sie die folgenden Gesichtspunkte berücksichtigen:*
- *das Metrum (3 daktylische Versfüße mit wechselweise weiblicher und männlicher Kadenz),*
- *den Satzbau,*
- *lautmalerische Wortneubildungen.*

*Beschreiben Sie die rhythmischen Mittel so genau wie möglich und achten Sie auf ihre **Wirkung.***

Lösungen s. S. 183

*Übung 6.11 Bei den rhythmischen Mitteln haben Sie gesehen, wie sich Stilmittel und Inhalt entsprechen. Sie können aber auch in einem **Kontrast** zueinander stehen, wie die Darstellung des Unglücks zeigt. Versuchen Sie die **Wirkung**, die mit diesem Kontrast verbunden ist, zu beschreiben, indem Sie den begonnenen Absatz fortsetzen.*

Verglichen mit der Dramatik von V. 31 wirkt die Schilderung des eigentlichen Unglücks nüchtern und schlicht: „Ein andrer Zug fährt schräg hinein" (V. 32).

*Übung 6.12 Alliterationen sind in diesem Gedicht die wichtigsten Gestaltungsmittel auf der **lautlichen** Ebene. Im Folgenden sind einige wichtige Alliterationen aufgelistet. Finden Sie den bestimmenden Laut heraus und beschreiben Sie die damit verbundene Wirkung.*

Alliteration	bestimmender Laut	Wirkung
„Rüttert und rattert" (V. 2) „verschwindender Schweif" (V. 7)		
„Schaffnerpfiff, Lokomotivengepfeif" (V. 8) „Nebel und Nacht" (V. 15)		
„Nun ist das Dunkel dämonisch gewachsen" (V. 25)		
„Schon hat die Venus die Wache gestellt" (V. 18)		

Übung 6.13 Formulieren Sie jetzt einen zusammenhängenden Absatz, der sich mit der lautlichen Gestaltung der Strophen 1-4 mit dem Mittel der Alliteration befasst. Achten Sie darauf, entsprechend der Tabelle die Belegstellen und die mit der Alliteration verbundene Wirkung zu benennen.

Auch in der letzten Strophe, die nach dem Unglück spielt, werden der daktylische Rhythmus und die Alliterationen beibehalten, was so erklärt werden könnte:

Alliterationen werden auch in der letzten Strophe bei der Schilderung der Unglücksfolgen verwendet (vgl. V. 34, 35, 37, 39). Indem sowohl der durch den Daktylus bestimmte Rhythmus als auch das beherrschende Stilmittel der Alliteration durchgehalten werden, wird ein Zusammenhang zwischen dem ersten Teil und dem Schluss hergestellt. Auch dieses Ende gehört noch zu der schnellen Fahrt.

Auch wenn ein Schwerpunkt der Aufgabenstellung (vgl. S. 97) auf Rhythmus und Klang lag, dürfen die anderen poetischen Mittel nicht unberücksichtigt bleiben.

Weitere Mittel, die Geschwindigkeit des Zuges zu verdeutlichen, sind:
- Personifizierungen (vgl. V. 9-11, 17, 19f., 25, 30): Durch die Personifizierungen wird einerseits der Eindruck der schnellen Fahrt noch weiter verstärkt (vgl. V. 9f.), andererseits wird die Bedrohung verlebendigt. Das Unglück erscheint nicht als eine Art Zufall, sondern als Macht, die sich dem Zug entgegenstellt. Dabei ist eine <u>Steigerung</u> festzustellen:
  V. 17: „Dämmerung senkt sich allmählich wie Gaze",
  V. 25: „Nun ist das Dunkel dämonisch gewachsen",
  V. 30: „Steht da der Tod mit der Bombe zum Wurfe?".

So dient die Personifizierung nicht nur zur Veranschaulichung der Bedrohung, sondern auch zur Steigerung der Nachdrücklichkeit.
- Vergleiche, die das Unheimliche der Geschwindigkeit (vgl. V. 7) bzw. der Stimmung (vgl. V. 17) unterstreichen.
- Eine Anapher (vgl. V. 34f.) verstärkt den aufzählenden Charakter bei der Nennung der Fundstücke.
- Einige Metaphern (vgl. V. 2, 4, 6) bewirken Veranschaulichung der Geräuschempfindungen (vgl. V. 2), des traumhaften Ziels (vgl. V. 4) und des lebendig-organischen Charakters des Schienenkörpers (vgl. V. 6).
- Darüber hinaus gibt es verschiedene Formen der Lautmalerei, die sich am deutlichsten in den beiden oben erwähnten Wortneubildungen zeigt. Aber andere Wortgruppen wie „Rüttert und rattert" (V. 2), „Schrillt" und „wimmernd(er)" (V. 28) illustrieren die Geräuschkulisse anschaulich.

So kann man in *Der Blitzzug* erkennen, wie die poetischen Mittel zum einen die Aussage des Gedichts stützen. Sie veranschaulichen die Bewegung und tragen zur Steigerung der Dramatik bei. Darüber hinaus bestimmen sie im Zusammenspiel mit dem Rhythmus den Vortragsstil des Gedichtes, was wiederum die Handlung gut illustriert und somit die Eindringlichkeit der Aussage steigert.

Übung 6.14 Versuchen Sie nun, den Aufsatz abschließend, die Gesamtaussage zusammenzufassen und die aktuelle Bedeutung dieses ungefähr hundert Jahre alten Gedichts zu erklären.

Lösung s. S. 184

6.3 Andreas Gryphius: *Morgen Sonnet* – Inhalt und Form aufeinander beziehen

Andreas Gryphius (1616-1664):
Morgen Sonnet (1663)

Die ewig helle schar will nun ihr licht verschlissen /
   Diane steht erblaßt; die Morgenrötte lacht
   Den grawen Himmel an / Der sanffte Wind erwacht /
Und reitzt das Federvolck / den newen Tag zu grüssen.
5 Das leben dieser welt / eilt schon die welt zu küssen /
   Und steckt sein Haupt empor / man siht der strahlen pracht
   Nun blinckern auf der See: O dreymal höchste Macht
Erleuchte den / der sich itzt beugt vor deinen Füssen.
   Vertreib die dicke Nacht / die meine Seel umbgibt /
10 Die Schmertzen Finsternüß / die Hertz und geist betrübt /
Erquicke mein gemüt / und stärcke mein vertrawen.
   Gib / daß ich diesen Tag / in deinem dinst allein
   Zubring: und wenn mein End' und jener Tag bricht ein
Daß ich dich meine Sonn / mein Licht mög ewig schawen.

Arbeitsaufgabe: Interpretieren Sie das Gedicht unter Berücksichtigung der Form. Gehen Sie dabei in besonderer Weise auch auf die vom Autor verwendeten sprachlichen Bilder ein.

Lösung s. S. 184

Übung 6.15 Im Folgenden ist eine – leider wenig gelungene – Klassenarbeit zum Morgen Sonnet wiedergegeben. Sie sollen versuchen, abschnittweise die Schwächen der Arbeit zu erkennen und den Text dementsprechend zu verbessern. Dabei helfen Ihnen die auf den jeweiligen Abschnitt folgenden Fragen. Manche wichtige Bereiche werden in der Klassenarbeit überhaupt nicht berücksichtigt. Auch dazu gibt es im Anschluss an die Arbeit einige Fragen, die Ihnen helfen sollen, einen eigenen Text zu formulieren.

KLASSENARBEIT: INTERPRETATION *MORGEN SONNET*

In dem Gedicht *Morgen Sonnet* von Andreas Gryphius wird der anbrechende Tag beschrieben.

a) *Der Einleitungssatz soll das* **Thema** *benennen. Dieses aber ist mit dem „anbrechenden Tag" nur unzureichend benannt. Bestimmen Sie, um was es* **im allgemeinen Sinne** *in diesem Gedicht geht und formulieren Sie einen treffenden Einleitungssatz.*

Der Dichter beginnt mit dem „Verschwinden" der Nacht, der Sterne und des Mondes. Er beschreibt, wie langsam alles Leben wieder erwacht und dem Tag entgegen tritt. Wie der Wind die Vögel am Morgen weckt und vor allem auch den Sonnenaufgang, der für ihn eine große Rolle spielt. Er bezeichnet sie als das „Leben dieser Welt", was ja schon fast übertrieben klingt.

In der zweiten Strophe, die vermutlich nach dem 7. Vers anfängt, beschreibt er die Nacht, die ihm wahrscheinlich längst nicht so gefällt wie der Tag. Er beschreibt sie eher abwertend und traurig.

b) Welchen Fehler in der Untersuchung der Form begeht die Arbeit? Warum ist dieser auch inhaltlich von Belang?

Im Druckbild sind keine einzelnen Strophen erkennbar. Versuchen Sie dennoch die einzelnen Strophen des Gedichts zu bestimmen und die Strophenform zu benennen.

Fassen Sie den Inhalt der einzelnen Strophen zusammen:
1. in einem Satz pro Strophe
2. in Form eines kurzen zusammenhängenden Textes, in dem die folgenden Textbausteine vorkommen sollten:
   heitere Stimmung – Gebet eines Leidenden/Bedrückten – Tagesanbruch in der Natur – Bitte um Erlösung vom Schmerz – schöner Eindruck – Wunsch: Tag gottgemäß verbringen – Sonnenaufgang
   Die Textbausteine müssen Sie zuvor ordnen und sollten sie für die Inhaltsangabe auch um einige Einzelbeobachtungen aus dem Text erweitern.

Formulieren Sie den inhaltlichen Unterschied zwischen der ersten und der zweiten Strophe.

Er will damit vielleicht seine Freude und seine Begeisterung für den Beginn des Tages (den Sonnenaufgang) verdeutlichen, eben indem er die Nacht als schlecht im Vergleich dazu darstellt.

c) Dieser Versuch einer Bestimmung der Gesamtaussage ist unzureichend, da er nur auf der Ebene der Handlung bleibt, aber nicht versucht, die deutlich erkennbare übertragene Bedeutung zu beschreiben.
   Formulieren Sie eine Gesamtaussage, die auch dieser Anforderung gerecht wird und die Handlung im übertragenen Sinn deutet.

Die äußere Form des Gedichts ist eher unnormal. Es sieht aus wie ein langer Text, allerdings ist zu bemerken, dass er jeden Satzteil/Sinnabschnitt durch einen Schrägstrich (/) vom nächsten trennt.
Ein fester Reim ist nicht vorzufinden. Es gibt zwar Wörter, die sich reimen, aber nach keinem bestimmten Schema.

d) *Bestimmen Sie das Reimschema!*

Es hat 14 Verse, was typisch für ein Sonett ist, welches in diesem Fall auch vorliegt. Es erfüllt zwar nicht genau alle Voraussetzungen, aber auch in der Überschrift wird darauf hingedeutet. Die Überschrift ist zweideutig. Einmal eben die akustische Form, von der man auf ein Sonett schließen kann und die Schreibweise, die wohl eher die Sonne meint, um die es ja indirekt auch geht.

e) *Die Strophenform ist ja bereits aus der Überschrift bekannt. Wenn sie, was in diesem Falle wichtig für die Interpretation ist, genannt wird, sollten weitere charakteristische Merkmale aufgeführt werden.*
Schreiben Sie auf, warum es sich um ein Sonett handelt, und warum dies auch für den Inhalt des Gedichts von Belang ist.

f) *Beziehen Sie die folgende gute (wenn auch etwas ungeschickt formulierte) Beobachtung zur Überschrift mit ein. Dass die Doppelpunkte eine Heraushebung ankündigen, ist durchaus richtig, nur müsste das konkreter benannt werden. Versuchen Sie dies!*

Die Zeichensetzung besteht hauptsächlich aus den oben genannten Schrägstrichen sowie im zweiten Vers einem Semikolon und im 7. und 13. Vers je einmal Doppelpunkten, die vermutlich noch einmal diese Sätze herausheben sollen.

Sehr wichtig in einem Sonett ist auch der Gegensatz zwischen erstem und zweitem Abschnitt, der hier mit Tag und Nacht verdeutlicht wird. Auffällig ist auch die altdeutsche Schreibweise vieler Wörter, die allerdings nicht verwunderlich ist, da das Sonett aus der Barockzeit stammt.

g) *Das Verhältnis von erstem und zweitem Abschnitt ist in der Tat für das Sonett sehr wichtig. Er sollte aber eher unter den formalen Merkmalen berücksichtigt werden (vgl. o.). Bestimmen Sie den Gegensatz zwischen erstem und zweitem Abschnitt genauer, indem Sie versuchen den äußeren Gegensatz von Tag bzw. Sonne und Nacht auf die Situation des lyrischen Ichs zu übertragen.*

Ich denke, dass er die Sonne als etwas Besonderes ansieht und dies in diesem Gedicht ziemlich deutlich wird.

h) *Die Gesamtaussage ist auf diese Weise viel zu allgemein und geht am eigentlichen Gehalt des Gedichts vorbei. Formulieren Sie sie neu.*

Übung 6.16 Einige wichtige Aspekte wurden in der Interpretation überhaupt nicht berücksichtigt, wie z.B. die Situation des lyrischen Ichs, sprachliche Aspekte und vor allem die Bildlichkeit.

Lösung s. S. 185

a) zur Situation des lyrischen Ichs:
- Wann tritt der Sprecher zum ersten Mal direkt in Erscheinung?
- Wie würden Sie seine Lage verstehen bzw. beschreiben?
- Warum gibt er sich erst so spät selbst zu erkennen?
- Wie deutet er die Vorgänge in der Natur bzw. den Tagesanbruch?
- Wie begreift das lyrische Ich die Sonne? (Vgl. V. 5 - V. 14)

Beschreiben Sie die Situation des lyrischen Ichs in einem zusammenhängenden Text.

b) zur sprachlichen Gestaltung:
- Wie werden Tag/Sonnenaufgang und Nacht einander gegenübergestellt? Achte auf charakteristische Adjektive und Verben.
- Benennen Sie die folgenden Wort- und Satzfiguren und versuchen Sie stichwortartig ihre Wirkung zu beschreiben:

Beschreiben Sie die sprachliche Gestaltung und ihre Wirkung in einem zusammenhängenden Text.

Text	Stilmittel	Wirkung
„ewig helle schar" (V. 1)		
„will ... ihr licht verschlissen" (V. 1)"		
„Diane" (V. 2)		
„steht erblaßt" (V. 2)		
„die Morgenrötte lacht" (V. 2)		
„der ... Wind erwacht" (V. 3)		
„das Federvolck" (V. 4)		
„den ... Tag zu grüssen" (V. 4)		
„das leben dieser welt" (V. 5)		
„die welt zu küssen" (V. 5)		
„steckt sein Haupt empor" (V. 6)		

Übung 6.17 Die Barockliteratur ist vor allem für zwei Motive bekannt: „vanitas vanitatum", d.h. die Vergeblichkeit des menschlichen Tuns angesichts der Todesverfallenheit des Menschen („memento mori"). Vor diesem Hintergrund entwickelte sich eine Jenseitsvorstellung der Menschen, die auch im vorliegenden Gedicht wiederzufinden ist.

Lösung s. S. 137

– *Worin besteht die reale und worin die übertragene Bedeutung der Sonne in diesem Gedicht?*
– *Welche Vorstellung vom Jenseits (und möglicherweise auch vom Diesseits) kommt darin zum Ausdruck?*

Lösung s. S. 187

Übung 6.18 Wenn Sie die einzelnen Aufgaben bearbeitet haben, müssten Sie eigentlich alle Bestandteile für eine vollständige Interpretation zusammen haben. Formulieren Sie auf der Grundlage Ihrer Aufzeichnungen den kompletten Interpretationsaufsatz.

6.4 Georg Trakl: *Die schöne Stadt* – Bildlichkeit erkennen und deuten

<u>Arbeitsaufgabe:</u> Interpretieren Sie das Gedicht, indem Sie sich in besonderer Weise auf seine Bildlichkeit beziehen.

Georg Trakl (1887-1914):
Die schöne Stadt (1909/10)

Alte Plätze sonnig schweigen.
Tief in Blau und Gold versponnen
Traumhaft hasten sanfte Nonnen
Unter schwüler Buchen Schweigen.

5 Aus den braun erhellten Kirchen
Schaun des Todes reine Bilder,
Großer Fürsten schöne Schilder.
Kronen schimmern in den Kirchen.

Rösser tauchen aus den Brunnen.
10 Blütenkrallen drohn aus Bäumen.
Knaben spielen wirr von Träumen
Abends leise dort am Brunnen.

Mädchen stehen an den Toren,
Schauen scheu ins farbige Leben.
15 Ihre feuchten Lippen beben
Und sie warten an den Toren.

Zitternd flattern Glockenklänge
Marschtakt hallt und Wacherufen.
Fremde lauschen auf den Stufen.
20 Hoch im Blau sind Orgelklänge.

Helle Instrumente singen.
Durch der Gärten Blätterrahmen
schwirrt das Lachen schöner Damen.
Leise junge Mütter singen.

25 Heimlich haucht an blumigen Fenstern
Duft von Weihrauch, Teer und Flieder.
Silbern flimmern müde Lider
durch die Blumen an den Fenstern.

Übung 6.19 Die Aufgabenstellung legt <u>neben</u> den üblichen Schritten der Interpretation besonderen Wert auf die Bildlichkeit. Das hat seinen Grund im Gedicht und in seinem Thema, das im Folgenden genannt wird.
Setzen Sie die Themenbestimmung fort mit wenigen Sätzen, die sich mit der Aufgaben-stellung selbst, ihren besonderen Anforderungen und ihren Gründen befassen.

Lösungen s S. 190

Das Gedicht *Die schöne Stadt* von Georg Trakl handelt von der Sehnsucht nach Ruhe und Geborgenheit. In den sieben Strophen des Gedichts entwickelt sich keine Handlung, sondern es werden einzelne Eindrücke (zumeist Sinnesein-drücke) wiedergegeben, die den in der Überschrift genannten Ort umschrei-ben.

Übung 6.20 Was findet man auf städtischen Plätzen üblicherweise vor?
Erstellen Sie ein Wortfeld zu „Plätzen (in Städten)" und vergleichen Sie dann Ihr Ergeb-nis mit der ersten Strophe des Gedichts.

Wortfeld: Begriffe unter-
schiedlicher Herkunft, die
sich auf einen gemeinsa-
men Sachverhalt
beziehen

In der ersten Strophe werden „Plätze" (V. 1) in der Stadt beschrieben. Dabei fällt sofort der Eindruck der Wärme und der Ruhe auf (V. 1: „sonnig schwei-gen"). Auch handelt es sich nicht, wie man es von einer Stadt vermuten könn-te, um einen belebten Platz. Lediglich Nonnen, noch dazu als „sanft" beschrieben (V. 3) hasten vorüber, doch wird diese Bewegung durch die Adjek-tive „sanft" und „traumhaft" sowie durch das Bild „Tief in Blau und Gold ver-sponnen" (V. 2) fast unmerklich. Das Schweigen „schwüler Buchen" (V. 4) rundet diesen Eindruck der Stille und Wärme ab.

Übung 6.21 In der Realität dienen Kirchen Gläubigen zum Gottesdienst und zu ande-ren Zusammenkünften. Wessen „Ort" sind die Kirchen im Gedicht (2. Strophe)?

Die zweite Strophe wendet sich den Kirchen zu, allerdings nicht als Orte des Gottesdienstes, sondern der Erinnerung an scheinbar große Zeiten (vgl. V. 7f). Der Tod tritt hier in „reine(n) Bilder(n)" (V. 6) in Erscheinung. Er erscheint nicht als etwas, vor dem man sich fürchten muss. Wieder beherrschen optische Eindrücke das Bild (V. 6: „schaun", V. 8: „schimmern") und erzeugen den Ein-druck von Ruhe.

In der dritten Strophe wendet sich der Sprecher dem Brunnen zu. In alten Zeiten war der Brunnen in Dörfern und Städten ein Treffpunkt der Menschen, an dem Neuigkeiten ausgetauscht wurden. In *Die schöne Stadt* sieht man Köpfe vermutlich trinkender Pferde aus dem Brunnen auftauchen (V. 9), um den Brunnen herum etwas bedrohlich aussehende „Blütenkrallen" (V. 10) von Bäumen und spielende Jungen. Auch wird der Eindruck von Lärm und Bewegung vermieden, indem sie als „wirr von Träumen" (V. 11) und „leise" (V. 12) spielend dargestellt werden.

Die vierte Strophe zeigt Mädchen an den Toren stehen, wartend (vgl. V. 16) und sich das Leben betrachtend (vgl. V. 13). Zwar wirken sie einerseits aufgeregt, andererseits jedoch „scheu" (V. 14). Worauf sie warten, wird nicht gesagt; vielleicht auf den Eintritt ins „farbige Leben" (V. 14). Jedoch vollzieht sich auch dieses Warten ohne Geräusch und übermäßige Bewegung.

In der fünften Strophe wird dieser Eindruck zum ersten Mal unterbrochen: „Zitternd flattern Glockenklänge, / Marschtakt hallt und Wacherufen." (V. 17f.) Doch schon in der zweiten Hälfte der fünften Strophe tritt wieder Ruhe ein. Zwar hört man jetzt „Orgelklänge" (V. 20), doch die sind eindeutig sakraler Natur, ja sogar im Himmel angesiedelt („Hoch im Blau", V. 20) und werden von Fremden andächtig erlauscht.

Auch die sechste Strophe wendet sich Geräuschen zu. Jetzt sind es „(h)elle Instrumente", die „singen" (V. 21) und die Fröhlichkeit und Unbeschwertheit „schöner Damen" (V. 23) und „junger Mütter" (V. 24) anzeigen. Dazu passt der optische Eindruck von „der Gärten Blätterrahmen" (V. 22) – bunte Blumen umrahmen dieses Bild, das wiederum ausdrücklich als „leise" beschrieben wird (V. 24).

Bisher wurde lediglich beschrieben, was die einzelnen Strophen zeigen, und was dies eventuell bedeuten könnte. Da kein Sprecher als „Ich" in Erscheinung tritt, bietet sich dieses an. Nun soll aber doch noch nach der Rolle des Sprechers im Gedicht gefragt werden.
  – Welche Gründe könnte es dafür geben, dass der Sprecher nicht als „Ich" in der 1. Person Singular in Erscheinung tritt?
  – Welcher Eindruck entsteht dadurch?
  – An welcher Stelle wird das lyrische Ich dennoch (annäherungsweise) greifbar?

Lösung s. S. 190

Übung 6.22 Beschreiben Sie nun die letzte Strophe und versuchen Sie dabei auch auf die Rolle des Sprechers einzugehen.

Der Eindruck von Stille wird sehr wirkungsvoll verstärkt durch den Einsatz verschiedener poetischer Mittel, besonders aber der sprachlichen Bilder.

Das Gedicht besteht aus 7 Strophen zu vier Versen, die in einem vierhebigen Trochäus gehalten sind. Ausnahmen davon gibt es nur in V. 14 („farbige") und V. 25 („blumige"). Ob dadurch ein seltener Eindruck des Farbenfrohen herausgehoben werden soll, kann hier offen bleiben. Wichtiger ist, dass der regelmäßige Bau an ein Volkslied erinnert, und die Volksliedstrophe spiegelt Schlichtheit und Einfachheit wider; in *Die schöne Stadt* ist es der Eindruck der Ruhe und Unaufgeregtheit, der dadurch unterstrichen wird. Das Reimschema ist der umarmende Reim, der so etwas wie Geschlossenheit oder Abgeschlossenheit zum Ausdruck bringt. Die rein weiblichen Kadenzen bewirken den Eindruck eines sanften Ausklingens.

Übung 6.23 Das Gedicht enthält die Oxymora: „braun erhellt" (V. 5) und „Blütenkrallen drohn" (V. 10).
Welche Bedeutung kann die Zusammenordnung von Gegensätzlichem im Zusammenhang des Gedichts haben?

Lösung s. S. 191

Alliterationen finden sich vor allem auf „sch" und „h": „schwüler Buchen Schweigen" (V. 4), „Schaun (...) schöne Schilder" (V. 6f.), „schwirrt das Lachen schöner Damen" (V. 23). Auch die Überschrift „Die schöne Stadt" gehört zu diesen Alliterationen, und sowohl vom Sinn als auch von der Ebene der Lautung her ließe sich noch das Adjektiv „stille" einfügen. Der Zischlaut, der auch in anderen bedeutungstragenden Wörtern im Text vorkommt (V. 8: „schimmern", V. 11: „spielen", V. 19: „lauschen") verleiht dem Gedicht einen geheimnisvollen und ruhigen Eindruck.
Und wenn das lyrische Ich spürt, wie der Duft von Tod und Leben „(h)eimlich haucht" (V. 25), unterstreicht das die sanfte Erscheinung letztlich auch des Todes.
Zahlreiche Personifikationen (vgl. V. 1, 4, 6,10, 17, 21, 25) lassen die Umwelt in der Stadt belebt erscheinen, aber nicht unruhig. Stets sind es Eindrücke der Ruhe oder der ruhigen Betrachtung, die wiedergegeben werden.

Zur Wirkungsweise sprachlicher Bilder:
Manche sprachlichen Bilder sind leichter, manche schwieriger zu erkennen (vgl. o., S. 56). Für das praktische Vorgehen bei der Interpretation können Sie sich folgendes Vorgehen einprägen. Wenn Sie ein sprachliches Bild erkannt haben, machen Sie sich zu den folgenden drei Fragen Gedanken:
- *Was ist die ursprüngliche Wortbedeutung?*
- *Welches ist die übertragene Bedeutung?*
- *Wie ist die übertragene Bedeutung in den Zusammenhang des Gedichts einzuordnen?*

Wir wollen das einmal an einem Beispiel aus der dritten Strophe durchführen. Dort gibt es das Bild des „Brunnens".
1. *Der Brunnen ist seit jeher der Ort, an dem man sich mit Lebenswichtigem, nämlich frischem Wasser, versorgt. Daneben war er in früheren Zeiten auch ein Treffpunkt der Dorfbevölkerung, besonders der Frauen, und ein Ort der Kommunikation.*
2. *Daher steht der Brunnen in übertragener Bedeutung oft für Leben, Frische oder Jugend.*

3. *Das trifft auch für dieses Gedicht zu, wie die Verbindung mit den spielenden Kindern (vgl. V. 11f.) zeigt, jedoch wird der Eindruck des Lebendigen einerseits erweitert durch das Zusammensein von Tier, Pflanze und Mensch, andererseits aber eingeschränkt durch eine gewisse Gedämpftheit (V. 11: „wirr von Träumen"; V. 12: „leise").*

Daraus kann sich für die Interpretation folgender Text ergeben:
Ein wichtiges sprachliches Bild ist in der dritten Strophe der Brunnen. Einerseits steht er – wie im traditionellen Verständnis auch – stellvertretend für Leben und Kindheit/Jugend (V. 11: spielende Knaben). Darüber hinaus ist er ein Zeichen für die Gemeinschaft der Geschöpfe, indem Tier (Pferd), Pflanze (V. 10: „Blütenkrallen") und Mensch (Kinder) um den Brunnen herum vereint sind. Andererseits wird das Bild des Frischen, Lebendigen aber auch gedämpft durch das leise Spiel der Kinder, die obendrein halb noch zu träumen scheinen. So ist der Brunnen ein Bild für das Leben, verstärkt aber dennoch den Eindruck der Ruhe und der Stille.

Ein zentrales Element in diesem Gedicht sind die sprachlichen Bilder. Da es sich um keinen konkreten Ort handelt, kann er auch nicht konkret beschrieben werden. So dienen neben den aufgeführten poetischen Mitteln die Bilder zur Umschreibung der „schönen Stadt".

So stehen z.B. die Kirchen in der zweiten Strophe nicht für Religiosität und Gottesdienst, sondern für die Wahrung einer großen Tradition, der so die gebührende Ehre zuteil wird. Der Brunnen, traditionell als Bild für das Leben aufgefasst, repräsentiert auch in diesem Gedicht Leben, allerdings auf eine recht eigene Weise.

Lösungen s. S. 191

Übung 6.24 Verfahren Sie nach dem o.g. Muster und formulieren Sie einen Text zur Erläuterung der Metapher „Tore" in der vierten Strophe.

Tore bzw. Türen sind im Alltagsleben ...

Übung 6.25 Zur Erklärung der Metonymien „Glockenklänge, Marschtakt und Wacherufen" (V. 17f.) wurde folgender Text verfasst:
„Das Bild von den flatternden Glockenklängen, dem hallenden Marschtakt und den Wacherufen (V. 17f.) ist unklar und passt nicht recht zum übrigen Gedicht. So kann man einen Marschtakt hören, aber keine Soldaten sehen. Ebenso verhält es sich bei den Wacherufen. Es ist nicht klar, ob die schöne Stadt auch eine Kaserne hat. Auch das Glockengeläut passt dazu nicht recht. Vielleicht drückt das Bild nur aus, dass es auch andere Geräusche in der Stadt gibt, vielleicht zeigt es auch an, dass der Frieden in Gefahr ist."

Obwohl durchaus eine möglicherweise richtige Schlussfolgerung gezogen wurde (Gefährdung des Friedens), enthalten diese Ausführungen mehrere Fehler. Überlegen Sie, wie in diesem Text vorgegangen wird, bestimmen Sie die einzelnen Fehler und fertigen Sie einen neuen Text an.

Übung 6.26 Bei den „helle(n) Instrumente(n)" aus der sechsten Strophe kann man eine Bedeutungsübertragung im eigentlichen Sinn nicht feststellen. Dennoch liegt auch hier eine Metapher vor. Um ihren Sinngehalt zu erschließen geht man wie folgt vor:

Lösungen s S. 192

1. *Welche Assoziationen verbinden sich mit „hell" bzw. einem „hellen (Musik)Instrument"?*
2. *Mit welchen Eindrücken werden die „hellen Instrumente" im Text verbunden?*
3. *Welche Schlussfolgerungen lassen sich daraus ziehen?*

Beschreiben Sie nun in Form eines kurzen Textes, wofür im Text die „hellen Instrumente" stehen.

Übung 6.27 Auch in der letzten Strophe gibt es Metaphern (vgl. V. 26 und 27). Bestimmen Sie ihren Sinngehalt in Form eines Textes. Wo Sie nur Vermutungen anstellen, müssen diese als solche sprachlich gekennzeichnet sein.

Bei einem Gedicht von solch hohem Gehalt an Bildlichkeit fragt es sich, ob es nicht insgesamt ein Bild oder eine Chiffre darstellt. Einen Hinweis bietet hier oft die Überschrift.

Sicher haben Sie gemerkt, dass es hier nicht um die Beschreibung einer Stadt geht.

Übung 6.28 Wofür könnte die schöne Stadt eine Metapher sein? Beachten Sie dazu, was im Gedicht als schön und angenehm beschrieben wird.

Somit könnte der Schluss des Aufsatzes lauten:
So scheint es durch die Metaphern, als ob sich einem der ganze Ort, die „schöne Stadt" durch Sinneseindrücke und Symbole erschließe. Was dagegen keine Rolle spielt, sind Geräusche und Worte. Worte scheinen hier ganz durch Bilder ersetzt. Das wiederum passt zu dem Eindruck von „des Todes reine(n) Bilder(n)" (V. 6), die in der zweiten Strophe angesprochen sind.

Durch die Metaphern werden die entscheidenden Eindrücke von diesem „unausdrückbaren" Ort vermittelt. So ist es auch zu erklären, dass die „schöne Stadt" letztlich selbst eine große Metapher ist – ein Bild für den Wunsch nach Ruhe, Versöhnung und Frieden, vor allem im Tod.

Gerade in einer schnelllebigen und geräuschvollen Zeit wirkt dieses ruhige und die Ruhe so betonende Gedicht eigentümlich fremd. Vielleicht kann es aber gerade dadurch heute viele Menschen ansprechen, die auf der Suche nach sich selbst und nach innerem Frieden sind.

6.5 Hans Magnus Enzensberger: *an alle fernsprechteilnehmer* – Moderne Lyrik verstehen

Aufgabenstellung: Interpretieren Sie das Gedicht *an alle fernsprechteilnehmer* von Hans Magnus Enzensberger und gehen Sie dabei besonders auf die Verwendung von Gestaltungsmerkmalen moderner Lyrik ein.

Hans Magnus Enzensberger (*1929):
an alle fernsprechteilnehmer (1960)

V. 7: **Dividende:** Gewinn aus Aktienkapital

V. 10: **Primgeld:** Prämie, Sondervergünstigung

V. 18: **Phlox:** Flammenblume, Himmelsleitergewächs

V. 18: **mauscheln:** unverständlich sprechen; geheime Abmachungen treffen, betrügen

V. 23: **Helligen:** schräger Schiffsbauplatz

V. 33: **Boom:** wirtschaftlicher Aufschwung

V. 34: **Fünfjahresplan:** ein auf fünf Jahre berechneter Plan für den gesellschaftlichen und wirtschaftlichen Aufbau, gebräuchlich als Wirtschaftsplan in den Ländern des ehemaligen Ostblocks

etwas, das keine farbe hat, etwas,
das nach nichts riecht, etwas zähes,
trieft aus den verstärkerämtern,
setzt sich fest in die nähte der zeit
5   und der schuhe, etwas gedunsenes,
kommt aus den kokereien, bläht
wie eine fahle brise die dividenden
und die blutigen segel der hospitäler,
mischt sich klebrig in das getuschel
10   um professuren und primgelder, rinnt,
etwas zähes, davon der salm stirbt,
in die flüsse, und sickert, farblos,
und tötet den butt auf den bänken.

die minderzahl hat die mehrheit,
15   die toten sind überstimmt.
in den staatsdruckereien
rüstet das tückische blei auf,
die ministerien mauscheln, nach phlox
und erloschenen resolutionen riecht
20   der august. das plenum ist leer.
an den himmel darüber schreibt
die radarspinne ihr zähes netz.

die tanker auf ihren helligen
wissen es schon, eh der lotse kommt,
25   und der embryo weiß es dunkel
in seinem warmen, zuckenden sarg:

es ist etwas in der luft, klebrig
und zäh, etwas, das keine farbe hat
(nur die jungen aktien spüren es nicht):

30 gegen uns geht es, gegen den seestern
und das getreide. und wir essen davon
und verleiben uns ein etwas zähes,
und schlafen im blühenden boom,
im fünfjahresplan, arglos
35 schlafend im brennenden hemd,
wie geiseln umzingelt von einem zähen,
farblosen, einem gedunsenen schlund.

Das Thema des Gedichts ist die Bedrohung von Mensch und Umwelt durch wirtschaftliche Interessen und Manipulation.
Das Gedicht gibt keine Handlung, auch keinen Gedanken wieder. Vielmehr beschreibt es, wie sich etwas schwer Fassbares, etwas „Zähes" (V. 2) unter den Menschen und in der Welt verbreitet, bis es letztlich zum Tod von Mensch und Natur führt. Die Menschen zur Erkenntnis der Natur dieses zähen Etwas' zu bewegen, ist die wesentliche Absicht des Gedichts.
Die erste Strophe beschreibt, woher das Zähe kommt, wie es sich unter den Menschen verbreitet und die Natur daran zu Grunde geht. Die zweite Strophe überträgt diesen Gedanken auf die politisch-gesellschaftlichen Verhältnisse und zeigt auch dort die scheinbar allgegenwärtige Anwesenheit dieses Zähen. Die dritte Strophe markiert mehr oder weniger nur eine Art Anlauf für die vierte Strophe, weitet dabei aber den Wirkungskreis des Zähen auf den Bereich der Gegenstände aus: Es ist also allumfassend. In der vierten Strophe wird noch einmal direkt das gegnerische Verhältnis vom „Zähen" und den Menschen bzw. der Natur thematisiert. Dabei erscheint der Mensch jener zähen Substanz scheinbar unrettbar ausgeliefert.

Sicher ist es bei diesem Gedicht nicht möglich, eine inhaltliche Untersuchung an Hand eines Durchgangs durch die Handlung durchzuführen. In solchen Fällen muss man nach anderen Wegen suchen. Ein möglicher Weg ist, nach strukturellen Entsprechungen zu suchen, d.h.: Wo befinden sich Fortsetzungen, Entsprechungen, Begründungen oder Gegensätze im Text?
Ein weiterer Weg, der auch für an alle fernsprechteilnehmer eingeschlagen werden soll, orientiert sich an der Wortwahl.
Unter diesem Gesichtspunkt soll nun die erste Strophe betrachtet werden.

Übung 6.29 Schreiben Sie alle Adjektive, Verben und Nebensätze, die Eigenschaften und Tätigkeiten des „Zähen" beschreiben, aus der ersten Strophe heraus. Welchen Eindruck von dieser Substanz erhält man?

Lösung s. S. 192

Die Auswirkungen des „Zähen" sind zum größten Teil negativ. Es gibt aber auch Ausnahmen: Welche Gegenstände und Einrichtungen sind von dem „Zähen" nicht negativ betroffen, sondern profitieren sogar davon?

Welche „Objekte" des Zähen, gegen die es sich richtet, werden in der ersten Strophe genannt?

Lösung s. S. 192

Übung 6.30 Füllen Sie nun den folgenden Lückentext aus.

Die erste Strophe beschreibt das Auftreten und die Verbreitung des „Zähen". Es kommt aus _____ und _____. Zumindest beim letzten Beispiel könnte es sich um die Umweltverschmutzung handeln, wozu auch die Verse 11-13 passen würden. Jedoch legt die Fülle anderer Begriffe aus ganz unterschiedlichen Bedeutungsbereichen nahe, dass es nicht in erster Linie um Umweltverschmutzung geht. Was die „verstärkerämter" (V. 3) darstellen sollen, ist nicht vollkommen klar. Vielleicht stellen sie eine Metapher für die Massenmedien dar: Sie verstärken den Eindruck von etwas Gesagtem, verfügen über die Fähigkeit, Wahrheiten zu produzieren, die sich dann in den Individuen festsetzen (vgl. V. 4f.).
Die Eigenschaften des „Zähen" sind vieldeutig: Es ist _____ (vgl. V. 1), verfügt über die Fähigkeit, _____ (vgl. V. 4f.), wirkt sich positiv auf _____ (vgl. V. 6f.) aus, trägt aber auch zu Krankheit und Tod bei (vgl. V. 8). Überall spielt es eine Rolle, mischt sich ein, gelangt schließlich in die Natur, wo es seine tödliche Wirkung entfaltet.
Insgesamt ist das „Zähe" also _____ und doch allgegenwärtig, für bestimmte Kreise von positiver Wirkung, für andere Bereiche, zu denen die Natur und das menschliche Leben gehören, jedoch tödlich. Doch verfügt anscheinend niemand über die Möglichkeit, sich dem „Zähen" zu entziehen.

Lösung s. S. 193

Übung 6.31 Ein inhaltlicher Schwerpunkt der zweiten Strophe ist der Bereich „Politik/Gesellschaft/Demokratie". Versuchen Sie die folgenden Sachverhalte, die in der zweiten Strophe mit diesem Bedeutungsfeld in Zusammenhang gebracht werden, mit eigenen Worten zu beschreiben:

– „die minderzahl hat die mehrheit, die toten sind überstimmt" (V. 14f.)
– „in den staatsdruckereien / rüstet das tückische blei auf" (V. 16f.)
– „ministerien mauscheln" (V. 18)
– „erloschene( ) resolutionen" (V. 19)
– „das plenum ist leer" (V. 20)

Verfassen Sie daran anschließend eine Beschreibung der zweiten Strophe, indem Sie den folgenden Beginn fortsetzen:

Die zweite Strophe behandelt das Verhalten und den politischen Gestaltungsraum der Menschen angesichts der in der ersten Strophe beschriebenen Bedrohung. ...

Auch das „Zähe" selbst wird in der zweiten Strophe erwähnt, sodass das Fazit der Beschreibung lauten könnte:

So werden Einrichtungen des Staates zu Organen, die sich gegen die menschliche Gemeinschaft und ihre Interessen richten. Bestärkt wird dieser Eindruck durch die letzten beiden Zeilen der Strophe: „an den himmel darüber schreibt / die radarspinne ihr zähes netz" (V. 21f.). Auch hier zeigt sich wieder der unsichtbare, ungreifbare, aber doch allgegenwärtige und alles überwachende Charakter des „Zähen".

Die dritte Strophe fällt durch ihre Kürze auf. Interessanterweise wird sie nicht wie anderen Strophen durch einen Punkt, sondern durch einen Doppelpunkt abgeschlossen.

Übung 6.32 Wichtige Stilmittel dieser kurzen Strophe sind eine Personifikation (V. 23f.) und eine Metonymie (V. 26):
  a) Was bedeutet die Tatsache, dass die Tanker und der Embryo etwas „wissen"? Was unterscheidet sie voneinander, was haben sie gemeinsam, und was kommt durch das gemeinsame Wissen zum Ausdruck?
  b) Was bringt die Bezeichnung „Sarg" für den Mutterleib zum Ausdruck?
  c) Welche Bedeutung könnte der Doppelpunkt haben?

Lösung s. S. 193

Übung 6.33 Fassen Sie Ihre Überlegungen in einem kurzen Text zusammen, der folgende Elemente enthält, die Sie aber noch durch einige Erklärungen und Belege ergänzen müssen:

Lösungen s. S. 194

eine Art Anlauf zu der wichtigen Schlussstrophe – Doppelpunkt am Schluss – Wissen, das „tanker" (V. 23) und „embryo" (V. 25) miteinander teilen – bezieht das Gegenständliche mit ein – über das Schicksal des Menschen schon vor seiner Geburt entschieden – dem ungeborenen Leben Bewusstsein zugesprochen – Aussichtslosigkeit dieser Existenz – keine Chance für ein wirkliches Leben

In der letzten Strophe gibt sich das lyrische Ich zu erkennen. An einem weiteren Punkt, der auch im Text hervorgehoben ist, wird klar, welchem Bereich das „Zähe" zuzuordnen ist.

Übung 6.34 Bearbeiten Sie, nachdem Sie sich die Strophe noch einmal angesehen haben, zunächst folgende Aufgaben:
  1. Beschreiben Sie den Standpunkt des lyrischen Ichs. Inwiefern ist es von der zähen Substanz betroffen?
  2. Erklären Sie den Vers 29. Inwiefern sagt er etwas über das „Zähe" aus?
  3. Mit welchen Mitteln kommt die Ohnmacht des lyrischen Ichs gegenüber dem „Zähen" zum Ausdruck?

Lösung s. S. 195

Übung 6.35 Füllen Sie nun den folgenden Lückentext zur Beschreibung der vierten Strophe aus.

In der vierten Strophe schließlich gibt sich das lyrische Ich zu erkennen, allerdings nicht in der 1. Person Singular, sondern in der _____. Mit dem „wir" (V. 31) schließt sich das lyrische Ich in die Gemeinschaft von _____, _____ und _____ (vgl. V. 30f.) ein, die dem „Zähen" gegenüber steht. Jedoch scheint es, als würden daraus keine Schlussfolgerungen zu ziehen sein. Die Verse 31-35 verdeutlichen, wie die Menschen dem „Zähen" ausgeliefert sind: Sie essen davon (vgl. V. 31), d.h. _____ _____, sie verleiben es sich ein (vgl. V. 32), d.h. _____ _____. Die Menschen   wirken   wie   betäubt   durch _____ (V. 33: „blühende[r] boom") oder durch die Beruhigung, dass langfristig für alles gesorgt ist (_____). Diese Vorstellung wird eindrucksvoll zusammengefasst in der Beschreibung „arglos / schlafend im brennenden hemd" (V. 34f.). Hier liegt ein Paradoxon vor. Nimmt man das Bild wörtlich, so ist es unmöglich, im brennenden Hemd zu schlafen. So etwas ist nur denkbar, wenn _____. Die Gründe dafür hat das Gedicht zuvor benannt.

Die Darstellung der vierten Strophe und eine erste Zusammenfassung der Aussage würde dann enden:

So erscheint zum Schluss ein Bild eines ohnmächtigen Menschen und einer sterbenden Natur, die dem „Zähen", den Interessen der Wirtschaft, möglicherweise auch des Militärs (Ende Str. 2), hilflos ausgeliefert sind (V. 36: „wie Geiseln umzingelt"). Diese Hilflosigkeit hat ihre Ursache einerseits darin, dass die Menschen ihre eigenen Interessen nicht erkennen (V. 33f.) und durch „tückische(s) blei" (V. 17) und „verstärkerämter" (V. 3) entsprechend manipuliert sind.

Lösung s. S. 195

Übung 6.36 Ein Schwerpunkt der Aufgabenstellung bezieht sich auf „Gestaltungsmerkmale moderner Lyrik". Woran erkennt man, dass es sich bei diesem Gedicht um moderne Lyrik handelt?

Dennoch weist die Sprache einen hohen Grad an künstlerischer Gestaltung auf und es finden sich im Gedicht auch einige traditionelle Stilmittel.

Lösung s. S. 195

Übung 6.37 Suchen Sie Beispiele für die folgenden Klang- und Wortfiguren und benennen Sie ihre Wirkung:
- *Alliteration:*
- *Assonanz:*
- *Personifikation:*
- *Metapher:*
- *Metonymie:*

Fassen Sie Ihre Erkenntnisse in einer untersuchenden Darstellung der sprachlichen Mittel zusammen und setzen Sie den dazu vorgegebenen Anfang fort .

Als Text der modernen Lyrik weist die Sprache von *an alle fernsprechteilnehmer* einen hohen Grad an künstlerischer Gestaltung auf und es finden sich im Gedicht auch einige traditionelle Stilmittel. ...

Die Problematik des Verhältnisses von moderner Lyrik und traditionellen Stilmitteln ließe sich dann etwa so zusammenfassen:

So zeigt sich an dem Gedicht *an alle fernsprechteilnehmer* die besondere Problematik moderner Lyrik. Einerseits bricht sie mit traditionellen Formen, da ihr diese nicht mehr als geeignete Ausdrucksmittel erscheinen, andererseits werden auch traditionelle Motive und Stilmittel verwendet. Diese dienen vor allem der Verfremdung des Gesagten, um so eine stärkere Aufmerksamkeit zu erzielen. Zum anderen sind diese Klang- und Wortfiguren bewährte Mittel der Rhetorik und erfüllen auch in einem modernen Text ihren Zweck, die Aussage eindringlicher und nachdrücklicher zu gestalten.

Den Abschluss könnten dann die folgenden Absätze bilden, wobei auch auf die Überschrift einzugehen ist:

Insgesamt könnte man das Gedicht als Ausdruck eines äußerst pessimistischen Menschenbildes verstehen. Jedoch lassen die Drastik der Bildlichkeit und die in ihr zum Ausdruck kommende Ohnmacht eher darauf schließen, dass das Gedicht die Menschen aufrütteln will, das „Zähe" zu enttarnen, greifbar zu machen und zu bekämpfen. Den appellierenden Charakter bestätigt auch die Überschrift. Zwar ist nicht eindeutig zu klären, wer die „fernsprechteilnehmer" sind. Da sie jedoch die Empfänger des in den „verstärkerämtern" Hergestellten sind, könnten damit im Prinzip wir alle (vgl. das „wir" in der 4. Strophe) gemeint sein. So handelt es sich insgesamt um ein engagiertes politisches Gedicht, das sich durch den hohen Grad seiner Verschlüsselung einer vorschnellen Deutung entzieht.

Bedenkt man, dass das Gedicht vierzig Jahre alt ist, ist es angesichts der heutzutage herrschenden Allgegenwart der Konsumgesellschaft und des entsprechenden Einflusses der Wirtschaft und der neuen Medien von großer Aktualität.

7 Gedichtvergleiche

7.1 Allgemeines zur vergleichenden Gedichtinterpretation

Gedichtvergleiche sind, wie bereits gesagt, häufig gestellte Aufgaben in der Abiturprüfung für das Fach Deutsch. Gegenüber herkömmlichen Interpretationen enthalten sie nichts wesentlich Neues. Die Hauptschwierigkeit besteht allerdings darin, die Ergebnisse der Untersuchung beider Texte so miteinander zu verzahnen, dass das Vergleichende gut zur Geltung kommt und der Leser nicht den Eindruck hat, er würde einfach zwei hintereinander abgefasste Interpretationen lesen. Wie diese Verzahnung gut umgesetzt werden kann, soll im Folgenden erläutert werden, bevor Sie die einzelnen Schritte an drei Gedichtvergleichen nachvollziehen und selbst trainieren können.

Zunächst einmal hat man die Aufgabe, den Gesichtspunkt herauszufinden, unter dem der Vergleich angestellt werden soll. Oft ist dieser direkt in der Aufgabenstellung genannt, z.B. in:

„Vergleichen Sie die Gedichte *Das verlassene Mägdlein* von Eduard Mörike aus dem Jahr 1829 mit dem Gedicht *Liebe am Horizont* von Ursula Krechel aus dem Jahre 1977. Untersuchen Sie die unterschiedliche Darstellung der Liebe, benennen Sie mögliche Gründe dafür und prüfen Sie, wie die sprachlichen Mittel die Aussage des jeweiligen Textes stützen."

Die Aufgabenstellung beinhaltet somit folgende Anforderungen: Vergleich des Inhalts (gleiches Thema bei verschiedener Darstellung), Vermutungen über mögliche Hintergründe (vermutlich zeitbedingter Natur) für die unterschiedliche Darstellung sowie eine Untersuchung der sprachlichen Mittel (Volkslied bei Mörike, moderne Lyrik bei Krechel).

Schwieriger ist es, wenn der Untersuchungsschwerpunkt nicht direkt genannt ist. Dann gibt es normalerweise folgende Möglichkeiten:

1. Die Gedichte haben dasselbe Thema, das (vermutlich) unterschiedlich behandelt wird. Die Art und Weise dieser Behandlung und mögliche Gründe dafür sollen herausgearbeitet werden.
2. Die Gedichte haben zwar nicht dasselbe Thema, stammen aber aus einer gemeinsamen literarischen Epoche. Dann sind im Vergleich epochentypische Merkmale oder Abweichungen davon herauszustellen.
3. Die Gedichte stammen von derselben Autorin oder vom selben Autor. Dann sollen verfassertypische Merkmale erarbeitet werden, aber auch mögliche Widersprüche sind zu thematisieren.

Sollte die Arbeitsaufgabe auf den Untersuchungsschwerpunkt nicht eingehen, ist es sehr nützlich, wenn man selbst im Vorfeld der eigentlichen Untersuchung darauf eingeht. Das zeigt selbstständiges und selbst reflektierendes Denken an (Anforderungsbereich III: Schlussfolgerungen aus der Analyse, Wertungen, kritische Beurteilung des eigenen Vorgehens) und stellt für einen selbst noch einmal eine Art Orientierung dar, die man buchstäblich während der Interpretation vor Augen hat.

Für die Anlage der Gliederung gibt es verschiedene Möglichkeiten, von denen keine zwingend vorgeschrieben ist. Alle haben ihre spezifischen Vor- und Nachteile; wichtig ist allerdings, dass man einen einmal eingeschlagenen Weg konsequent verfolgt. Zwischen den einzelnen Vorgehensweisen zu wechseln, zeugt von Mängeln in der Organisationsfähigkeit.

Man kann

a) beide Gedichte hintereinander interpretieren und vorwiegend am Schluss auf die ermittelten Gemeinsamkeiten und Unterschiede kommen,

b) zunächst die Gemeinsamkeiten und dann die Unterschiede zwischen beiden Gedichten erarbeiten und dann abwägend zusammenführen,

c) beide Gedichte hintereinander je nach Inhalt, Sprache, Form und Intention untersuchen und darstellen.

Daraus ergeben sich dann folgende Gliederungsvorschläge:

Typ a)	Typ b)	Typ c)
1 Einleitung: Textart, Titel, Autoren, Aufgabenstellung	1 Einleitung: Textart, Titel, Autoren, Aufgabenstellung	1 Einleitung: Textart, Titel, Autoren, Aufgabenstellung
2 Untersuchung Gedicht 1 2.1 Aufbau, Inhalt, Aussageabsicht, 2.2 Sprachliche Mittel: Wortwahl, Satzbau, Bildlichkeit – in Beziehung zur vermuteten Aussageabsicht 2.3 Formale Merkmale: Strophenform, Reim, Rhythmus, Klang in Bezug auf die Aufgabenstellung	2 Gemeinsamkeiten zwischen beiden Gedichten in 2.1 Inhalt 2.2 Sprache 2.3 Form	2 Untersuchung des Inhalts: 2.1 Gedicht 1 2.2 Gedicht 2
	3 Unterschiede zwischen beiden Gedichten in 3.1 Inhalt 3.2 Sprache 3.3 Form	3 Analyse der Sprache 3.1 Gedicht 1 3.2 Gedicht 2
3 Zusammenfassung der Analyse Gedicht 1; evtl. Wertung, Aktualität	4 Abwägen der Gemeinsamkeiten und Unterschiede, Hinweise auf die Aussageabsicht	4 Analyse der Form 4.1 Gedicht 1 4.2 Gedicht 2
4 Untersuchung Gedicht 2 4.1 Aufbau, Inhalt, Aussageabsicht 4.2 Sprachliche Mittel: Wortwahl, Satzbau, Bildlichkeit – in Beziehung zur vermuteten Aussageabsicht 4.3 Formale Merkmale: Strophenform, Reim, Rhythmus, Klang in Bezug auf die Aufgabenstellung	5 (evtl.) Vergleich aus literaturhistorischer Sicht	5 Aussageabsicht 5.1 Gedicht 1 5.2 Gedicht 2
	6 Zusammenfassung des Vergleichs und abschließende Wertung in Bezug auf die Aufgabenstellung	6 Abschließender Vergleich, eventuell Wertung und Aktualisierung
5 Zusammenfassung der Analyse Gedicht 2; evtl. Wertung, Aktualität		
6 (evtl.) Vergleich in literaturhistorischer Sicht		
7 Abschließende Einschätzung beider Gedichte		

7.2 Johann Wolfgang Goethe: *Mailied* und Ingeborg Bachmann: *Freies Geleit* – Den aktuellen Bezug motivgleicher Gedichte bearbeiten; Thema und Aufbau

Arbeitsaufgabe: Erarbeiten Sie den inhaltlichen Aufbau beider Gedichte. Achten Sie dabei auf die Bedeutung der verwendeten poetischen Mittel für die Aussage.
Beschreiben Sie die unterschiedliche Sicht auf die Natur und suchen Sie nach möglichen Ursachen dafür.
Prüfen Sie vor diesem Hintergrund die Aktualität beider Gedichte.

Johann Wolfgang Goethe (1749-1832):
Mailied (1771)

Wie herrlich leuchtet
Mir die Natur!
Wie glänzt die Sonne!
Wie lacht die Flur!

5 Es dringen Blüten
Aus jedem Zweig
Und tausend Stimmen
Aus dem Gesträuch

Und Freud und Wonne
10 Aus jeder Brust.
O Erd', o Sonne,
O Glück, o Lust,

O Lieb', o Liebe,
So golden schön
15 Wie Morgenwolken
Auf jenen Höhn,

Du segnest herrlich
Das frische Feld –
Im Blütendampfe
20 Die volle Welt!

O Mädchen, Mädchen,
Wie lieb' ich dich!
Wie blinkt dein Auge,
Wie liebst du mich!

25 So liebt die Lerche
   Gesang und Luft,
   Und Morgenblumen
   Den Himmelsduft,

   Wie ich dich liebe
30 Mit warmem Blut,
   Die du mir Jugend
   Und Freud' und Mut

   Zu neuen Liedern
   Und Tänzen gibst.
35 Sei ewig glücklich,
   Wie du mich liebst.

Ingeborg Bachmann (1926-1973):
Freies Geleit (1964)

   Mit schlaftrunkenen Vögeln
   Und winddurchschossenen Bäumen
   Steht der Tag auf, und das Meer
   Leert einen schäumenden Becher auf ihn.

5 Die Flüsse wallen ans große Wasser,
   Und das Land legt Liebesversprechen
   Der reinen Luft in den Mund
   Mit frischen Blumen.

   Die Erde will keinen Rauchpilz tragen,
10 Kein Geschöpf ausspeien vorm Himmel,
   Mit Regen und Zornesblitzen abschaffen
   Die unerhörten Stimmen des Verderbens.

   Mit uns will sie die bunten Brüder
   Und grauen Schwestern erwachen sehen,
15 Den König Fisch, die Hoheit Nachtigall
   Und den Feuerfürsten Salamander.

   Für uns pflanzt sie Korallen ins Meer.
   Wäldern befiehlt sie, Ruhe zu halten,
   Dem Marmor, die schöne Ader zu schwellen,
20 Noch einmal dem Tau, über die Asche zu gehen.

Die Erde will freies Geleit ins All
Jeden Tag aus der Nacht haben,
Daß noch tausend und ein Morgen wird
Von der alten Schönheit junger Gnaden.

Übung 7.1 Wählen Sie aus den folgenden Informationen die Angaben aus, die Sie für einen Einleitungssatz zu dem Gedichtvergleich benötigen.
Johann Wolfgang Goethe – neun Strophen zu vier Versen – lyrisches Ich – Natur – Ingeborg Bachmann – *Mailied* – Schönheit der Erde – 1771 – 1964 – unterschiedliche Sicht auf die Natur – sechs Strophen zu vier Versen – regelmäßiger Bau – Bedeutung der Natur für den Menschen – Liebe
Formulieren Sie einen einleitenden Satz zu dem Gedichtvergleich.

Lösung s. S 196

Mailied behandelt einerseits die Bedeutung der Natur für den Menschen. Vor allem dient sie dem lyrischen Ich aber zum Vergleich für das Überschwängliche seiner Liebe. *Freies Geleit* thematisiert das Verhältnis Mensch-Natur aus der Sicht der Natur.

Übung 7.2 Fassen Sie <u>stichwortartig</u> die neun Strophen von Mailied *zusammen:*

1. Strophe:
2. Strophe:
3. Strophe:
4. u. 5. Strophe:
6. Strophe:
7. Strophe:
8. Strophe:
9. Strophe:

Lösungen s. S. 196

Übung 7.3 Verfassen Sie eine ausführliche Textbeschreibung von Mailied*!*

Übung 7.4 Die inhaltliche Untersuchung von Freies Geleit *ist im Folgenden zu einem großen Teil vorgegeben. Es fehlen allerdings die Textbelege und an wenigen Stellen eine genauere Erklärung des Gemeinten.*
Sehen Sie sich das Gedicht noch einmal an und füllen Sie dann den Lückentext aus.

Lösungen s. S. 197

Den Rahmen von *Freies Geleit* bildet ein Tagesablauf, denn in der ersten Strophe ist vom Tagesanbruch (_____) und in der letzten Strophe ist von der Nacht die Rede. Ein Fortgang des Tages, etwa in Tageszeiten, ist im Verlauf des Gedichts aber nicht erkennbar.

Die Strophen 2-5 zeigen das Verhältnis von Mensch und Natur an einigen Beispielen, die allerdings recht allgemein gehalten sind. So schildert die zweite Strophe noch ein sehr schönes, idyllisches Bild von der Natur: _____. Die Natur scheint ungestört zu sein. Die dritte Strophe zeigt aber eine Störung im Verhältnis von Natur und Mensch an. Die Erde will nicht, was ihr die Menschen immer wieder zumuten: _____. Sie steht gegen „die unerhörten Stimmen des Verderbens" (V. 12). Nach der Beschreibung dessen, was die Erde nicht will, schildern die letzten drei Strophen das, was sie „will". So widmet sich die vierte Strophe der Tierwelt in ihrer Schönheit (_____) und Herrlichkeit (V. 15f.:_____ _____). Die fünfte Strophe beschreibt die _____ _____. Es sind Eindrücke von Weite, Schönheit und Ruhe. Wenn die Erde _____, könnte das auch ein Hinweis darauf sein, dass die Natur stärker ist als alle Schrecken, die der Mensch verbreitet.

Die sechste und letzte Strophe fasst zusammen, was die Erde vom Menschen „erwartet": „Freies Geleit", d.h. Begleitung und Schutz, und zwar nicht um ihrer selbst, sondern um der Menschen willen.

So wird deutlich, dass beide Gedichte die Natur auf eine völlig andere Weise wahrnehmen, auch wenn das Thema „Bedeutung der Natur für den Menschen" auf den ersten Blick gemeinsam ist. Während bei Goethe wirklich das lyrische Ich im Mittelpunkt steht und die Natur im Wesentlichen ein Spiegel seiner Gefühle ist, versetzt sich bei Bachmann das lyrische Ich förmlich in die Erde, die Natur hinein. Auch wenn die Natur grammatisch Gegenstand der Beschreibung ist (3. Person), ist sie logisch das Subjekt des Gedichts, was sich auch an mehreren poetischen Mitteln zeigt.

Übung 7.5 Einige wichtige poetische Mittel sind im Folgenden benannt. Suchen Sie Belege und bestimmen Sie ihre Wirkung im Zusammenhang des Gedichts und formulieren Sie einen zusammenhängenden Text.

Lösung s. S. 198

Stilmittel	Beleg	Wirkung
Personifikation		
Enjambement		
Ausrufe, Interjektionen		
Vergleiche		
Anapher, Parallelismus		

Beim Satzbau fallen die vielen Ausrufe auf. Von den neun Sätzen des Gedichts sind sechs Ausrufe. Auch dies ist ein Zeichen für die Leidenschaft und Hingerissenheit des lyrischen Ichs. Die Sätze wechseln zwischen kurzen, aus nur vier Wörtern bestehenden (vgl. Str. 1), und langen, sich über drei Strophen erstreckenden Sätzen (vgl. Str. 2-5). Auch dieses Ungleichgewicht spiegelt das Spontane und Unausgewogene der Gefühlsregung wider.

So stehen insgesamt eine Reihe von poetischen Mitteln in *Mailied* im Dienst der Aussage. Sie unterstreichen das Momentane und Überwältigende des Eindrucks, den die Natur und das Gefühl der Liebe auf den Sprecher machen.

Übung 7.6 Wie bei Übung 7.4 wurden die wesentlichen Belege und einige wenige Erklärungen im Lückentext frei gelassen. Ergänzen Sie sie und schreiben Sie den Text in der vollständigen Fassung ab.

Lösung s. S. 139

Auch in *Freies Geleit* werden zahlreiche poetische Mittel eingesetzt, um die Aussage des Gedichts zu verstärken. Ein wichtiges Mittel ist der oben erwähnte indirekte Perspektivwechsel. Zu diesem Zweck wird die Erde personifiziert. Sie erscheint als _____, wenn sie etwas „will" (V. 13) oder nicht will (vgl. V. 9). Der Leser ist damit direkt angesprochen und gefordert, auf ihren „Willen" einzugehen und sie nicht nur als toten Gegenstand zu behandeln. Weitere Personifikationen verstärken diesen Eindruck: „_____ _____" (____) verbindet den Tagesanbruch mit dem Eindruck eines Festes; „_____ " (____) zeigt Elemente der Natur in einer Art zärtlichen Verbindung; die Fähigkeit, „_____ _____ " (_____) verdeutlicht die Reaktionsweise der Erde auf ihre Verletzung durch die Menschen. Die Liste der Personifikationen lässt sich noch ergänzen: vgl. V. _____ _____.

Die Adjektive, die sich auf die Erde beziehen, geben ein Bild der Schönheit und der Vielfalt wieder: „_____ " (V. ___), „_____ " (V. ___), „_____ " (V. ___), „_____ " (V. ___), „_____ " (V. ___), „_____ " (V. ___). Es ist nicht die Erde als Zivilisationslandschaft, die hier erscheint, sondern _____ _____. Der Einfluss der Menschen ist dagegen in zwei Begriffen gebündelt: Die Metonymie „_____ " (V. ___) steht für atomare Bedrohung und Krieg allgemein, möglicherweise ist sie auch ein Hinweis auf die Belastung durch die Industrie (Luftverschmutzung). Die Bedrohung der Erde wird zusammengefasst in den „_____ " (V. ___). Dass Bachmann die Bedrohung eher unkonkret lässt, steigert deren Eindringlichkeit.

Das Verhältnis der Natur zum Menschen ist aber nicht nur durch tatsächliche Gegnerschaft, sondern durch den Wunsch der Erde nach Gemeinschaft gekennzeichnet: „Mit uns" (V. 13) und „Für uns" (V. 17) will sie existieren wie mit „Geschwistern" (vgl. V. 13f.). Indem das lyrische Ich die 1. Person Plural wählt, bezieht es alle Menschen in die Aussage mit ein. Es geht also nicht um eine rein persönliche Wahrnehmung der Natur.

Zwar besteht das Gedicht aus sechs Strophen zu je vier Versen, macht also äußerlich einen regelmäßigen Eindruck, doch verzichtet es auf Reim, Metrum und Strophenform. Vermutlich wären diese dem Gegenstand und der Aussage nicht angemessen. Ingeborg Bachmann unterstreicht in ihrem Gedicht einerseits die Schönheit unserer Welt, macht aber auch nachdrücklich auf ihre Bedrohtheit aufmerksam.

Zum Abschluss des Gedichtvergleichs geht es darum, zeitbedingte Unterschiede zwischen beiden Gedichten zu berücksichtigen und die Aussagen auf ihre Aktualität zu prüfen.

Lösung s. S. 200

Übung 7.7 Versuchen Sie einige Sätze zum zeitbedingten Hintergrund beider Gedichte zu schreiben, indem Sie folgende Informationen aufnehmen:

Zeit des Sturm und Drang – Natur als bevorzugtes Mittel, Seelenzustände bildlich auszudrücken – Naturerfahrung Werthers in Goethes Briefroman *Die Leiden des jungen Werthers* – Natur ein Spiegel der Seele und Projektionsfläche der Liebesbeziehung zu Lotte – ähnlich auch in *Mailied*, entstanden 1771, drei Jahre vor dem *Werther* – 1771 – Bedrohung der Umwelt durch Kriege, industrielle Produktionsweise und Lebensstil – noch nicht erfahrbar – 1964 – Problematik noch nicht im allgemeinen Bewusstsein – erste Anzeichen der Umweltkrise – *Freies Geleit* bezieht sich darauf

Setzen Sie mit Ihrem Text den folgenden Satz fort:

Die Unterschiede in der Wahrnehmung der Natur liegen einerseits in der unterschiedlichen Aussageabsicht der Gedichte, sind aber auch zeitbedingt zu erklären. (...)

Lösung s. S. 200

Übung 7.8 Um abschließend einen aktuellen Bezug herzustellen, beantworten Sie die folgenden Fragen und verbinden Sie die Antworten zu einem zusammenhängenden Text:
- Welches Gedicht erscheint Ihnen aktueller? Nennen Sie konkrete Gründe.
- Viele Maßnahmen zum Schutz der Umwelt wurden in den letzten 25 Jahren ergriffen. Flüsse und Luft sind sauberer geworden. Ist Bachmanns Gedicht dennoch aktuell?
- Worum geht es in *Mailied* in erster Linie? Was bedeutet das für einen möglichen aktuellen Gehalt des Gedichts?
- Wie nimmt das lyrische Ich in Goethes Gedicht die Natur wahr? Worin liegen dabei auch Gemeinsamkeiten zu *Freies Geleit*?
- Inwiefern ist diese Naturwahrnehmung auch heute aktuell?

Lösung s. S. 201

Übung 7.9 Vergleichen Sie nun die Ergebnisse Ihres Gedichtvergleichs mit dem im Lösungsteil abgedruckten Aufsatz.

7.3 Eduard Mörike: *An die Geliebte* und *Das verlassene Mägdlein* – Zwei themengleiche Gedichte desselben Autors vergleichen

Arbeitsaufgabe: Erarbeiten Sie den gedanklichen Aufbau der Gedichte und stellen Sie ihre Aussagen heraus. Erarbeiten Sie, in welcher Beziehung die formalen und sprachlichen Mittel zum Inhalt der Gedichte stehen.
Vergleichen Sie die Auffassungen von Liebe in den beiden Gedichten miteinander.

Eduard Mörike (1804-1875)

An die Geliebte (1830)	**Das verlassene Mägdlein (1829)**
Wenn ich, von deinem Anschaun tief gestillt,	Früh, wann die Hähne krähn,
Mich stumm an deinem heil'gen Wert vergnüge,	Eh die Sternlein verschwinden,
Dann hör' ich recht die leisen Atemzüge	Muß ich am Herde stehn,
Des Engels, welcher sich in dir verhüllt,	Muß Feuer zünden.
5 Und ein erstaunt, ein fragend Lächeln quillt	5 Schön ist der Flammen Schein,
Aus meinem Mund, ob mich kein Traum betrüge,	Es springen die Funken;
Daß nun in dir, zu ewiger Genüge,	Ich schaue so drein
Mein kühnster Wunsch, mein einz'ger sich erfüllt?	In Leid versunken.
	Plötzlich, da kommt es mir,
Von Tiefe dann zu Tiefen stürzt mein Sinn,	10 Treuloser Knabe,
10 Ich höre aus der Gottheit nächt'ger Ferne	Daß ich die Nacht von dir
Die Quellen des Geschicks melodisch rauschen.	Geträumet habe.
Betäubt kehr' ich den Blick nach oben hin,	Träne auf Träne dann
Zum Himmel auf – da lächeln alle Sterne;	Stürzet hernieder;
Ich kniee, ihrem Lichtgesang zu lauschen.	15 So kommt der Tag heran –
	O ging er wieder!

Lösung s. S. 204

Übung 7.10 Formulieren Sie einen einleitenden Satz für die Interpretation, in dem Autor, Titel, Erscheinungsdatum und das Thema beider Gedichte vorkommen.

An die Geliebte ist ein Sonett und besteht demzufolge aus vier Strophen, zwei Quartetten und zwei Terzetten. Es geht um eine übersteigerte Darstellung der Liebe und eine Verklärung der Geliebten in fast mystische Dimensionen.

Das Gedicht schildert, wie das lyrische Ich seine (schlafende?) Geliebte betrachtet, in der es einen Engel zu sehen glaubt; im weiteren Verlauf ist die Liebe eine religiöse Erfahrung, so dass sich der Sprecher dankbar und anbetend dem Himmel zuwendet.

Die Situation bei *Das verlassene Mägdlein* ist hingegen eine grundsätzlich andere: Es wird geschildert, wie eine Magd des Morgens ihren Dienst beginnt (1. Strophe); beim Schein der Flammen, während sie den Herd anzündet, denkt sie an ihren treulosen Geliebten (2. Strophe), und diese Gedanken machen sie so traurig, dass sie sich wünscht, der Tag möge schon vergangen sein (3. Strophe).

Lösung s. S. 204

Übung 7.11 Nach der einführenden Darstellung von Inhalt und zentralen Gedanken aus <u>einzelnen Texten</u> kommt es darauf an, für den Vergleich das <u>Gemeinsame</u> und das <u>Unterscheidende</u> herauszustellen.
Überlegen Sie (und notieren sich), inwiefern sich die beiden Gedichte inhaltlich unterscheiden.

Der Interpretationsaufsatz wird fortgesetzt mit einer ausführlichen Untersuchung des ersten Gedichts:

In *An die Geliebte* nutzt Mörike die Form des Sonetts, um seine Aussage zu unterstützen. Zwar gibt es keine Handlung im eigentlichen Sinn, aber die Gedanken bewegen sich im Verlaufe der Strophen immer weiter weg von der Realität: Anblick der Geliebten – eigene Gedanken – Hinwendung zum Religiösen – Anbetung Gottes. Die besondere Eigenart der geschilderten Situation wird schon von Beginn an deutlich: Das lyrische Ich und die Geliebte kommunizieren nicht miteinander, sondern der Sprecher betrachtet stumm die Geliebte, die vermutlich schläft. Durch die Stille, wie sie sich in den Formulierungen „stumm" (V. 2) und „leisen Atemzüge" (V. 3) widerspiegelt, entsteht eine geheimnisvolle, fast andächtige Stimmung, die das lyrische Ich ergriffen hat: Es ist „tief gestillt" (V. 1). Dass die Geliebte schon fast etwas Heiliges darstellt, wird am Schluss der Strophe direkt ausgesagt: Sie ist für ihn ein „Engel( ), welcher sich in (ihr) verhüllt" (V. 4).

Wieviel ihm die Geliebte bedeutet, verdeutlicht die nächste Strophe. Während sie sein „kühnster Wunsch, (s)ein einz'ger" (V. 8) ist, erscheint er selbst als unsicher: „ein erstaunt, ein fragend Lächeln (...), ob mich kein Traum betrüge" (V. 5f.). Für ihn ist das Zusammensein mit der Geliebten nichts Normales, Natürliches – er könnte es genauso gut für einen schönen Traum halten. Sich selbst sieht er fast als Nichts an, während ihm die Geliebte heilig ist.

Seine Gedanken verweilen nun nicht bei der Geliebten, sondern werden ganz von seinem Glücksgefühl fortgetragen. Indem er sich fragt, woher dieses Glück kommen könnte, fällt ihm nur Gott als „Quelle( ) des Geschicks" (V. 11) ein. Dass die Liebe für ihn in erster Linie Harmonie bedeutet, erkennt man am melodischen Rauschen (V. 11).

Nun, „betäubt", wendet sich vollständig sein „Blick nach oben" (V. 12), zu Gott, ob aus Dankbarkeit oder als Bitte um Erhaltung der Liebe, wird nicht gesagt. Und im Gegensatz zur Situation mit der Geliebten bekommt er Antwort: „da lächeln alle Sterne" (V. 13). Diese Antwort, „Lichtgesang" (V. 14), kann er nur demütig und selig entgegennehmen.

So geht es insgesamt gesehen im Gedicht überhaupt nicht um die Person der Geliebten und auch nicht um das, was die Beziehung zwischen den beiden ausmacht, sondern einzig und allein darum, was die Geliebte und das Zusammensein mit ihr dem lyrischen Ich bedeuten. Man hat fast den Eindruck, als sei dies keine natürliche Liebesbeziehung, sondern eine Art Fantasie des Sprechers. Auffällig ist, dass die Geliebte nur in der ersten Strophe Gegenstand der Betrachtung ist und dass keinerlei Verständigung zwischen den beiden besteht. Vielmehr ist das ganze Gedicht ein einziger Gedankengang des lyrischen Ichs, der es eher von der Geliebten fort als zu ihr hin führt. Die Liebe erscheint als eine Art „Medium" zur Erfahrung des Göttlichen. Man hat nicht den Eindruck, dass die Person der Geliebten und die Beziehung selbst für das lyrische Ich von so großer Bedeutung sind als vielmehr das, was es mit der Liebeserfahrung verbindet: den Kontakt zum Göttlichen.

Übung 7.12 Was eben für An die Geliebte *vorgemacht wurde, sollen Sie nun für das zweite Gedicht selbst versuchen: eine genaue Untersuchung des Inhalts. Am besten, Sie gehen dabei das Gedicht chronologisch vom Beginn bis zum Ende durch. Folgende Fragen können Ihnen helfen, die Untersuchung zu strukturieren:*

Lösung s. S. 204

- *Was steht für das lyrische Ich im Mittelpunkt? Wie ist die Situation der Sprecherin zu beschreiben?*
- *Welchen Eindruck bekommt man zu Beginn des Gedichts?*
- *Wann erfährt man, wie es der Magd wirklich geht?*
- *Was genau löst eigentlich die Bestürzung bei ihr aus?*
- *Welche Wirkung hat die Erinnerung auf sie?*
- *Wieso trauert sie so sehr um den Geliebten?*
- *Wie kann man davon ausgehend die Bedeutung der Liebe für sie beschreiben?*

Formulieren Sie nun einen Text, der diese Fragen berücksichtigt. (Achten Sie aber auf den Zusammenhang im Text; er soll nicht klingen, wie eine Liste von Antworten auf gestellte Fragen.)

Übung 7.13 Während im Anschluss an die Einleitung nach dem Unterschied zwischen beiden Texten gefragt wurde, geht es jetzt im Vergleich um die Gemeinsamkeiten. Auf den ersten Blick scheinen die Texte in ihrer Aussage ja sehr unterschiedlich zu sein. Wenn

Lösung s. S. 205

Sie die untersuchten Inhalte aber genau miteinander vergleichen, haben die Texte in ihrer wesentlichen Aussage auch etwas gemeinsam.
Vervollständigen Sie den folgenden Satz zu einem kurzen Abschnitt über die zentrale Gemeinsamkeit, die der Vergleich beider Gedichte ergeben hat.

Zusammengefasst hat die Liebe für beide Sprecher eine durchaus ähnliche Bedeutung:

Die Aussagen beider Gedichte werden durch die formalen und sprachlichen Merkmale der Texte deutlich unterstützt. Während *An die Geliebte* als Sonett eine sehr kunstvolle Bauform aufweist, enspricht die volksliedähnliche Strophenform (Strophen zu 4 bzw. 8 Versen, 3 bzw. 2 Hebungen, regelmäßiger Wechsel von männlicher und weiblicher Kadenz) in *Das verlassene Mägdlein* der Schlichtheit der Sprecherin und der von ihr beschriebenen Situation.
An die Geliebte enthält zahlreiche Adjektive, z.B. „tief" (V. 1), „stumm" (V. 2), „heil'gen" (V. 3), „leisen" (V. 3), die sowohl die Gefühlslage des lyrischen Ichs beschreiben als auch in den religiösen Bereich verweisen. Dazu gehören auch die Substantive „Engel" (V. 4), „Gottheit" (V. 10), „Himmel" (V. 13). Wortreich verleiht das lyrische Ich seinen hoch gestimmten Gefühlen Ausdruck. Personifikationen (V. 9: „stürzt mein Sinn";V. 13: „da lächeln alle Sterne sowie die Synästhesie „Lichtgesang" (V. 14) verleihen der Gefühlsäußerung weiteren Nachdruck. Der Überschwang des Gefühls zeigt sich auch in den Superlativen bzw. nicht mehr steigerbaren Adjektiven in V. 7f: „ewiger Genüge", „mein kühnster Wunsch, mein einz'ger".

Lösung s. S. 205

Übung 7.14 Sie haben gesehen, worauf bei der vorangehenden Analyse der Wortwahl in An die Geliebte *geachtet wurde: Adjektive, Wörter aus einem bestimmten Bedeutungsbereich (Religion), Wortfiguren.*
Unterstreichen Sie die Stellen, an denen die Befunde <u>gedeutet</u> werden.

Verfahren Sie nun genauso für das zweite Gedicht. Versuchen Sie die Wortwahl zu beschreiben und sie in eine Beziehung zum Inhalt und zur Situation der Sprecherin zu setzen.
Folgende Fragen können Ihnen dabei helfen:
- *Wie würden Sie die Sprache des Gedichts ganz allgemein bezeichnen?*
- *Welche Auffälligkeiten in der Wortwahl (Adjektive, Verben, Wortfiguren) gibt es?*
- *In welchem Verhältnis steht die Wortwahl zum Inhalt und zur Situation der Sprecherin?*

Ähnliche Beobachtungen lassen sich für den Satzbau machen. Während in *An die Geliebte* der erste Satz beide Quartette als kunstvoll in Form eines Satzgefüges gebaute Frage umfasst und die beiden weiteren Sätze in Parataxen mehrere Aussagen wiedergeben, besteht *Das verlassene Mägdlein* aus vier vergleichsweise kurzen Satzgefügen von geringer Komplexität. Lediglich der Ausruf im letzten Satz unterstreicht die Resignation der Sprecherin.

Insgesamt unterstreicht die Sprache nicht nur den Inhalt des Gedichts, sondern sie ist auch Ausdruck der sozialen Stellung der Sprecherin. Die Schlichtheit der Sprache gibt eindrucksvoll die schlichte Wesensart der Sprecherin und das Grundsätzliche der Situation wieder.

Übung 7.15 In der Arbeitsaufgabe für die vorliegende Interpretation finden Sie die entscheidende Frage für den Schluss bereits vor:

Welches Bild von der Liebe entwirft Mörike in den beiden Gedichten?

Formulieren Sie nun den Schluss des Vergleichs!

Lösung s. S. 206

Indem Sie die charakteristischen Unterschiede zwischen beider Gedichten berücksichtigen, können Sie auch eine **vorsichtige Wertung** *versuchen und die Auffassung mit Ihrer eigenen vergleichen.*

7.4 Georg Heym: *Die Gefangenen* und Alfred Lichtenstein: *Prophezeiung* – Epochentypische Merkmale erkennen und in den Gedichtvergleich einarbeiten

Aufgabenstellung: Vergleichen Sie die Gedichte *Die Gefangenen* von Georg Heym und *Prophezeiung* von Alfred Lichtenstein miteinander; berücksichtigen Sie dabei epochentypische Merkmale und die Rolle, die der Zeithintergrund in den Gedichten spielt.

Georg Heym (1887-1912):
Die Gefangenen (1911)

Sie trampeln um den Hof im engen Kreis.
Ihr Blick schweift hin und her im kahlen Raum.
Er sucht nach einem Feld, nach einem Baum,
Und prallt zurück von kahler Mauern Weiß.

5 Wie in den Mühlen dreht sich der Rädergang,
So dreht sich ihrer Schritte schwarze Spur.
Und wie ein Schädel mit der Mönchstonsur,
So liegt des Hofes Mitte kahl und blank.

Es regnet dünn auf ihren kurzen Rock.
10 Sie schaun betrübt die graue Wand empor,
Wo kleine Fenster sind, mit Kasten vor,
Wie schwarze Waben in dem Bienenstock.

Man treibt sie ein, wie Schafe zu der Schur.
Die grauen Rücken drängen in den Stall.
15 Und klappernd schallt heraus der Widerhall
Der Holzpantoffeln auf dem Treppenflur.

Alfred Lichtenstein (1889-1914):
Prophezeiung (1912)

Einmal kommt – ich habe Zeichen –
Sterbesturm aus fernem Norden.
Überall stinkt es nach Leichen.
Es beginnt das große Morden.

5 Finster wird der Himmelsklumpen,
Sturmtod hebt die Klauentatzen:
Nieder stürzen alle Lumpen,
Mimen bersten. Mädchen platzen.

Polternd fallen Pferdeställe.
10 Keine Fliege kann sich retten.
Schöne homosexuelle
Männer kullern aus den Betten.

Rissig werden Häuserwände.
Fische faulen in dem Flusse.
15 Alles nimmt sein ekles Ende.
Krächzend kippen Omnibusse.

Die Gedichte *Die Gefangenen* von Georg Heym und *Prophezeiung* von Alfred Lichtenstein stammen aus den Jahren 1911 bzw. 1912 und sind der Epoche des literarischen Expressionismus zuzurechnen. Ihr Thema ist die Situation des Menschen, die Leere seines Daseins und seine Gleichgültigkeit dem Schicksal gegenüber.

Georg Heym beschreibt in vier Strophen zu vier Versen einen Hofgang von Gefangenen, an dessen Ende diese wieder in das Gefängnisgebäude getrieben werden.

Die erste Strophe schildert die Situation selbst, wie die Gefangenen im Kreis herumgehen, anscheinend schweigend, wie ihre Blicke umherschweifen, um doch nichts zu finden als „kahler Mauern Weiß". In der zweiten Strophe wird der Hofgang mit einem Räderwerk verglichen. Die dritte Strophe lenkt noch einmal den Blick zurück auf den Schauplatz, wo es regnet und die Gefangenen an Häuserwänden emporschauen. In der vierten Strophe wird beschrieben, wie die Gruppe wieder in das Gefängnisgebäude getrieben wird.

Übung 7.16
a) *Tragen Sie zusammen, was schon von Anfang an die beschriebene Situation als trist und beklemmend erscheinen lässt.*
b) *Was verbindet man üblicherweise mit der Farbe „Weiß"? Welche Bedeutung hat sie in der ersten Strophe?*
Fassen Sie die Strophe zusammen, indem Sie wiedergeben, was beschrieben wird und welche Wirkung davon ausgeht.

Lösung s. S. 206

Vergleiche erschließt man, indem man die beiden Vergleichsglieder miteinander in ein Verhältnis bringt. Über das Verbindende beider kommt man zur Bedeutung des Vergleichs, z.B.:
    „Dies Leben fleucht davon wie ein Geschwätz und Scherzen."
                                                        (A. Gryphius)
            ⇒ Vergänglichkeit, Bedeutungslosigkeit

soll veranschaulichen: „Unser Leben ist eigentlich bedeutungslos."

Übung 7.17 In der zweiten Strophe gibt es zwei zentrale, für die Deutung des gesamten Textes wichtige Vergleiche. Erläutern Sie diese, indem Sie den folgenden Lückentext vervollständigen.

Lösung s. S. 207

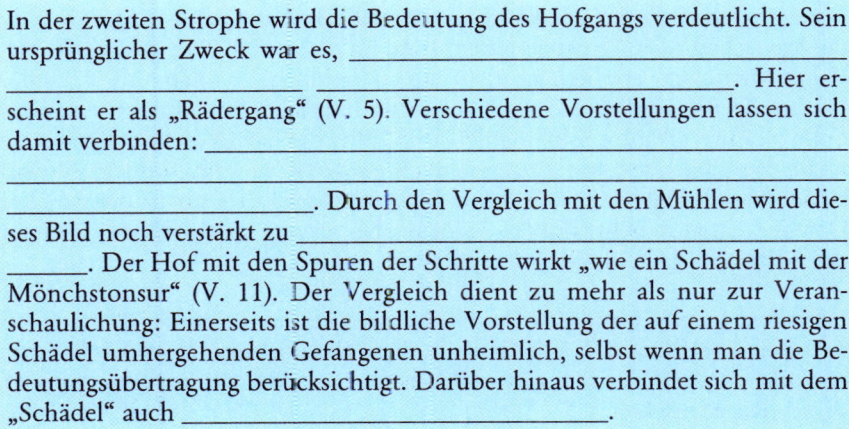

In der zweiten Strophe wird die Bedeutung des Hofgangs verdeutlicht. Sein ursprünglicher Zweck war es, _____ _____ _____. Hier erscheint er als „Rädergang" (V. 5). Verschiedene Vorstellungen lassen sich damit verbinden: _____ _____ _____. Durch den Vergleich mit den Mühlen wird dieses Bild noch verstärkt zu _____ _____. Der Hof mit den Spuren der Schritte wirkt „wie ein Schädel mit der Mönchstonsur" (V. 11). Der Vergleich dient zu mehr als nur zur Veranschaulichung: Einerseits ist die bildliche Vorstellung der auf einem riesigen Schädel umhergehenden Gefangenen unheimlich, selbst wenn man die Bedeutungsübertragung berücksichtigt. Darüber hinaus verbindet sich mit dem „Schädel" auch _____.

Lösungen s. S. 207

Übung 7.18 Sowohl in der ersten als auch in der dritten Strophe spielen die Blicke eine große Rolle. Wem gelten sie? Wie erscheint in dem Gedicht Verständigung?

Übung 7.19 Wenn man einmal davon ausgeht, dass in V. 11f. normale Mietwohnungen (mit Blumenkästen oder Balkonen) angesprochen sind – zu welchem Ergebnis führt der Vergleich zwischen den Menschen innerhalb und denen außerhalb der Gefängnismauern? Begründen Sie Ihre Ansicht und setzen Sie den Text an der angegebenen Stelle fort.

Die dritte Strophe wendet sich wieder den Gefangenen zu. Wieder ist von ihren Blicken die Rede, die nun statt „hin und her im kahlen Raum" (V. 2) die „graue Wand empor" (V. 10) schauen. Wiederum suchen sie nicht die Blicke anderer. Anders als die Gefängniswände in der ersten Strophe geben die Häusermauern den Gefangenen „Antwort", doch ist diese nicht unbedingt freundlicher: Die Wohnungen erscheinen als „kleine Fenster (...), mit Kasten vor, / Wie schwarze Waben in dem Bienenstock" (V. 11f.).

Den Eindruck der Monotonie und des Tierhaften unterstreicht die vierte Strophe. Am Ende des Hofgangs gehen die Gefangenen nicht in das Gebäude zurück, sondern werden hineingetrieben, „wie Schafe zu der Schur" (V. 13), das Gefängnis bzw. die Zellen werden als „Stall" (V. 14) bezeichnet, und auch ohne den direkten Vergleich erinnert ihr Gang an das Hufgetrappel der Schafe. Mit diesem Vergleich soll vermutlich nicht auf eine etwaige Dummheit der Gefangenen angespielt werden. Er unterstreicht vielmehr noch einmal, dass sie wie Tiere, also unmenschlich behandelt werden. Durch diese Behandlung haben sie einen eigenen Willen verloren, was sich sowohl in der Ausdruckslosigkeit ihres Verhaltens als auch an dem scheinbar willenlosen Gehorsam, der in der letzten Strophe deutlich wird, zeigt.

Dass es in dem Gedicht nicht allein um die Schilderung der Lage von Inhaftierten geht, zeigt der Blick nach draußen, wo das Leben ähnlich trist erscheint wie im Gefängnishof. So zeichnet das Gedicht ein vergleichsweise trübes Bild vom menschlichen Leben: Es ist ein leerer Kreislauf (1. und 2. Strophe), den die Menschen nicht selbst gestalten, sondern dessen Objekte sie sind (4. Strophe); Menschen erscheinen nicht als Individuen, sondern als willenlose Wesen, Tieren ähnlich (1., 3. und 4. Strophe). Sie leben einsam, vereinzelt, ohne Kommunikation miteinander. Die Stille, die das Gedicht ausstrahlt, hat nichts Beruhigendes, wie z.B. in Gedichten der Romantik, sondern sie wirkt beklemmend. Durch die optischen Eindrücke wird dies noch unterstrichen: Das Gedicht gibt nichts Buntes, Farbenfrohes wieder, sondern die bestimmenden Farben sind Weiß, Grau und Schwarz.

Bei Alfred Lichtensteins Gedicht *Prophezeiung*, ein Jahr nach *Die Gefangenen* erschienen, handelt es sich äußerlich um die Ankündigung eines nahenden Krieges und seiner Auswirkungen; doch geht es auch hier um grundsätzliche Fragen des Menschen.

Übung 7.20 Welchen Eindruck bekommt man in der ersten Strophe vom Krieg. Belegen Sie Ihre Ansicht und vergleichen Sie sie mit anderen Auffassungen vom Krieg in Geschichte und Literatur.
Vervollständigen Sie dann den Lückentext.

Lösung s. S. 207

In der ersten Strophe stellt das lyrische Ich sich selbst als Prophet vor: „ich habe Zeichen" (V. 1) und kündigt den Krieg an: „Es beginnt das große Morden" (V. 4). Dass es sich um einen Krieg und nicht etwa um eine Naturkatastrophe handelt, verdeutlicht _____
_____. Von vornherein fehlt dem Krieg das _____, er ist mit _____ Eindrücken verbunden. Die Bezeichnung „Sterbesturm" (V. 2) deutet auf die _____ hin, mit der er über die Menschen kommt; die Soldaten „fallen" nicht auf dem „Feld der Ehre", sondern _____ _____.

Dass der Krieg mehr ist als ein Gefecht, vielmehr ein Weltuntergang, zeigt die zweite Strophe an. Die Verfinsterung des Himmels ist stets ein apokalyptisches Zeichen, und das Ungeheure des Krieges zeigt sich in V. 6, wo er wie ein endzeitliches Ungeheuer erscheint. Seine Folgen sind entsprechend brutal: Um dies zu unterstreichen, sterben die Menschen nicht einfach, sondern „Mimen bersten. Mädchen platzen." (V. 8). Der Tod betrifft jeden, von (berühmten?) Schauspielern bis zu (einfachen?) Mädchen; die Vorstellung buchstäblich explodierender Menschen hat wiederum etwas Abstoßendes und Erschreckendes.

Übung 7.21 In V. 9f. geht es um anderes als um den Tod von Fliegen und Pferden. Überlegen Sie, was üblicherweise mit diesen Tieren verbunden wird und was ihr Sterben im Zusammenhang des Gedichts bedeuten könnte. Stellen Sie die Verse dann in zwei Sätzen dar.

Lösung s S. 203

Die Untersuchung des Inhalts wird fortgesetzt:

Die Verse 11 und 12 leiten wieder über zum Menschen. „Schöne homosexuelle Männer" können als Ausdruck für Lebensfreude und eines (von manchen als unnatürlich empfundenen) sexuellen Begehrens stehen. Ihr Tod wird beschrieben, indem sie „Aus den Betten (kullern)" (V. 12) – die geradezu kindlich niedliche Formulierung steht in starkem Kontrast zur Bedeutung des Geschilderten.
Die letzte Strophe beschreibt im Zeilenstil einige Einzeleindrücke: rissig werdende Häuserwände (vgl. V. 13), in den Flüssen sterbende Fische (vgl. V. 14), umfallende Omnibusse (vgl. V. 16). Bemerkenswert ist, dass das Fazit des gesamten Gedichts nicht im letzten, sondern im vorletzten Vers steht: „Alles nimmt sein ekles Ende" (V. 15). Dagegen wirkt das Bild der umfallenden Omnibusse fast wieder verniedlichend. Durch diesen Schluss wird eine Art achselzuckende Gleichgültigkeit signalisiert. Weder erscheint große Trauer angesichts dieser endgültigen Katastrophe, noch zeigt das lyrische Ich einen Moment der

Hoffnung auf. Das Schicksal scheint vorhersehbar und auch nicht unverdient, wie es durch das Personalpronomen „*sein* ekles Ende" (V. 15) klar wird.

Dass die Katastrophe selbst verschuldet und auch verdient ist, zeigt der gesamte eher lakonische Tonfall des Gedichts an. Hoch gestimmt wird er lediglich bei der Beschreibung der Gewalt des Krieges (V. 2-6), nicht aber bei den Folgen für die Menschen. Das Gedicht will damit deutlich machen, dass die Menschen ihr Schicksal selbst verschuldet und somit verdient haben; so besteht kein Anlass zur Klage.

Das Gedicht bezieht sich auf keinen konkreten Krieg, denn es sind keine Kontrahenten und kein zeitlicher Hintergrund benannt. Noch nicht einmal der Krieg ist konkret beschrieben, sondern nur seine Auswirkungen auf den Menschen. Damit bekommt die Aussage einen allgemeineren Charakter, ja sie könnte sich sogar auf das Verhältnis der Menschen untereinander beziehen.

Lösungen s. S. 208

Übung 7.22 Im Folgenden finden Sie einige poetische Mittel und die mit ihnen beabsichtigten Wirkungen <u>nicht genau einander zugeordnet</u> aufgelistet. Ordnen Sie die nachfolgenden „Wirkungen" den eingesetzten Mitteln zu und tragen Sie Ihr Ergebnis unter Übung 7.23 ein.

– äußerer Aufbau: vier Strophen zu vier Versen, fast durchgehender fünfhebiger Jambus mit umarmenden Reimen und männlichen Kadenzen; insgesamt sehr regelmäßig;
– Vergleiche
– Adjektive, z.T. wiederholt
– Farbsymbolik
– Personifikationen und Alliterationen

– Charakter des Hofgangs und der menschlichen Existenz veranschaulichen
– eindringliche Beschreibung der tristen Atmosphäre; Steigerung des Nachdrucks
– sich steigernder Ausdruck für Sterilität, Langeweile, Tod
– Ausdruck der Kreisbewegung
– nachdrückliche Verstärkung

Übung 7.23 Suchen Sie zu jedem Mittel die entsprechende Belegstelle und tragen sie in die Tabelle ein.

Mittel	Wirkung	Belegstelle

Übung 7.24 Formulieren Sie Ihre Erkenntnisse, indem Sie den folgenden Satz fortsetzen:

Die poetischen Mittel, die in *Die Gefangenen* verwendet werden, entsprechen dem inhaltlichen Eindruck.

Lösung s. S. 208

In *Prophezeiung* wird die Aussage vor allem durch Mittel der Wortwahl unterstützt. Die Adjektive unterstreichen den Eindruck des Abstoßenden und Sterbenden: „das große Morden" (V. 4), „finster" (V. 5), „polternd" (V. 9), „rissig" (V. 13), „ekles" (V. 15) und „krächzend" (V. 16).
Die Umschreibung des Krieges als „große(s) Morden" (V. 4) steigert dabei den Nachdruck, indem es die Alltäglichkeit des Begriffes „Krieg" gegen die Tätigkeit des Mordens austauscht. Zugleich ist – allerdings sehr indirekt – ein Bezug zum 5. Gebot, „Du sollst nicht morden", hergestellt.
Wortneubildungen wie „Sterbesturm" (V. 2), „Himmelsklumpen" (V. 5), „Sturmtod" und „Klauentatzen" (V. 6) unterstreichen das Grauenhafte des Geschilderten. Alliterationen (V. 9, 14, 16) verleihen dem Geschilderten mehr Nachdruck. Auf die besondere Wirkung des Kontrasts zwischen harmloser Darstellung und dem furchtbaren Charakter des Geschilderten wurde bereits hingewiesen: Die Harmlosigkeit erhöht die Furchtbarkeit des Geschilderten.
Zu dem Kontrast gehört auch die äußere Form des Gedichts: Sehr regelmäßig gebaut (vier Strophen zu vier Versen, vierhebiger Trochäus, weibliche Kadenzen) erinnert es fast an ein Volks- oder Kinderlied. Auch der über weite Strecken herrschende Zeilenstil (Str. 1, 3 und vor allem 4) bestätigt dies: Die Aussagen wirken kurz, lakonisch, unaufgeregt und abgeschlossen. Der Kontrast zum eigentlichen Geschehen, dem Weltuntergang, ist unübersehbar.

Einige stichwortartige Erläuterungen zur literarischen Epoche des **Expressionismus** *geben folgende Auskunft:*
– Zeit: ca. 1910-1925;
– keine eigentliche „Epoche", sondern zusammenfassender Begriff für mehrere Bewegungen; künstlerischer Zeitkritik;
– Intensität und Radikalität der Gesellschaftsdarstellung und -kritik;
– Kritik an leeren gesellschaftlichen Normen und Konventionen;
– Darstellung von Existenzangst und Verzweiflung;
– Ausdruck der Sinnlosigkeit des menschlichen Daseins; Sinnsuche;
– teilweise prophetisches Selbstverständnis;
– Zivilisationsmüdigkeit; visionärer Charakter (Weltuntergang);
– Kriegsahnung und -erfahrung.

Zum Zeithintergrund:
– Wilhelminismus; rückständig (feudal und militärisch) strukturierte Gesellschaft;
– Phase sich beschleunigender Industrialisierung, „Gründerzeit";
– Großstadtbildung; Berlin auf dem Weg zur europäischen Metropole;
– Formen massenhafter Verelendungen (Proletariat);

– Widerspruch zwischen überkommenen Konventionen und entfremdeten Massen;
– Kriegsvorbereitungen; 1. Weltkrieg 1914-1918.

Lösung s. S. 209

Übung 7.25 Überprüfen Sie, welche Aspekte der literarischen Epoche und des Zeithintergrundes Sie in den Gedichten finden können und verfassen Sie einen entsprechenden Text. Dabei sollten Sie je nach Schwerpunkt auf beide Gedichte eingehen.

Der Schluss des Interpretationsaufsatzes könnte dann in etwa lauten:

So ist beiden Gedichten eine sehr pessimistische Auffassung vom Menschen gemeinsam, die für die Zeit typisch ist. Das menschliche Leben erscheint weder aus sich selbst heraus noch von außen mit einem echten Sinn versehen. Beide Gedichte enthalten keinen, auch nicht einen indirekten, Appell, diesen Sinn zu suchen. Darüber hinaus ist der Mensch ohnmächtig einem zerstörerischen Schicksal ausgeliefert, vor dem es kein Entrinnen gibt. Angesichts immer neuer Kriege und einer weiter um sich greifenden Zerstörung der Umwelt haben die Visionen der expressionistischen Dichter, auch wenn man ihre Radikalität nicht teilt, noch heute etwas durchaus Beklemmendes.

8 Überblick über die poetischen Gestaltungsmittel

Begriff	Beispiel	Erklärung	Wirkung/Intention
Akkumulation	*Von Theseus' Stadt, von Aulis' Strand, Von Phokis, vom Spartanerland, Von Asiens entlegner Küste, Von allen Inseln kamen sie* (Schiller, *Die Kraniche des Ibykus*)	Reihung von Begriffen oder Bildern	Steigerung des Nachdrucks
Allegorie	*Fortuna* für „Glück"	Ein abstrakter Gedanke oder Begriff wird durch etwas Konkretes, oft durch eine Personifikation oder ein Bild ausgedrückt.	Verschlüsselung, „Verrätselung"
Anapher	*Hörst du, wie die Brunnen rauschen, Hörst du, wie die Grille zirpt? Stille, stille, lass uns lauschen, Selig, wer in Träumen stirbt. Selig, wen die Wollen wiegen* (Cl. Brentano, *Hörst du, wie die Brunne rauschen*)	Wichtige Wörter werden am Satz- bzw. Versanfang wiederholt.	Steigerung des Nachdrucks
Antithese	*Gott spendet Segen aus; du raubst!* (G.A. Bürger, *Der Bauer*)	Gegenüberstellung von gegensätzlichen Begriffen	Kontrast zur Verstärkung der Aussage
Apostrophe	*Herr! Herr! Gott! Barmherzig und gnädig!* (F.G. Klopstock, *Die Frühlingsfeier*)	Hochgestimmte, pathetische Anrede	Hervorhebung, Emotionalität

Chiasmus	*Was dieser heute baut, reisst jener morgen ein* (A. Gryphius, *Es ist alles eitel*)	Satzglieder oder (Teil-) Sätze, die zusammengehören, werden über Kreuz angeordnet	Logische Entsprechung zur Hervorhebung eines Sachverhalts
Ellipse	*Du nicht von Gott, Tyrann!* (G.A. Bürger, *Der Bauer*)	Grammatisch unvollständiger Satz	Durch die Ergänzung des fehlenden Wortes wird der Leser zur Beschäftigung mit dem Sachverhalt bewegt
Epipher	*Wer lacht hier, hat gelacht? Hier hat sich's ausgelacht. Wer hier lacht, macht Verdacht, dass er aus Gründen lacht.* (G. Grass, *Kinderlied*)	Gleiche Wörter am Versende	Hervorhebung
Euphemismus	*Sanft entschlafen* statt „sterben"	Beschönigende Umschreibung	Beschönigung, Verharmlosung
Inversion	*Wer bist du, Fürst, dass ohne Scheu Zerrollen mich dein Wagenrad, Zerschlagen darf dein Ross?* (G.A. Bürger, *Der Bauer*)	Abweichung von der grammatisch üblichen (jedoch nicht verpflichtenden) Satzstellung	Hervorhebung einzelner bedeutungstragender Satzteile
Hyperbel	*Ich weine Tag und Nacht / ich sitz in tausend Schmertzen* (A. Gryphius, *Thränen in schwerer Krankheit. Anno 1640*)	Übertreibung	Emotionalität, Leidenschaft
Ironie	*Du bist mir ja ein schöner Freund!*	Gemeint ist das Gegenteil dessen, was gesagt wird.	Enttarnung, Verspottung
Klimax	*O Erd', o Sonne, O Glück, o Lust* (J.W. Goethe, *Mailied*)	Mehrere Begriffe (oder Teilsätze), die sich steigern	Steigerung der Aufmerksamkeit
Litotes	*Nicht unattraktiv* für sehr schön	Verneinung des Gegenteils	Hervorhebung durch Untertreibung

Metapher	*Denn was täte ich, wenn die Jäger nicht wären, meine Träume* (I. Aichinger, *Gebirgsrand*)	Sprachliches Bild. Zusammenordnung zweier Begriffe aus verschiedenen Bedeutungsbereichen	Veranschaulichung, bildhafte Umschreibung
Metonymie	*Schaust du mich an aus dem Kristall* (A. v. Droste-Hülshoff, *Das Spiegelbild*)	Ein Wort wird durch ein anderes ersetzt, das eine direkte Beziehung zu ihm aufweist	Umschreibung
Oxymoron	*Schwarze Milch der Frühe* (P. Celan, *Todesfuge*)	Zusammenstellung zweier sich ausschließender Begriffe	„Verrätselung"; Steigerung der Aufmerksamkeit
Parallelismus	*Wie lieb' ich dich! Wie blinkt dein Auge, Wie liebst du mich!* (J.W. Goethe, *Mailied*)	Entsprechungen im Satzbau	Hervorhebung durch Wiederholung
Paronomasie	*Eile mit Weile*	Wortspiel mit ähnlich lautenden Worten	Steigerung der Aufmerksamkeit
Periphrase	*Wenn der uralte Heilige Vater* (J.W. Goethe, *Grenzen der Menschheit*)	Umschreibung eines Begriffs durch eine Wortgruppe oder einen Teilsatz	Verschleierung des eigentlich Gemeinten
Personifikation	*Es war, als hätt der Himmel Die Erde still geküsst, Dass sie im Blütenschimmer Von ihm nun träumen müsst* (J. v. Eichendorff, *Mondnacht*)	Vermenschlichung von Gegenständen oder Sachverhalten	Lebendige Gestaltung, Veranschaulichung
Pleonasmus	*das kalte Eis*	Ein bedeutungstragendes Merkmal des Bezugswortes wird wiederholt	Unterstreichung (kann manchmal aber auch ungewollt komisch wirken)
Rhetorische Frage	*Ich dich ehren? Wofür?* (J.W. Goethe, *Prometheus*)	Frage, auf die keine Antwort erwartet wird, da diese als bekannt vorausgesetzt wird	Bestätigung der Meinung des Fragenden
Symbol	*Dass ich dich / meine Sonn / meine Licht mög ewig schauen* (A. Gryphius, *Morgen Sonnet*)	Konkreter Gegenstand, der auf einen allgemeinen Sachverhalt hinweist	Umschreibung, gelegentlich „höherer" Ausdruck

Synästhesie	*Golden wehen Töne nieder* (Cl. Brentano, *Abendständchen*)	Unterschiedliche Sinneseindrücke werden miteinander verbunden	Eindrückliche Darstellung von Sinneswahrnehmung und Gefühl
Synekdoche	*Sie kreuzten die Klingen*	Ein Begriff wird nur angedeutet; ein Teil steht für das Ganze und umgekehrt	Verknappung, Umschreibung des Ausdrucks
Tautologie	*Ist sie auch gut und recht / wie bringt sie böse Lust?* (M. Opitz, *Francisci Petrarchae*)	Ein Begriff wird durch ein sinnverwandtes Wort wiederholt	Nachdruck
Vergleich	*Schweigt der Menschen laute Lust: Rauscht die Erde wie in Träumen* (J. v. Eichendorff, *Der Abend*)	Zwei Begriffe aus unterschiedlichen Bedeutungsbereichen werden miteinander verglichen	Veranschaulichung
Zeugma	*Zerrollen mich dein Wagenrad, Zerschlagen darf dein Ross* (G.A. Bürger, *Der Bauer*)	Eine finite Verbform steht für zwei Satzglieder	Zusammenordnung

9 Lösungen

Zu Kapitel 1

Übung 1.1 Der Text schildert, wie ein Kind die Bombennächte im zweiten Weltkrieg, offenbar in Frankfurt (Titel) erlebt. Dabei steht das Erleben im Luftschutzkeller in starkem Kontrast zur Wirklichkeit des Krieges außerhalb der Schutzräume. Ebenfalls in starkem Kontrast zur Realität steht die Fähigkeit des Kindes, diese Bombennächte bereits am nächsten Tag wieder zu vergessen.

Übung 1.2 Es scheint sich um einen erinnernden, vermutlich autobiografischen Text zu handeln, auch wenn die Erzählerin von sich nicht als „Ich", sondern in der 3. Person schreibt. Es könnte sich also um einen Auszug aus einer Autobiografie, einen einzelnen autobiografischen Text, einen Tagebuchauszug oder einen Brief handeln.
Um ein Gedicht handelt es sich nicht, da typische Merkmale fehlen: Reim, Metrum, Vers und Strophe. Schon das Druckbild weist den Text als epischen (erzählenden) Text aus.

Übung 1.3 Das Thema, das beide Texte miteinander teilen, ist das Erleben des Krieges. Dabei haben die Texte aber inhaltlich einen anderen Schwerpunkt: Während *Frankfurt* vor allem die grausame Wirklichkeit des Krieges in ihrem Kontrast zur Wahrnehmung des Kindes in den Mittelpunkt stellt, geht es in *Strom der Zuversicht* um die Hoffnung auf ein Ende des Krieges und die Zuversicht auf ein besseres Leben nach dem Kriege.

Strom der Zuversicht besteht aus vier Strophen zu 4 bzw. 3 Versen, die einen regelmäßigen Rhythmus und Endreime aufweisen. Dazu ist die Sprache deutlicher als in *Frankfurt* kunstvoll gestaltet, z.B. in der ersten Strophe.

Zu einem Gedicht gehören (meistens)
  – der Aufbau in einzelne Verse,
  – die Zusammenfassung dieser Verse zu Strophen,
  – ein Endreim,
  – ein bestimmtes Metrum oder ein fester Rhythmus, d.h. eine
    regelmäßige Betonung,
  – eine kunstvolle, oft feierliche, „poetische" Sprache.

Übung 1.4 b) Das Gedicht beschreibt die Vorstellung einer idealen Partnerschaft, die vollkommene Harmonie. Begründung: Im Mittelpunkt steht die Übereinstimmung zwischen beiden „Segeln".

Übung 1.5   – Vorschlag a), denn er bezieht sich unmittelbar auf das
Segeln.
– Vorschläge b) und c).
– Vorschlag b) hebt den Gedanken der Harmonie hervor, der
im Gedicht enthalten ist, Vorschlag c) ließe sich entfernt
noch auf das Segeln beziehen.
– Die Segel erscheinen personifiziert, ein unmittelbarer Bezug
auf das Segeln scheint nicht gegeben.

Übung 1.6   Einleitung (Titel, Autor, evtl. Jahr, Thema), Inhaltsangabe,
Reimschema, Rhythmus und Metrum, Wortwahl und Satzbau,
Klang, Gedankenfiguren, Erklärung des Inhalts, Beziehung In-
halt – Form – Gesamtaussage, Strophenform, Gesamtaussage.

Übung 1.7   1. Einleitung: Titel, Autor, ggf. Entstehungs-/Erscheinungs-
datum, Thema, eventuell erster Eindruck zur Aussage
⇒ 1) *Wer ist der Autor?*
⇒ 2) *Wann wurde das Gedicht geschrieben/ist es erschienen?*
⇒ 3) *Worum geht es in dem Gedicht?*

2. Untersuchung des Inhalts
2.1 Struktur, äußerer Aufbau (Strophen, Verse etc.)
2.2 Einzelne Strophen: Handlungsgang/zentrale Gedanken
oder Gefühl
⇒ 6) *Gibt es eine nachvollziehbare, gegliederte Handlung
oder handelt es sich um die Wiedergabe eines Gedankens oder eines Gefühls?*
2.3 Lyrisches Ich
⇒ 5) *Wer ist der Sprecher/die Sprecherin/das lyrischeIch in
dem Gedicht?*
2.4 Zentrale Aussage
⇒ 4) *Was könnte eine mögliche Aussage des Gedichts sein?*
⇒ 7) *Verschiebt sich die Aussage gegenüber dem anfänglichen
Eindruck?*

3. Untersuchung der Form und der Sprache
⇒ 8) *Wie ist die Sprache allgemein zu beschreiben – eher leidenschaftlich oder ruhig, eher froh gestimmt oder traurig, etc.?*
⇒ 9) *Ist das Gedicht traditionell gebaut oder verzichtet es auf
den Reim, ein festes Metrum und einen Aufbau in Strophen?*

3.1 Metrum und Rhythmus
⇒ *10) Gibt es eine feste Zahl regelmäßiger Hebungen und Senkungen?*
⇒ *11) Gibt es einzelne Verse im Gedicht, bei denen die feste Abfolge von Hebungen und Senkungen unterbrochen ist?*

3.2 Reim
⇒ *13) Gibt es ein bestimmtes Reimschema? Wie ist dies (in Buchstabenfolge) zu notieren?*

3.3 Vers und Strophenform
⇒ *12) Folgt das Gedicht einer regulären Strophenform?*

3.4 Klang, Lautung
⇒ *14) Gibt es einen vorherrschenden klanglichen Eindruck, der durch die Vokal- und Konsonantenverteilung sowie durch bestimmte Klangfiguren erreicht wird?*

3.5 Wortwahl, Wortfiguren
⇒ *15) Kommen bestimmte Wortarten besonders häufig vor?*
⇒ *16) Kommen bestimmte Wort- und Bedeutungsfelder besonders häufig vor? In welcher Beziehung stehen sie zueinander?*

3.6 Satzbau, Satzfiguren
⇒ *17) Gibt es eine auffallende Häufung von Frage- oder Ausrufesätzen?*
⇒ *18) Gibt es Auffälligkeiten in der Satzlänge?*
⇒ *19) Wie verteilen sich die Sätze auf die Verse und Strophen? Ist dabei eine gewisse Regelmäßigkeit zu beobachten?*
⇒ *20) Weist der Satzbau starke Abweichungen von der „normalen", grammatischen Syntax auf?*

3.7 Gedankenfiguren
⇒ *21) Gibt es auffällig kunstvoll gebaute Figuren zum Ausdruck einzelner Gedanken (Gedankenfiguren)?*

3.8 Bildlichkeit
⇒ *22) Ist die Bildhaftigkeit des Textes als stark, mittelmäßig oder schwach einzuschätzen? Welcher Art sind die sprachlichen Bilder?*

4. Außertextliche Bezüge (historisch, biografisch)
⇒ *23) Sind zum Verständnis des Textes außertextliche Kenntnisse, etwa historischer Art, vonnöten?*
⇒ *24) Lassen sich Bezüge zur Biografie des Autors herstellen?*

5. Zusammenfassung: Gesamtaussage; ggf. Aktualisierung der Aussage
⇒ *25) Wie verhält sich die ermittelte Gesamtaussage zum ersten Eindruck von dem Gedicht?*

Zu Kapitel 2

Übung 2.1
- Beim lyrischen Ich handelt es sich anscheinend um einen jungen, sehr verliebten Mann.
- 1. Strophe: Entschluss loszureiten und Ritt durch den Wald; 2. Strophe: lauernde Gefahren im Wald, Entschlossenheit des lyrischen Ichs; 3. Strophe: Begegnung mit der Geliebten; 4. Strophe: Abschied und Gefühl der Beglückung
- Es geht ihm darum, die Leidenschaft seiner Liebe zum Ausdruck zu bringen.

Übung 2.2
- Das lyrische Ich beschließt zu seiner Geliebten zu reiten, durchlebt und besteht beim Ritt durch den Wald mancherlei Ängste, sieht schließlich seine Geliebte und ist, als sie sich zum Schluss von ihm verabschiedet, beglückt.
- 1. Strophe: Das lyrische Ich beschließt abends zu seiner Geliebten zu reiten, der aufkommenden Dunkelheit zum Trotz.
- 2. Strophe: Der Wald wirkt beim nächtlichen Ritt dunkel und voller Gefahren, doch die Liebe des lyrischen Ichs lässt es diese Gefahren meistern.
- 3. Strophe: Die Geliebten sehen sich, und das lyrische Ich empfindet tiefes Glück.
- 4. Strophe: Als sich die Geliebte zum Gehen wendet und der Abschied kommt, ist das lyrische Ich einerseits traurig, andererseits aber immer noch beglückt.

- Das lyrische Ich beschließt abends zu seiner Geliebten zu reiten, der aufkommenden Dunkelheit zum Trotz. Der Wald wirkt beim nächtlichen Ritt dunkel und voller Gefahren, doch die Liebe lässt den Sprecher diese Gefahren meistern. Die Geliebten sehen sich, und der junge Mann empfindet tiefes Glück. Als sich die Geliebte zum Gehen wendet und der Abschied kommt, ist er einerseits traurig, andererseits aber immer noch beglückt.

Übung 2.3
Vorschlag a) ist viel zu ausführlich und enthält mehrere überflüssige Angaben „Wer der junge Mann, der das lyrische Ich darstellt, ist, wissen wir nicht. Es gibt keine Information über das Alter, Wohnort und Beruf. Goethe war, als er dieses Gedicht geschrieben hat, 22 Jahre alt, also auch noch recht jung. (...) und es ist eine recht komische Begegnung (...). Ob das lyrische Ich zurückreitet, ist unbekannt."
Vorschlag b) dagegen ist erheblich zu knapp.

Übung 2.4 Vorschlag a) fügt, obwohl dies nicht unbedingt zur Aufgabe der Inhaltsangabe gehört, schon eigene Beobachtungen am Text ein, so z.B. dass es sich um eine etwas merkwürdige Begegnung handelt, bei der die beiden Geliebten gar nicht miteinander zu sprechen scheinen.

Übung 2.5 „Das lyrische Ich, anscheinend ein junger Mann, beschließt noch am Abend zu seiner Geliebten zu reiten. Beim Ritt durch den Wald ist er recht ängstlich. Im Wald kommt ihm alles ganz unheimlich vor. Schließlich sieht er die Geliebte, und es ist eine etwas merkwürdige Begegnung. Die beiden scheinen überhaupt nicht miteinander zu reden. Zum Schluss geht sie, und er bleibt glücklich zurück."

Übung 2.6 In dem Gedicht *Willkommen und Abschied* von J.W. Goethe geht es um das Gefühl leidenschaftlicher Liebe. Das lyrische Ich, offenbar ein junger Mann, entschließt sich, des Abends zu seiner Geliebten zu reiten. Der Ritt durch den nächtlichen Wald ist voller Gefahren und erzeugt im lyrischen Ich Ängste, doch seine Liebe ist größer. Der Augenblick, in dem er die Geliebte sieht, ist voller Erfüllung. Der Abschied am Schluss verursacht ihm Trauer und Schmerz, andererseits ist er am Schluss von Glück erfüllt. Damit stellt er die Liebe als einerseits kräftezehrend und anstrengend, andererseits aber auch als erfüllend und für alle Entbehrungen entschädigend dar.

Übung 2.7 Stimmung einer Mondnacht – Wirkung der Natur auf den Menschen – Eindruck, den die Erde angesichts der (Voll)Mondnacht macht – Sinneseindrücke – idyllisches Naturbild – Wirkungen auf die Seele des lyrischen Ichs – Leichtigkeit – innere Ruhe – Gesamteindruck der Nacht – Wirkung auf die Seele und Stimmung des lyrischen Ichs

Das Gedicht *Mondnacht* von Joseph von Eichendorff schildert am Beispiel der Stimmung einer Mondnacht die Wirkung der Natur auf den Menschen. In der ersten Strophe beschreibt das lyrische Ich den Eindruck, den die Erde angesichts der (Voll)Mondnacht macht. Anhand verschiedener Sinneseindrücke stellt die zweite Strophe ein idyllisches Naturbild dar. Die Wirkungen auf die Seele des lyrischen Ichs beschreibt die dritte Strophe: Leichtigkeit und innere Ruhe. So wird der Gesamteindruck der Nacht in seiner Wirkung auf die Seele und Stimmung des lyrischen Ichs gesehen.

Übung 2.8 c)

Übung 2.9   a) Wovon handelt das Gedicht? ⇒ Thema
                   b) Was will das Gedicht aussagen und bewirken? ⇒ Aussage-
                       absicht, Intention
                   c) Was erzählt das Gedicht? ⇒ Inhalt

Übung 2.10   Marie Luise Kaschnitz: *Strom der Zuversicht*
                   <u>Thema:</u> Hoffnung in dunklen Zeiten; <u>Aussage:</u> Auch wenn es
                   oft nicht absehbar ist und unglaublich erscheint – es gibt Hoff-
                   nung auf ein Ende von Elend und Not und ein besseres Leben.
                   Heinrich Heine: *Das Fräulein stand am Meere*
                   <u>Thema:</u> Natur-Empfinden; <u>Aussage:</u> Vieles, was unbeschreibbar
                   schön und einmalig erscheint, ist nur ein banaler Naturvorgang,
                   was den Gefühlsaufwand etwas lächerlich macht.
                   Andreas Gryphius: *Menschliches Elende*
                   <u>Thema:</u> Hinfälligkeit des menschlichen Daseins, Vergeblichkeit
                   seines Tuns; <u>Aussage:</u> Das Leben geht schnell vorüber, und es
                   hat keinen Sinn, für die Ewigkeit zu planen.

Übung 2.11   Vorschlag a) bezieht sich lediglich auf das Thema, nicht aber
                   auf die Aussage des Gedichts. Vorschlag c) stellt dagegen nur
                   eine persönliche Einschätzung dar. Vorschlag b) kann als allge-
                   meine, noch nicht näher bestimmte Aussageabsicht angesehen
                   werden.

Übung 2.12   a) Er wollte junge Männer in seinem Alter auffordern, für die
                       Geliebte etwas aufs Spiel zu setzen. ⇒ *Im Gedicht lassen sich
                       keine Anhaltspunkte finden, dass es sich direkt an andere richtet.*
                   b) Er wollte an die Frauen appellieren, dankbarer zu sein. ⇒ *Im
                       Prinzip wie a), nur ist dieser Eindruck noch abwegiger, da die Ge-
                       liebte im Text in einem positiven Licht erscheint.*
                   c) Er wollte zeigen, dass die Liebe eine Macht ist, die viele Hin-
                       dernisse überwindet und die glücklich macht, selbst wenn sie
                       nicht immer erfüllt wird. ⇒ *Eine treffende Einschätzung der
                       Aussageabsicht, da sie über den unmittelbaren Text hinausweist, der
                       Textbezug aber noch deutlich zu erkennen ist.*

Übung 2.13   b) und e), da sie sich sowohl auf die inhaltliche als auch auf die
                   formal-sprachliche Untersuchung beziehen.

Übung 2.14   Das Gedicht *Morgen Sonnet* von Andreas Gryphius handelt von
                   dem Wunsch des lyrischen Ichs nach Erlösung durch Gott. Der
                   Strophenform des Sonetts entsprechend, wird im ersten Teil (in
                   den beiden Quartetten) die Situation des Tagesanbruchs auf die
                   innere Situation des lyrischen Ichs im zweiten Teil (zwei Terzet-
                   te) bezogen.

Übung 2.15   b), d), e)

Übung 2.16   Das Gedicht schildert die Gefühle eines Soldaten während des Patrouillenganges. Auffälligkeiten besonders in der Wortwahl, aber auch beim Reim und in der Strophenform dienen dazu, diese angemessen zum Ausdruck zu bringen.

Übung 2.17   Das Gedicht *Die zwei Gesellen* von Joseph von Eichendorff handelt von den unterschiedlichen Lebenswegen zweier junger Männer. Am Beispiel zweier Gesellen werden die verschiedenen Möglichkeiten sein Leben zu gestalten einander gegenüber gestellt. In der äußeren Gestalt und der Wortwahl ist das Gedicht sehr regelmäßig gebaut, was seine allgemeine Verständlichkeit bewirkt.

Zu Kapitel 3

Übung 3.1   *Bitte machen Sie eine Ausnahme!* ⇒ a)
Rechenaufgabe ⇒ b)
Geschwindigkeitsbegrenzung ⇒ d)
Abenteuer ⇒ c)

Übung 3.2   Zu N. Lenau, *Bitte*: Das lyrische Ich erscheint direkt, d.h. in der 1. Ps. Sg. und richtet sich mit seiner Bitte an die Nacht. Dadurch, dass der Sprecher als Bittender erscheint, nimmt er gegenüber der Nacht eine „unterlegene" Haltung ein; die Welt dagegen scheint ihn zu belasten. Durch die Form des lyrischen Ichs erscheint der Inhalt des Gedichts als sehr persönlich und subjektiv.

Zu J. Kerner, *Im Eisenbahnhofe*: Das lyrische Ich erscheint nicht direkt, sondern in der Anrede an ein Publikum („Hört ihr..."). Mit Ausnahme dieses ersten Verses wird lediglich das Geschehen im Bahnhof geschildert. Dabei ist das lyrische Ich aber indirekt wahrnehmbar, denn die Wortwahl drückt Faszination aus. So entsteht eine Mischung aus persönlichem Eindruck und objektiver Wiedergabe.

Zu H. Heine, *Das Fräulein stand am Meere*: In der ersten Strophe tritt das lyrische Ich nicht direkt in Erscheinung, in der zweiten kommentiert es in der Anrede an das Fräulein das Berichtete.

Zu Th. Fontane, *Ausgang*: Das lyrische Ich ist nicht direkt wahrnehmbar. So entsteht der Eindruck von Objektivität und Allgemeingültigkeit.

Übung 3.3

Gedichte sind zumeist kürzere literarische Texte, die eine Anzahl gemeinsamer Merkmale aufweisen. Schon der Name *Lyrik* (gr.: zum Spiel der Lyra [Saiteninstrument] gehörend) weist auf die Verbindung zum Lied hin. Gedichte, die nach traditioneller Weise gebaut sind, bestehen aus einzelnen *Versen*, die zu einzelnen *Strophen* zusammengefasst sind. Zur Verbindung einzelner Verse oder um die Zusammengehörigkeit einzelner Wörter aufzuzeigen, wird oft ein *Reim* verwendet, der meist als *Endreim* auftaucht. Geht ein Satz über das Ende eines Verses hinaus, spricht man von einem *Zeilensprung (Enjambement)*. Wichtig ist die Art des Vortrags eines Gedichtes. Dieser wird bestimmt durch das *Metrum* und dem vom Inhalt bestimmten *Rhythmus*. Gedichte gelten als besonders konzentrierte und kunstvoll gestaltete Form von Literatur. Daher kommen in ihnen in besonderer Weise sprachliche Mittel in Wortwahl und Satzbau zum Einsatz; besonders wichtig ist dabei die *Bildlichkeit (Metaphorik)*. Zur Unterstützung der inhaltlichen Wirkung spielt die *Lautung (Klang)* eine wichtige Rolle. Was in einem Prosatext der Erzähler ist, nennt man beim Gedicht *lyrisches Ich* oder *Sprecher*; er ist nicht mit dem Autor zu verwechseln.

Übung 3.4

- *kleinste Einheit in einem Gedicht:* Vers
- *Einheit, die die kleinsten Einheiten eines Gedichts zusammenfasst:* Strophe
- *wenn man ohne deutlich hörbare Pause von einem Vers zum anderen weiter liest:* Zeilensprung (Enjambement)
- *Mittel, das die Zusammengehörigkeit zweier Verse anzeigt:* Reim
- *wenn die letzten beiden Silben (mindestens) zweier Verse gleich enden:* Endreim
- *regelmäßiger Wechsel von Betonungen (Hebungen) und unbetonten Silben (Senkungen):* Metrum
- *sinngemäßes, akzentuiertes Sprechen des Gedichts:* Rhythmus
- *bildhafte Umschreibung:* Bildlichkeit (Metaphorik)
- *lautliches Mittel zur Unterstreichung des Inhalts:* Lautung (Klang)

Übung 3.5

Der Reim

Bei den Reimen unterscheidet man eine Vielzahl verschiedener *Reimformen*, die den „Charakter" und die Art und Weise des Reims beschreiben, und *Reimfolgen*, die die Stellung des Reims im Vers und im Gedicht beschreiben.

Von den Reimformen sind die wichtigsten der *identische Reim*, der *reine Reim* und der *unreine Reim*. Die Reimfolgen unterscheiden zwischen *Anfangsreim* und *Endreim*, dem wohl am häufigsten verwendeten Reim.

Übung 3.6 a) Paarreim *(a a)*, b) Kreuzreim *(a b a b)*, c) umschließender (umarmender) Reim *(a b b a)*, d) Schweifreim *(a a b c c b)*, e) Kehrreim, f) Stabreim (Alliteration)

Übung 3.7 a) Schweifreim *(a a b c c b)*, b) Kreuzreim *(a b a b)*, Paarreim u. Kehrvers *(a a b b c)*, Alliteration, d) umarmender Reim *(a b b a)*

Übung 3.8 1. Strophe: Kreuzreim mit männlicher Kadenz; 2. Strophe: Paarreim, 2 Verse weibliche, 2 Verse männliche Kadenz; 3. Strophe: Kreuzreim
Wenn man berücksichtigt, dass das Gedicht die Eindrücke während einer Kahnfahrt auf dem See zum Inhalt hat, kann man vermuten, dass das Reimschema der ersten und dritten Strophe das Rudern widerspiegelt (Auf und Ab), während der Paarreim einen Moment des Innehaltens darstellt.

Übung 3.9 Eduard Mörikes Gedicht enthält in seinen sechs Versen einen Kreuzreim mit abwechselnd männlichen und weiblichen Kadenzen. Ludwig Fels' Gedicht *Fluchtweg* enthält in seinen acht Versen keinerlei Reimschema und weist auch sonst im Bau keine äußerliche Regelmäßigkeit auf. Mörikes formale Gestaltung entspricht dem Inhalt insofern, als die Harmonie der Natur, die der Inhalt schildert, in der äußeren Form, vor allem auch im Reim, wiederzufinden ist. Fels dagegen schildert die Naturidylle (V. 1-5) als irreales Traum- und Wunschbild vor dem Hintergrund einer zerstörten Umwelt. Dazu würden regelmäßiger Bau und Reim nicht passen.

Übung 3.11 Geschildert wird eine Situation vollkommener Ruhe und Harmonie, die schon zur Schläfrigkeit tendiert. Diese wird noch unterstrichen durch den Eindruck von Hitze bzw. Mittagswärme. Die Stimmung ist insgesamt ausgeglichen und angenehm.

Übung 3.12
Es ist so still; die Heide liegt
Im warmen Mittagssonnenstrahle,
Ein rosenroter Schimmer fliegt
Um ihre alten Grabermale;
Die Kräuter blühn; der Heideduft
Steigt in die blaue Sommerlust.

Laufkäfer hasten durchs Gesträuch
In ihren goldnen Panzerröckchen,
Die Bienen hängen Zweig um Zweig
Sich an der Edelheide Glöckchen,

Die Vögel schwirren aus dem Kraut –
Die Luft ist voller Lerchenlaut.

Ein halbverfallen, niedrig Haus
Steht einsam hier und sonnbeschienen,
Der Kätner lehnt zu Tür hinaus,
Behaglich blinzelnd nach den Bienen;
Sein Junge auf dem Stein davor
Schnitzt Pfeifen sich aus Kälberrohr.

Kaum zittert durch die Mittagsruh
Ein Schlag der Dorfuhr, der entfernten;
Dem Alten fällt die Wimper zu,
Er träumt von seinen Honigernten.
Kein Klang der aufgeregten Zeit
Drang noch in diese Einsamkeit.

Übung 3.13

a) Quer durch Europa von Westen nach Osten
Rüttert und rattert die Bahnmelodie.
Gilt es die Seligkeit schneller zu kosten?
Kommt er zu spät an im Himmelslogis?

Detlev von Liliencron (1844-1909): *Der Blitzzug* (1. Str.)

b) Wie der Wächter in den Weingeländen
seine Hütte hat und wacht,
bin ich Hütte, Herr, in deinen Händen
und bin Nacht, o Herr, von deiner Nacht.

Rainer Maria Rilke (1875-1926)

c) Frühling läßt sein blaues Band
Wieder flattern durch die Lüfte;
Süße, wohlbekannte Düfte
Streifen ahnungsvoll das Land.
Veilchen träumen schon
Wollen balde kommen
Horch, von fern ein leiser Harfenton!
Frühling, ja du bist's!
Dich hab ich vernommen

Eduard Mörike (1804-1875): *Er ist's*

Übung 3.14 Die Untersuchung ergibt, dass es sich zum überwiegenden Teil um bedeutungstragende Wörter handelt, die für die Aussage der Strophe von großer Bedeutung sind, z.B. die Dimensionen der Bahnstrecke und die fast heilige Bedeutung der Zugfahrt im Liliencron-Text oder die Eigenschaften des Frühlings bei Mörike.

Übung 3.15 Das Metrum dient dazu, das Gedicht rhythmisch durchzugestalten, vor allem aber auch, besonders bedeutungstragende Wörter im Gedicht hervorzuheben.

Übung 3.16 Vorschlag a) verbindet die Bestimmung des Metrums mit dem klanglichen Eindruck, stellt aber keine Verbindung zum Inhalt her.
Vorschlag b) benennt lediglich das Metrum, obendrein noch sprachlich nicht sehr gelungen.
Vorschlag c) bezieht sich als einziger auch auf den Inhalt des Gedichts.

Übung 3.17 Es reicht nicht allein aus, das Metrum zutreffend zu bestimmen, sondern darüber hinaus ist es nötig, das verwendete Metrum auf seine klangliche Wirkung, vor allem aber auf einen möglichen Bezug zum Inhalt zu überprüfen.

Übung 3.18 Das Versmaß von *Der Blitzzug* ist der Daktylus. Klanglich dient er dazu, das Fahrgeräusch einer Dampflokomotive rhythmisch wiederzugeben. Darüber hinaus sind durch das Metrum mehrere bedeutungstragende Wörter herausgehoben. So werden in V. 1 die Substantive herausgestellt, die die Ausdehnung der Bahnfahrt zum Inhalt haben. Im zweiten Vers sind die Geräusche der „Bahnmelodie" durch das Metrum hervorgehoben: Die Wörter haben Unruhe, zugleich durch die „Melodie" aber auch Schönheit zum Inhalt. Die betonten Wörter in V. 3 und 4 thematisieren einerseits die Geschwindigkeit, andererseits die Gefühle und Befürchtungen der Insassen.

Übung 3.19 Das Gedicht enthält einen vier- bzw. dreihebigen Trochäus. Die regelmäßige Gestaltung widerspiegelt nicht nur die Harmonie, die das lyrische Ich zu Frühjahrsbeginn in und mit der Natur empfindet. Zugleich werden wichtige Wörter des Gedichts durch den Verfuß herausgehoben: „Frühling" (V. 1), „blaues Band" (V. 1), „flattern" (V. 2), „Süße" (V. 3), „Düfte" (V. 3), um nur einige Wörter zu nennen, stellen wichtige Elemente des Frühlings bzw. der Wahrnehmung des Fühlings im Gedicht dar.

Übung 3.20
- harmonisch, ruhig;
- jeweils nach einem Semikolon oder Punkt (z.B. V. 1, 4, 16 u.a.) oder nach dem Gedankenstrich (V. 11, 23);
- V. 1-2; 3-4; 5-6 u.a., d.h. überall dort, wo keine Trennung durch ein Satzzeichen besteht;
- ruhig, gelassen;
- fließend; es handelt sich um die Schilderung eines Eindrucks ohne sonderliche Höhepunkte.

Übung 3.21

Das Gedicht vermittelt wortwörtlich und im übertragenen Sinne eine bewegte Stimmung und sollte auch so vorgetragen werden. Das Gleichmäßig-Vorantreibende der Lokomotive sollte im Vortrag zur Geltung kommen.

Eine Pause wäre nach V. 2 zu machen; evtl. auch nach V. 3, da auch hier eine geringe inhaltliche Verschiebung stattfindet.

Von V. 1 zu V. 2 kann flüssig gesprochen werden, da beide Verse von der Syntax und vom Sinn her eine Einheit bilden.

Das Sprechtempo sollte der geschilderten Geschwindigkeit angemessen sein, aber nicht übertrieben schnell, da dabei das Gleichmäßige nicht deutlich würde. Insgesamt ist der Rhythmus mit „strömend" zutreffend charakterisiert.

Übung 3.22

Das Gedicht *Er ist's* von Eduard Mörike ist metrisch in einem vier- bzw. in V. 5 und 7 dreihebigen Trochäus verfasst. Das regelmäßige Metrum unterstreicht den frohen, liedhaften Charakter des Gedichts und seiner Aussage, des Frühlingslobes. Der Einsatz mit der betonten Silbe signalisiert das plötzliche und rasche Auftreten des Frühlings und die freudige Überraschung, mit der das lyrische Ich darauf reagiert. Zugleich sind durch das Metrum wichtige bedeutungtragende Wörter hervorgehoben: „Frühling" | – ∪ | (V. 1), „blaues Band" | – ∪ – | (V. 1), „flattern" | – ∪ | (V. 2), „Lüfte" | – ∪ | (V. 2), „süße wohlbekannte Düfte" | – ∪ – ∪ – ∪ – ∪ | (V. 3) und andere Wörter charakterisieren den Frühling als etwas Schönes, das zu den Menschen kommt. Die beiden Verse mit den drei Hebungen unterstreichen die Aussage zusätzlich. V. 5 bringt den aktiven und unaufhaltsamen Charakter des Frühlings zum Ausdruck, indem alle drei Wörter „Wollen balde kommen" | – ∪ – ∪ – ∪ | betont sind. V. 7 stellt die begeisterte Antwort des lyrischen Ichs darauf dar, wobei vier aufeinander folgende Wörter/Silben und mit ihnen die wesentlichen bedeutungtragenden Wörter hervorgehoben sind („... ja, du, bist's, dich hab ich ...") | – ∪ – | – ∪ – |.

Der Rhythmus passt sich Metrum und Inhalt an. Da der Frühling als etwas auf die Menschen Zukommendes beschrieben wird, das von diesen auch freudig erwartet wird, liegt ein strö-

mender Rhythmus vor. Die freudige Aufregung des lyrischen
Ichs ermöglicht gelegentlich besondere Hervorhebungen, z B.
V. 6: „Horch, von fern ein leiser Harfenton!" oder V. 7.

Übung 3.23   Dem Unendlichen

⏑ ⏑ – ⏑ – ⏑ ⏑ –
Wie erhebt sich das Herz, wenn es dich,
⏑ – ⏑ – ⏑ ⏑
Unendlicher, denkt! Wie sinkt es,
⏑ – ⏑ – ⏑ – ⏑
Wenns auf sich herunterschaut!
– ⏑ – ⏑ – ⏑ – ⏑ –
Elend schauts wehklagend dann, und Nacht und Tod!

⏑ ⏑ – ⏑ ⏑ ⏑ – ⏑ – ⏑ ⏑ – ⏑ – –
5 Allein du rufst mich aus meiner Nacht, der im Elend, im Tod hilft!
– – ⏑ ⏑ – ⏑ – ⏑ ⏑
Dann denk ich es ganz, daß du ewig mich schufst,
– ⏑ – ⏑ ⏑ – ⏑ – ⏑ –
Herrlicher! Den kein Preis, unten am Grab, oben am Thron,
– ⏑ – – ⏑ – ⏑ ⏑ – ⏑ – ⏑ – ⏑ –
Herr, Herr, Gott! Den dankend entflammt kein Jubel genug besingt.

– – ⏑ ⏑ – ⏑ ⏑ – ⏑ ⏑ –
Weht, Bäume des Lebens, in Harfengetön!
– ⏑ ⏑ – ⏑ ⏑ – ⏑ – ⏑ –
10 Rausche mit ihnen ins Harfengetön, kristallner Strom!
⏑ – ⏑ ⏑ – ⏑ – ⏑ –
Ihr lispelt, und rauscht, und, Harfen, ihr tönt
– ⏑ – ⏑ ⏑ – ⏑ –
Nie es ganz! Gott ist es, den ihr preist!

– ⏑ ⏑ ⏑ –⏑ – ⏑ ⏑ ⏑ – ⏑ –
Donnert, Welten, in feierlichem Gesang, in der Posaunen Chor!
– ⏑ –⏑ – ⏑ – ⏑
Du Orion, Waage, du auch!
– – ⏑ – ⏑ ⏑ – ⏑ –
15 Tönt all' ihr Sonnen auf der Straße voll Glanz,
⏑ ⏑ – ⏑ –
In der Posaunen Chor!

⏑ – ⏑ – ⏑
Ihr Welten, donnert
⏑ – ⏑ ⏑ – ⏑ – – ⏑
Und du, der Posaunen Chor, hallest
– ⏑ – ⏑ – ⏑ –
Nie es ganz, Gott; nie es ganz, Gott
– – ⏑ ⏑ ⏑ –
20 Gott, Gott ist es, den ihr preist!

Das Gedicht feiert und lobpreist Gott, indem es die Nichtigkeit
des lyrischen Ichs und das eigene Elend der Herrlichkeit und
Größe Gottes gegenüberstellt. Die freien Rhythmen ermögli-
chen dabei eine besondere Hervorhebung bedeutungstragender
Wörter. So werden dem lyrischen Ich Begriffe wie „sinkt"
(V. 2), „herunterschaut" (V. 3), „Elend" (V. 4), „Nacht und
Tod" (V. 4) zugeordnet. Das eigene Dasein erscheint als niedrig,
elend, todverfallen.

Dem gegenüber stehen die betonten Worte, die Gott zuge-
ordnet werden: „Unendlicher" (V. 2), „ewig" (V. 6), „schufst"
(V. 6), „Herrlicher" (V. 7), „Preis" (V. 7), „dankend" (V. 8),
„Jubel" (V. 8).

Natur und Schöpfung, gleich mehrere „Welten" (V. 17),
werden durch Imperative, die betonungsmäßig hervorgehoben
sind, zum Lobpreis Gottes aufgefordert.

Klopstock hat freie Rhythmen gewählt, weil sie inhaltlich
dem Überschwang des Inhalts gerecht werden. Der Jubel ist so
großartig und spontan, dass er sich nicht durch ein regelmäßi-
ges Metrum begrenzen lässt. Darüber hinaus erlauben freie
Rhythmen die Anordnung mehrerer bedeutungstragender und
entsprechend in der Betonung hervorgehobenen Wörter hintereinander (z.B. V. 8 und 19).

Übung 3.24 Betonte und unbetonte Silben am Schluss des Verses wechseln
sich ab.

Übung 3.25 Erste Strophe: männliche Kadenzen; zweite Strophe: weibliche
(V. 9f.) und männliche (V. 11f.) Kadenzen; dritte Strophe:
weibliche (V. 13-16) und Wechsel zwischen weiblichen und
männlichen Kadenzen (V. 17-20).
Die männlichen Kadenzen in der ersten Strophe könnten den
Takt des Ruderschlags versinnbildlichen, der Wechsel zwischen
den Kadenzen kann einen Wechsel aus Innehalten und Rudern
veranschaulichen oder das leichte Auf und Ab des Kahns auf
dem Wasser.

Übung 3.26 Es geht um den Vorbeimarsch einer Militärkapelle und den
Kontrast zwischen lauter Musik und Fröhlichkeit und leiser
Natur (letzte Strophe).

Übung 3.27 – regelmäßiger Vierheber als Nachahmung des Marschtakts
– Nachahmung der Geräusche einer Militärkapelle (Lautmalerei): V. 1, 6, 21, 23, 25

Übung 3.28 Anapher ⇒ Steigerung der Eindringlichkeit; Alliteration ⇒ Zusammengehörigkeit, Gleichklang; Assonanz: ⇒ Gleichklang,
Harmonie; Epipher ⇒ Nachdruck; Onomatopoesie (Lautmalerei) ⇒ Nachahmung natürlicher Laute, soll Echtheit unterstreichen

Übung 3.29 a) Epipher; b) Pleonasmus; c) Tautologie; d) Anapher; Lautmalerei

Übung 3.30 a) Anapher, b) Tautologie, c) Anapher, d) Onomatopoesie

Übung 3.31

Wirkung	Buchstaben
– scharf, schroff, stockend	sch, ch, s (stimmlos), k, ck
– weich, fließend, geschwungen	m, ng, s (stimmhaft)
– hell, fröhlich, frisch	i, e
– getragen, ruhig	a
– dunkel, unheimlich	o
– bedrohlich	u, o
– unangenehm, eklig	e, ä
– schmerzhaft	u, a

Übung 3.2 Das Thema des Gedichts *Die zwei Gesellen* ist die menschliche Biografie und das, was man aus seinem Leben macht. Der Inhalt des Gedichts spiegelt sich in der Klangstruktur folgenderweise wider:

In der ersten Strophe, die den Aufbruch der beiden Gesellen zum Inhalt hat, dominieren der Vokal *e* und die Konsonanten *ng*, etwa in Wörtern wie „Gesellen" (V. 1), „erstenmal" (V. 2), „recht" (V. 3), „hellen" (V. 3), „Wellen" (V. 4) und „Klingenden, singenden" (V. 4), „Frühlings" (V. 5). Damit wird zu Beginn des Gedichts auf der lautlichen Ebene der Eindruck von Helligkeit, Aufbruchsstimmung und Schwung vermittelt.

Dieser Eindruck setzt sich in der zweiten Strophe, die die Absichten der Gesellen zum Thema hat, fort. *I* und *ng* sind die beherrschenden Buchstaben; sie widerspiegeln den Frohsinn, die Unbeschwertheit und wiederum den Schwung, mit dem die Gesellen in die Welt ziehen. Das zeigen die mit diesen Buchstaben verbundenen Wörter „(hohen) Dingen" (V. 6), „(was Recht's) vollbringen" (V. 8), „gingen" (V. 9), „(lachten) Sinnen" (V. 10).

In der dritten Strophe, die schildert, wie sich der erste Geselle niederlässt und eine Familie gründet, dominiert mit *ie* und *ü* ebenfalls die Helligkeit, die aber durch die Dehnung („Liebchen" (V. 11), „Schwieger" (V. 12), „wiegte" (V. 13), „Bübchen" (V. 13), „Stübchen" (V. 14)) etwas getragener, „gesetzter" wirkt. – Die Strophen 4 und 5, die dagegen das traurige Schicksal des zweiten Gesellen beschreiben, enthalten an wichtigen Stellen die Vokale *u* und *o*: „logen" (V. 16), „Grund" (V. 17), „zogen" (V. 18), „buhlenden Wogen" (V. 19), „Schlund" (V. 20), „Schlunde" (V. 21), „Grunde" (V. 23), „Runde" (V. 24). Damit stellen sie sowohl inhaltlich wie klanglich einen Kontrast zu den vorangehenden drei Strophen dar.

In der letzten Strophe herrschen *e* und *i* an wichtigen Stellen vor. Sie könnten die Hoffnung des lyrischen Ichs auf Beistand durch Gott darstellen und in gewisser Weise an die erste Strophe anknüpfen.

Übung 3.33   a) Ballade (H. Heine: *Belsazar*); b) Volkslied (J. v. Eichendorff: *Das zerbrochne Ringlein*), c) Ode (Klopstock: *Dem Unendlichen*); d) Sonett (A. Gryphius: *Thränen des Vaterlandes*)

Übung 3.34   a) nachvollziehbare Handlung mit Einleitung, Höhepunkt und Schluss

b) Themen entspringen in starkem Maße der Gefühlswelt und dem Empfinden der Sprecher; einfache Struktur der Volkslieder

c) gehobener, feierlicher Tonfall; hat oft für den Menschen wichtigeThemen zum Inhalt: Gott, Freundschaft, Liebe, Natur

d) in Gegensätzen (antithetisch) aufgebaut

Übung 3.35   einfache Bauweise – Gefühlsäußerung – vierhebiger Trochäus Es handelt sich um eine Volksliedstrophe, die auch dem Inhalt – Aufbruchsstimmung des lyrischen Ichs im Frühling – entspricht.

Übung 3.36   a) J.M.R. Lenz, *An das Herz*: Volksliedstrophe. Ein unmittelbarer Bezug der Strophenform zum Inhalt ist schwer zu erkennen. Da es sich aber stellenweise um die Mitteilung grundlegender Gefühle handelt (Herzensschmerz), kann die Volksliedstrophe gut dazu geeignet sein.

b) A. Gryphius, *Morgen Sonnet*: Sonett. Der gegensätzliche (antithetische) Aufbau des Sonetts passt zum Inhalt des Gedichts, der Gegenüberstellung von Tag und Nacht bzw. Glück/Erlösung und Leid/Schmerz.

c) Eduard Mörike, *Das verlassene Mägdlein*: Volksliedstrophe. Die einfache Volksliedstrophe passt zur Unmittelbarkeit der mitgeteilten Gefühle und entspricht dem lyrischen Ich, einer einfachen Magd.

Übung 3.37   Thema des Gedichts ist die Schilderung der Gefühle eines Soldaten während eines Patrouillenganges. Damit soll die Grundsituation der Angst im Kriege zur Sprache gebracht werden, das Gefühl vieler Soldaten, dass sich alles gegen sie verschworen hat. Hauptsächliches Gestaltungsmittel zur Umsetzung der Aussage ist die Wortwahl. Es herrschen Verben aus den Bedeutungsfeldern „Krieg" und „Schmerzen" vor: „feinden" (V. 1), „grinst" (V. 2), „würgen" (V. 3), „blättern" (V. 4), „Gellen" (V. 5). Sie erzeugen ein unangenehmes, unheimliches Gefühl. Das lyrische Ich spürt überall Feindseligkeit, die noch verstärkt wird durch die Verlebendigung von Gegenständen. Den genannten Verben sind keine Lebewesen als inhaltliche Subjekte zugeordnet, sondern Gegenstände: „Steine" (V. 1), „Fenster" (V. 2), „Verrat" (V. 2), „Äste" (V. 3), „Berge Sträucher" (V. 4). So schildern die genannten „Sätze" die Verwandlung scheinbar harmloser Gegenstände in „Feinde" und Bedrohung. Am Ende steht dann folgerichtig der „Tod" (V. 6). Die eindringliche Wirkung der Wortwahl wird noch unterstützt durch Wortneubildungen, z.B. „feinden" (V. 1). Es verleiht der Natur bzw. den Gegenständen ein stärker aktiven Charakter und bewirkt so eine Verstärkung der Bedrohung.

„Raschlig" (V. 4) verstärkt den akustischen Eindruck und trägt zur Erzeugung des Eindrucks von Angst bei. Das Fehlen ausschmückender Adjektive unterstreicht das Elementare der Situation. So ergibt sich insgesamt durch die Wortwahl eine Atmosphäre der Bedrohung, der Todesnähe und des Unheimlichen.

Übung 3.38

Sprachl. Mittel (Wortwahl)	Wirkung
„winden" (V. 1): Neologismus	Belebung der Natur; Unheimliches
„tauchen blaken sinken" (V. 2): asyndetische Reihung von Verben	Verben passen nicht unbedingt zum Substantiv, Eindruck des Vergehenden, Verzehrenden
„gehren" (V. 4): Neologismus	Unbekanntes Wort (Abkürzung von / Anspielung auf „begehren"?) erzeugt Neugier und Aufmerksamkeit
„Düfte spritzen"(V. 5), „Schauer stürzen" (V. 6): ungewöhnliche Zusammenstellung Substantiv – Verb	Ungewöhnliche Zuordnung erzeugt Aufmerksamkeit
„schnellen schwellen prellen" (V. 7): asyndetische Reihung	Fülle von Sinneseindrücken
„Fallen schrickt in tiefe Nacht" (V. 9): grammatisch unvollständiger Satz	Fragmentarischer Charakter des Textes

Thema ist die Schilderung eines (Alp-)Traums. Mit dieser eindringlichen Darstellung des lyrischen Ichs in einem Zustand der Erschütterung will der Text auf Zustände starker seelischer Verunsicherung und Verzweiflung aufmerksam machen.

Der Eindruck des Alptraumhaften wird besonders mit Mitteln der Wortwahl hervorgerufen. Neologismen wie „winden" (V. 1) (vom Substantiv Wind) und

„gehren" (V. 4), eventuell eine Verkürzung des Verbs „begehren", steigern die Stimmung des Unheimlichen. Die Vorherrschaft von Sinneseindrücken in diesem Alptraum zeigen die beiden asyndetischen Reihungen „tauchen, blaken, sinken" (V. 2) und „schnellen, schwellen, prellen" (V. 7). Die Unverbundenheit zeigt an, dass das lyrische Ich diese Eindrücke nicht zu ordnen und nicht zu beherrschen vermag. Die Unordnung des Traums ist auch an der Zusammenstellung von Substantiven und Verben erkennbar. Entweder liegt eine Steigerung des erzeugten Eindrucks bis ins Bizarre vor (V. 5f.: „Düfte spritzen / Schauer stürzen") oder das Bedrohliche wird gesteigert (V. 7: „Winde schnellen prellen schwellen"). Auf diese Art und Weise wird sowohl Aufmerksamkeit erregt als auch eine Steigerung des Gesagten erreicht. Den fragmentarischen, abgebrochenen, unvollständigen Charakter des Traums versinnbildlicht der letzte Satz.

Übung 3.39 Thema des Gedichts ist das menschliche Empfinden und die Sehnsucht nach innerem Frieden und Ruhe, dargestellt anhand eines Stimmungsbildes am Meer.

Bedeutungsfeld „Meer"	Bedeutungsfeld „Abend"
Haff (V. 1)	*Dämmrung (V. 2)*
Möve (V. 1)	*Abendschein (V. 4)*
feuchten Watten (V. 3)	*Träume (V. 7)*
Wasser (V. 6)	*schweiget (V. 14)*
Inseln (V. 7)	*einsames Vogelrufen (V. 13)*
gärenden Schlammes (V. 9)	
Tiefe (V. 16)	

Aus der Zuordnung beider Bedeutungsfelder zueinander ergibt sich die Gesamtaussage, dass das Meer ein Bild der Beständigkeit, des Immerwährenden und des inneren Friedens ist, dessen der Mensch bedarf.

Übung 3.40 Das Gedicht *Meeresstrand* von Theodor Storm behandelt die menschliche Sehnsucht nach Ruhe, Beständigkeit und innerem Frieden. Das Meer wird in dem Text als ein Bild für Stille und Beständigkeit gesehen.

Das Gedicht besteht aus vier Strophen zu vier Versen, die jeweils drei Hebungen haben. Das Metrum wechselt zwischen Jambus (V. 1-2, 7-10, 13-16) und Trochäus (V. 3-6, 11-12). Trotz dieses Wechsels handelt es sich wegen des regelmäßigen Baus um eine Volksliedstrophe. Diese entspricht auch dem Inhalt, der schlichten Beschreibung eines Abends am Meer. Zum regelmäßigen Bau des Gedichts gehört auch der Kreuzreim mit wechselnden weiblichen und männlichen Kadenzen.

Die Aussage wird besonders mit den Mitteln der Wortwahl erreicht. Zahlreiche Wörter aus dem Themenbereich „Meer"

(„Haff" (V. 1), „Möve" (V. 1), „Watten" (V. 3), „Wasser" (V. 6), „Inseln" (V. 7), „Schlammes" (V. 9), „Tiefe" (V. 16)) beschreiben, was das lyrische Ich wahrnimmt. Sie werden ergänzt durch weitere Sinneseindrücke: sich spiegelndes Abendlicht (vgl. V. 4), vorüberhuschendes Geflügel (vgl. V. 5), der „geheimnisvolle( ) Ton" des Watts (V. 10), „einsames Vogelrufen" (V. 12), leises Schauern (vgl. V. 13) und vernehmlich werdende Stimmen (vgl. V. 16). Sämtliche Eindrücke haben etwas Gedämpftes, Ruhiges. Aus diesem Zusammenhang von Meer/Strand und den gedämpft wirkenden Wahrnehmungen ergibt sich der Gesamteindruck von Stille, der wiederum durch die Tageszeit Abend verstärkt wird (V. 2: „Dämmrung", V. 4: „Abendschein").

Dass es um mehr geht als um die Beschreibung der Stille, macht V. 12 deutlich: „So war es immer schon." So ist der Meeresstrand ein Bild der Beständigkeit und Ruhe, deren Bedeutung für das lyrische Ich man, auch ohne dass sie direkt benannt wird, deutlich erkennen kann.

Übung 3.41   Das Thema des Gedichts *Weihnachten* von Joseph von Eichendorff ist die Sehnsucht des Menschen nach innerer Ruhe und Frieden, dargestellt an einem Spaziergang des lyrischen Ichs durch eine vorweihnachtliche (Klein-)Stadt.

Der friedliche, ruhige Eindruck wird neben anderen formalen Gestaltungsmitteln unterstützt durch die Wortwahl. Schon die dargestellten Lebensräume „Markt"(V. 1), „Straßen" (V. 1), „Haus" (V. 2), „Gassen" (V. 3), „Fenster" (V. 5), „Mauern" (V. 9) und „Feld" (V. 10) sind die Gefühle und Sinneseindrücke des lyrischen Ichs zugeordnet: „still" (V. 2), „festlich" (V. 4), „fromm" (V. 6), „wunderstill beglückt" (V. 8), „Einsamkeit" (V. 14). Die Stille wird noch unterstrichen durch die Wortneubildung „wunderstill" (V. 8). So entsteht besonders durch die Zusammenordnung der beiden Bereiche „Stadt" und „Sinneseindrücke/Gefühle" der Eindruck vollkommer Stille und Friedens, der durch die Freude des lyrischen Ichs (vgl. V. 11, 12, 16) eine eindeutig positive Bedeutung bekommt.

Übung 3.42   „Fast bis an die Sterne" (V. 1) für „hoch" ist eine Übertreibung.

Übung 3.43   Die Mannigfaltigkeit und Vielfalt des Lebens, die sich in der Reihung spiegelt, ist dem Verfall anheimgegeben.

Übung 3.44   Die nachgestellte Anrede tituliert den Frühling als „Geliebten" (V. 3) – ein Zeichen für den freudigen Überschwang.

Übung 3.45 Gemeint ist Gott, dem die Eigenschaften Alter, Heiligkeit, Gelassenheit, Segen und Schöpfertum (V. 6: „sät") zugesprochen werden.

Übung 3.46 Das Gedicht hat eine übertriebene Darstellung des Herzens und des Gefühls zum Inhalt. Die dazu verwendeten Mittel der Wortwahl sind:
- Hyperbel (V. 3-4): besagt, dass, wer die Natur des Herzens kenne, wünschen würde, dass es ihm fehle,
- Emphase (V. 9ff.): leidenschaftlich und mit Ausrufen wird die Kälte des Herzens beschworen,
- asyndetische Reihung (V. 13f.): damit werden die verschiedenen Gefühlszustände aufgelistet

Übung 3.47 1. a),b); 2. b); 3. c); 4. b)

Übung 3.48 a) Reihung ohne Bindewörter (Asyndeton; asyndetische Reihung)
b) Reihung mit Bindewörtern (Syndeton; syndetische Reihung)
c) unvollendeter Satz
d) Steigerung
e) paralleler Satzbau (Parallelismus)
f) Umstellung von Subjekt und Prädikat

Übung 3.49 a) ⇒ c; b) ⇒ b; c) ⇒ a; d) ⇒ d; e) ⇒ f
a) Unvollständige Sätze, die die Aufregung des lyrischen Ichs zum Ausdruck bringen sollen.
b) Wiederholender Anfang, der dem Text einen gleichmäßig dahinfließenden Charakter, auch einer religiösen Liturgie ähnlich, gibt.
c) Unvollständiger Satz (fehlende Artikel und Konjunktion) und unverbundene Aufzählung spiegeln den Reichtum an Eindrücken wider, den das lyrische Ich empfindet.
d) Steigerung schildert die Vollkommenheit des zu erwartenden Endes.
e) Die traditionelle Reihenfolge der Satzglieder wird umgedreht und durch einige Appositionen unterbrochen, was das Subjekt am Ende stärker betont.

Übung 3.50 Die rhetorische Frage spiegelt Selbstbewusstsein und Selbstsicherheit wider. Der abgehackte Stil, der sich in unvollständigen Sätzen zeigt, gibt Aufregung wieder.

Übung 3.51 Die Satzteile sind durch die Konjunktion *und* miteinander verbunden. Dadurch entsteht einerseits ein etwas monotoner, andererseits auch ein feierlicher Eindruck.

Übung 3.52 Die Reihung ohne Bindewörter versinnbildlicht die pflanzliche und tierische Vielfalt der Teichlandschaft.

Übung 3.53 Satzbedeutung: So wie der Tag vergeht, vergehen auch das menschliche Leben und der Besitz des Menschen. Die Aufzählung beginnt beim Individuum und weitet den Blick auf den anderen, den Besitz, schließlich auf alles, was man sieht; sie verläuft also von unten nach oben.

Übung 3.54 „Die Glut der Neigung leuchtet weiß wie Lilien, reine Kerzen, Sternen gleich, bescheidner Beugung rot gesäumt aus dem Mittelherzen auf.“
(Subjekt an 1. Stelle – Prädikat an zweiter Stelle)

Übung 3.55
1) die **asyndetische Reihung** ⇒ Vielfalt von Eindrücken oder Dingen; auch Hektik, Unordnung

2) die **syndetische Reihung** ⇒ Ordnung, geordnetes Nebeneinander

3) die **Ellipse** ⇒ Steigerung der Aufmerksamkeit

4) die **Klimax** ⇒ Nachdruck

5) der **Chiasmus** ⇒ Steigerung der Aufmerksamkeit, Wortwitz

6) die **Inversion** ⇒ Steigerung der Aufmerksamkeit, kunstvolle Gestaltung

Übung 3.56 Wichtigste Gedankenfiguren sind die rhetorischen Fragen. Die vierte bis sechste Strophe besteht ausschließlich aus rhetorischen Fragen, insgesamt sind es zehn. Sie alle sollen zum Ausdruck bringen, dass Zeus nichts für Prometheus bzw. den Menschen getan hat und dieser alles selbst erschaffen und vollbracht hat.

Weitere Gedankenfigur: Antithese V. 13f.: „Ich kenne nichts *Ärmer's* / Unter der Sonn' als euch *Götter*“ – der Kontrast von „arm“ und „Götter“ wirkt überraschend und erhöht das lyrische Ich.

Übung 3.57
1) Das Falschgeld wurde entdeckt und von der Polizei beschlagnahmt.
2) Der Lehrer war entsetzt.
3) Sie wurde von ihren früheren Freunden nicht mehr beachtet.
4) Nach drei Nächten ohne Schlaf sah ich unausgeruht aus.
5) Im Rentenalter wird mancher sehr lebendig.

Übung 3.58   „Wohnhaus grimmer Schmerzen" (V. 1): Erfahrung körperlicher Schmerzen
              „Ball des falschen Glücks" (V. 2): Wechselhaftigkeit und Unzuverlässigkeit des Schicksals
              „Schauplatz herber Angst" (V. 3): Erfahrung starker (seelischer)
              Angst
              „des schwachen Leibes Kleid" (V. 6): Hinfälligkeit des Körpers
              „das Totenbuch der großen Sterblichkeit" (V. 7): Tod

              Es geht in dem Gedicht um die Erfahrung der Hinfälligkeit und
              Sterblichkeit des Menschen (*memento mori*) sowie um die Vergeblichkeit des Daseins (*vanitas vanitatum*). Da es sich um metaphysische, ungreifbare Grundfragen des Menschen handelt,
              eignen sich Metaphern wie alle Arten sprachlicher Bilder besonders gut zur Darstellung.

Übung 3.59   *Jäger* steht für Träume; *Gebirge*
              Die Jäger jagen das lyrische Ich bzw. dessen Bewusstsein.
              Dass die Jäger zum lyrischen Ich gehören, belegen die Verse 1
              und 2. Dass es sich bei dem Gejagten um das Bewusstsein, möglicherweise stellvertretend für das lyrische Ich, handelt, belegt
              die Tatsache, dass die „Jäger" des Morgens, nach dem Schlaf, zu
              ihm kommen. Der Morgen ist die Zeit, in der das Bewusste das
              Unbewusste, den Traum, verdrängt.
              Das lyrische Ich empfindet es als zu seiner Person gehörig – die
              „Jäger" wecken einerseits eine eher unangenehme Vorstellung,
              die rhetorische Frage „Denn was täte ich" (V. 1) zeigt aber, dass
              sie ohne Zweifel zum lyrischen Ich gehören.
              Von daher hat das lyrische Ich insgesamt eine eher positive Einstellung zu den Jägern.
              Dass die Jäger „niedersteigen" (V. 5) könnte bedeuten, dass die
              Träume ins Bewusstsein gelangen. Der Ort wäre dann der Übergang zwischen Bewusstsein und Unbewusstsein, der „Rand" die
              Grenze von beiden. „(I)m Schatten" (V. 5) könnte darauf hindeuten, dass die Jäger, d.h. die Träume, im Verborgenen, nicht
              klar erkennbar in das Bewusstsein gelangen.

Übung 3.60   Das Gedicht *Gebirgsrand* von Ilse Aichinger aus dem Jahr 1961
              handelt von der Bedeutung der Träume für das lyrische Ich. Einerseits fühlt es sich von ihnen gejagt, andererseits erkennt es,
              dass sie untrennbar zu ihm gehören.
                  Die Aussage des Textes wird im Wesentlichen durch zwei
              Chiffren vermittelt. Zum einen werden die Träume als „Jäger"
              bezeichnet. Die Identifikation ist einfach, da in V. 2 beide miteinander gleichgesetzt werden. Warum das lyrische Ich die

Träume als „Jäger" bezeichnet, wird indes nicht gesagt. Vielleicht handelt es sich um Alpträume, um Vorstellungen, die das lyrische Ich lieber vermeiden würde.

Auch wie die Träume zum lyrischen Ich gelangen, ist mit einer Chiffre verschlüsselt. Sie gelangen „am Morgen / auf der Rückseite der Gebirge / (...) im Schatten" (V. 3-5) zum lyrischen Ich. Die Tageszeit lässt auf den Zeitpunkt des (langsamen) Erwachens, auf den Zustand zwischen Schlaf und Wachsein, wenn der Traum noch nicht völlig verklungen ist und noch gut in Erinnerung ist, schließen. Dass die Träume „im Schatten" (V. 5) niedersteigen, bedeutet vielleicht, dass sie unmerklich Teil des Bewusstseins werden. Das lyrische Ich erkennt ihre Bedeutung vielleicht noch nicht sofort.
Die Zeit bzw. den Ort dieses Übergangs des Traumes vom Bewusstsein ins Unterbewusstsein bezeichnet auch der Titel „Gebirgsrand". Es ist der Rand des Traum-Gebirges, der Übergang vom Unterbewusstsein zum Bewusstsein.

Zugleich erkennt das lyrische Ich die Bedeutung der Träume für sich selbst: „Denn was täte ich, wenn die Jäger nicht wären" (V. 1f.) – diese rhetorische Frage lässt an der wichtigen Bedeutung der (Alp)Träume keinen Zweifel. Auch hier wird nichts über die Gründe gesagt. Es ist denkbar, dass das lyrische Ich erkennt, dass auch schlechte Träume ihm Wahrheiten über sich selbst vermitteln. Oft erscheinen in Träumen Ereignisse, die nicht bewusst bewältigt worden sind, Personen und Begegnungen, die man verdrängt hat. Ängste, die man im täglichen Leben erfolgreich verdrängt, melden sich oft im Traum. Auch sie haben oft eine wichtige Funktion für den Einzelnen. Die Bedeutung von Menschen, Erinnerungen und Ängsten für einen selbst wach zu halten, ist vielleicht eine wichtige Aufgabe jeder Art von Träumen.

Übung 3.61	1) Das Unrecht ist sehr groß.
	2) Das neue Auto machte einen guten Eindruck im Verkaufsraum.
	3) Der Motor lief am Schluss nur noch unregelmäßig.
	4) Von weitem wirkte der Wald sehr schön auf uns.
Übung 3.62	Eine Personifizierung spricht einem unbelebten Gegenstand eine lebendige oder spezifisch menschliche Eigenschaft zu. Der Gegenstand oder Sachverhalt wird dadurch „verlebendigt".
Übung 3.63	1) Die Sonne lacht.
	2) Der Fluss verschlang weite Teile des Landes.
	3) Die Autobahn fraß sich immer tiefer in den Wald vor.
	4) Die Zeit fliegt dahin.

Übung 3.64   b) und c). Zur Begründung vgl. Lösung zu Übung 3.62.

Übung 3.65   der Himmel *küsst* (vgl. V. 2) die Erde: sanfte Berührung von
            Himmel und Erde; die Erde *träumt* (vgl. V. 4) vom Himmel:
            Verliebtheit = Einheit von Himmel und Erde, d.h. der
            ganzen Natur;
       die Luft *ging* (vgl. V. 5): ein leiser Luftzug ist zu hören;
       die Seele *spannte ihre Flügel aus* (vgl. V. 9f.): die Seele öffnet sich,
            vielleicht dem Reich der Fantasie;
       die Seele *fliegt* (vgl. V. 12) *nach Haus*: die Seele kommt bei sich
            selbst an, erlangt inneren Frieden

Übung 3.66   Das Gedicht *Mondnacht* von Joseph von Eichendorff handelt von der Sehnsucht des Menschen nach innerem Frieden. Dabei will das Gedicht deutlich machen, dass der Mensch in der Betrachtung der Natur und in der Versenkung in sie zu sich selbst finden kann.

Mondnacht gibt keine Handlung wieder, sondern eher ein Gefühl oder Sinneseindrücke. So schildert die erste Strophe, wie das lyrische Ich die Mondnacht wahrnimmt. In der Dämmerung oder in der vom Mond erhellten Nacht kommen ihm Himmel und Erde wie verwandelt vor. Sie wirken, vielleicht durch das Licht, wie miteinander vereint. Dieser Eindruck wird gesteigert fast bis zur Verliebtheit, wenn der Himmel die Erde küsst (vgl. V. 2) und die Erde vom Himmel träumen muss (vgl. V. 4) So ergibt sich insgesamt ein Bild von Harmonie, Frieden und Stille.

In der zweiten Strophe bringt ein Windhauch etwas Bewegung in dieses Bild, doch ist diese sanft (V. 6: „sacht") und erscheint durch das Geräusch des Rauschens (vgl. V. 7) und das Bild sich wiegender Ähren (vgl. V. 6) gedämpft. Zugleich wird berichtet, dass die Nacht „sternklar" ist – es muss sich also tatsächlich um eine Art Dämmerung oder Zwielicht handeln. Zugleich stellen Helligkeit („sternklar") und Dunkelheit (Nacht) auch Gegensätze dar, die hier miteinander versöhnt erscheinen.

In der dritten Strophe nun tritt das lyrische Ich selbst in Erscheinung. Indem es sich einer sehr bildlichen Sprache bedient, teilt es seine Gefühle nur indirekt mit. Angesichts seiner Eindrücke, wird seine Seele weit und öffnet sich den Eindrücken (vgl. V. 10), sie vereinigt sich geradezu mit der Natur (vgl. V. 11) und scheint am Ende zu sich selbst zu finden (vgl. V. 12). Dieser letzte Eindruck wird aber relativiert durch den Vergleich und den Gebrauch des Konjunktivs: „als flöge sie nach Haus" (V. 12). Damit ist deutlich, dass es sich nur um eine Möglichkeit handelt, dass die Sehnsucht endgültig immer noch nicht erfüllt ist.

So erscheint die Natur als möglicher Ort den inneren Frieden, sich selbst, zu finden. Sowohl diese Vorstellung als auch das Motiv einer fast mystischen Vereinigung von Mensch und Natur bzw. den verschiedenen Elementen der Natur sind typisch für die Romantik. Dazu passt durchaus auch, dass die Sehnsucht des lyrischen Ichs nicht endgültig erfüllt wird, sondern dass die Erfüllung immer noch auf das lyrische Ich zukommt. Ist eine Sehnsucht erfüllt, löst sie sich auf – das Motiv der Romantik ist dagegen das der ewigen Sehnsucht, des Unterwegsseins zu sich selbst.

Gestützt wird die Aussage durch die Form des Gedichts. Es besteht aus drei Strophen zu vier Versen, die im Jambus gehalten sind und jeweils drei Hebungen haben. Es handelt sich also um eine Volksliedstrophe. Der Rhythmus ist als ruhig fließend zu bezeichnen, die Verse enthalten abwechselnd je eine weibliche und eine männliche Kadenz. Dass die männliche Kadenz sowohl am Ende der einzelnen Strophen als auch des gesamten Gedichts stehen, wirkt wie eine Art Schlusspunkt. Der einfache Bau und die Strophenform unterstreichen die Schlichtheit des geschilderten Eindrucks.

Ein wichtiges Gestaltungsmittel in *Mondnacht* sind die Personifikationen; an einigen wenigen Stellen kommt auch eine Alliteration vor.

In V. 1f. wird die Stimmung berichtet, „als hätt' der Himmel die Erde still geküßt". Damit steht gleich zu Beginn des Gedichts ein Eindruck von Harmonie und Verbundenheit, wenngleich auch dieser durch den Vergleich und den Gebrauch des Konjunktivs in Frage gestellt erscheint. Wenn es im Anschluss daran von der Erde heißt, „daß sie im Blütenschimmer / von ihm nun träumen müßt" (V. 3f.) bestätigt und verstärkt das diesen Eindruck von Stille, Verbundenheit und Intimität. Wie belebt die Erde ist, zeigt die Bewegung : „Die Luft ging durch die Felder" (V. 5).

Schließlich werden in der dritten Strophe die Personifikationen auch verwendet, um den seelischen Zustand des lyrischen Ichs zu beschreiben. Wenn es heißt, dass die Seele „ihre Flügel ausspannte", zeigt das die Wirkung der Natur auf das lyrische Ich an: Die Seele öffnet sich, vielleicht dem Reich der Fantasie. Und auch ihr letztes Ziel, bei sich selbst anzukommen, erreicht sie nahezu. Indem es so scheint, „als flöge sie nach Haus" (V. 12), ist die Selbstfindung zumindest im Bereich des Möglichen.

So kann man deutlich sehen, dass es sich nicht um eine konkrete Beschreibung der Natur oder einer Mondnacht handelt, sondern um die Darstellung der Gefühle des lyrischen Ichs. Dazu wird keine realistische, sondern eine idealisierte Naturvorstellung entwickelt, und die Sehnsucht des lyrischen Ichs bleibt unerfüllt. In einer Zeit der Hektik, der knappen Zeit und eines vollkommen rationalisierten Verhältnisses zur Natur kann Eichendorffs Gedicht eine Mahnung zum Innehalten und zur Ruhe darstellen.

Übung 3.67 Der Halbmond steht für etwas, das den Menschen unvollkommen oder nur von geringem Wert erscheint, dabei aber vollkommen und von großem Wert ist.

Übung 3.68 *Baum der Gnade:* Erlösung
Brot und Wein: das Lebensnotwendige; im christlichen Zusammenhang der Leib und das Blut Christi als Sühnopfer für die Menschen, die ihm ihre Erlösung verdanken

Das Gedicht *Ein Winterabend* von Georg Trakl handelt von der Todverfallenheit und Todesnähe des Menschen. Die Aussage ist, dass es am Lebensende für den Menschen eine Erlösung gibt, wenn er die Gelegenheit dazu ergreift.

Die Aussage wird durch mehrere Allegorien vermittelt. Die „Abendglocke" (V. 2) markiert im Alltag das Ende des Arbeitstages; in übertragener Bedeutung kann die Abendglocke auch für das nahe Lebensende stehen. Dazu passt auch das sprachliche Bild des Weges bzw. der „Wanderschaft" (V. 5). Wenn sich diese auf „dunklen Pfaden" (V. 6) vollzieht, deutet das auf einen verworrenen, düsteren Lebensweg hin. Am Ende eines solchen Lebensweges kann man ohne Hoffnung auf Besseres sein. Dass es eine solche Hoffnung aber gibt, signalisiert der „Baum der Gnaden" (V. 7). Er erinnert an die biblische Vorstellung vom Baum des Lebens und steht zugleich für eine Erlösungshoffnung, die auch dem, dessen Weg auf dunklen Pfaden verlief, zuteil wird. Am deutlichsten wird dies durch die Allegorie „Brot und Wein" (V. 12). Im christlichen Glauben versteht man unter Brot und Wein den Leib und das Blut Christi, mit dem er der auf dunklen Pfanden wandelnden Menschheit die Erlösung ermöglicht hat. Aber auch ohne den unmittelbar religiösen Zusammenhang stehen Brot und Wein für überlebenswichtige Nahrung, also für Lebensnotwendiges. Dieses wird dem Menschen aber nur zuteil, wenn er es wagt, sich darauf in der gebotenen Demut einzulassen (vgl. V. 9).

Übung 3.69 1) Er ist sehr schnell.
2) Die Bahn war vollkommen überfüllt.
3) Sie erschien ihm sehr schön.
4) Es war überaus laut.

Übung 3.70   a) Er fuhr wie ein Lebensmüder. Er fuhr, als ob er nicht um sein Leben fürchtete. Er fuhr gleich einem Lebensmüden.

b) Sie kaufte so viele Sachen ein, als ob sie viel Geld besäße. Sie kaufte so viele Sachen ein wie eine Reiche. Gleich einer reichen Frau kaufte sie sehr viel Dinge ein.

c) Sie waren sich von Anfang an sympathisch wie alte Bekannte. Gleich alten Bekannten waren sie sich von Anfang an sympathisch. Sie waren sich von Anfang sympathisch, als ob sie alte Bekannte waren.

Übung 3.71   *Wie das Abendrot* (V. 1) – schön, sanft
wie der Tag in seinen letzten Gluten (V. 2) – vgl. Erklärung zum *Abendrot*
wie der heitre Stern (V. 5) – freudig blinkend = fröhlich, unbeschwert
wie der Blume Duft (V. 9) – schön
wie der Tau im Tal (V. 13) – erfrischend, frisch, belebend
wie der bange Ton (V. 17) – schön, einmalig

Übung 3.72   Es geht in diesem Gedicht um Gedanken eines verzweifelten Menschen vor dem Selbstmord. (a) (Textbeleg: Beginn der Strophen 1-5 mit „Ich möchte hingehn"; V. 15f.: „O wollte Gott, wie ihn der Sonnenstrahl / Auch meine lebensmüde Seele trinken!")

Übung 3.73   1. Strophe: Wunsch so sanft zu sterben, wie der Tag zu Ende geht.
2. Strophe: Wunsch auch noch im Sterben aufzustrahlen und ungeschwächt aus dem Leben zu gehen.
3. Strophe: Wunsch noch im Sterben für andere einen schönen Eindruck zu machen.
4. Strophe: Wunsch im Tode aufzugehen wie der Tau in der Sonne.
5. Strophe: Wunsch im Sterben den Schöpfer zu ehren.
6. Strophe: Verneinung der wesentlichen Wünsche.
7. Ankündigung: Langsamer, elender, schwerer Tod.

Es geht in diesem Gedicht um die Gedanken eines verzweifelten Menschen vor dem Selbstmord. Die Aussageabsicht ist, dass der Mensch dazu verurteilt ist, einen schweren, unversöhnten Tod zu sterben. Das lyrische Ich wünscht sich einen sanften, heiteren Tod (vgl. V. 5), in dem er mit Menschen und Gott versöhnt wird. Doch werden seine Wünsche, so wird es ihm angekündigt, nicht in Erfüllung gehen, sondern er wird einen harten, unversöhnten Tod sterben. Sowohl an den zahlreichen Gedanken, die sich das lyrische Ich über sein Sterben macht, als auch die Tatsache, dass es seine Seele als „lebensmüde" (V. 16) bezeichnet.

In der Struktur stützen der Gegensatz von Wunsch und Verneinung sowie die Ankündigung die Aussage: Einem ausgedehnt vorgetragenen Wunsch folgt knapp die Verneinung und die Ankündigung, wodurch der Eindruck von etwas Feststehendem entsteht.

Übung 3.74   Man kann sich vorstellen, dass die Wünsche auch dadurch bedingt sind, dass das lyrische Ich „aus der Fremde" schreibt. Gerade in einer Situation freiwilliger oder unfreiwilliger Fremdheit ist die Sehnsucht nach Erlösung gut nachzuvollziehen.

Übung 3.75   Polizeistaatliches Klima im Gefolge des Wiener Kongresses (1813): Verbot demokratischer Bewegungen, scharfe Zensur des geschriebenen Wortes, Behördenwillkür;
unbarmherziges Vorgehen gegen Kritiker: zahlreiche Emigrationen, v.a. nach Frankreich und in die Schweiz.

Übung 3.76   1841-1843: *Gedichte eines Lebendigen* als großer Erfolg;
       Herwegh reist als gefeierter Lyriker durch Deutschland und wird vom König Friedrich Wilhelm IV. empfangen;
       Ausweisung aus Deutschland wegen unvorsichtiger Äußerungen über die politische und soziale Lage; lebt daraufhin in Paris;
1848 führt Herwegh das „Republikanische Komitee der Deutschen in Paris" an und greift in den badischen Aufstand ein;
       lebt danach in der Schweiz, ab 1866 in Baden-Baden, wo er 1884 stirbt.

Übung 3.77   zu a) Es ist im Text kein Hinweis auf Freiheits- und Demokratiebestrebungen enthalten. Die Schlussfolgerung vom Autor auf das lyrische Ich ist zu kurzschlüssig.
       zu b) Die Gleichsetzung von Autor und lyrischem Ich ist falsch; die Schlussfolgerung ist zu allgemein.
       zu c) Das Gedicht enthält keinen Hinweis auf das Jahr.

Übung 3.78   Der Text könnte, wenn man die Biografie Georg Herweghs berücksichtigt, auch vom harten Schicksal der Emigranten handeln. Getrennt von der Heimat leben sie im Ausland und sind oft geduldet, aber von niemandem erwünscht. Viele Menschen, die aus politischen Gründen gezwungen sind, in die Emigration zu gehen, leiden an gebrochenem Herzen. So könnte der Todeswunsch des lyrischen Ichs stellvertretend für das Schicksal der Emigranten stehen. In der Einsamkeit der Fremde findet vielleicht eher eine grundsätzliche Auseinandersetzung mit dem Tod statt, aus der der Wunsch hervorgeht, versöhnt zu sterben. Es ist denkbar, dass Herwegh, der selbst lange Jahre in der Emigration verbracht hat, diesen Traum selbst geträumt hat und das Gedicht möglicherweise als Vorwegnahme eigener Erfahrung verfasst hat.

Übung 3.79   Das Gedicht kritisert als Parodie des *Wiegenlieds* von Johann Wolfgang Goethe die Zustände in Deutschland in den Jahren der Restaurationszeit. Dabei wird nicht allein die Obrigkeit kritisiert, sondern auch der Untertanengeist der Deutschen. Sie erscheinen als wenig freiheitsliebend und allein dem Glauben ergeben (vgl. 2. Str.), gehorsam und nur den großen, aber gesellschaftlich wirkungslosen Künstlern zugetan (vgl. 3. Str.), abhängig von der Gunst des Königs (4. Str.) und hören nicht auf kritische Stimmen (vgl. 5. Str.). Bei einem solchen Staatsvolk brauche sich die Obrigkeit keine Sorgen um eine Revolution zu machen.

Georg Herwegh schreibt zwar nicht in der „Ich"-Form, doch könnten in den Inhalt und die Aussage des Gedichts auch eigene Erfahrungen eingeflossen sein.

Nachdem Herwegh zunächst als Schriftsteller in Deutschland geachtet war und sogar vom König empfangen wurde, wurde er später wegen unvorsichtiger Äußerungen über die politische und soziale Lage aus Deutschland ausgewiesen. Wie viele Emigranten lebte er daraufhin in Paris. 1848 führte Herwegh das „Republikanische Komitee der Deutschen in Paris" an und griff in den badischen Aufstand ein. Während seines Eintretens für Freiheit und Demomkratie hat Herwegh Erfahrungen mit dem deutschen Volk sammeln können, die ihn vielleicht nicht gerade ermutigt haben. Die Enttäuschung darüber könnte ihn zur Abfassung seines satirisch-kritischen *Wiegenlieds* veranlasst haben.

Übung 3.80   Vorschlag a) versucht eine Verbindung zum Text herzustellen, doch gelingt dies nicht hinreichend. Vielleicht trifft die Deutung vom „stückweisen Tod" auch für das Herwegh-Gedicht zu, doch zu den Erfahrungen der Asylbewerber gibt es im Text keinen Anhaltspunkt bzw. keine Parallele.

Vorschlag b) bezieht sich zu eindeutig auf die Situation politischer Verfolgung, die im Text selbst nicht direkt angesprochen ist.

Vorschlag c) ist viel zu direkt und bezieht sich nicht mehr nachvollziehbar auf den Text.

Übung 3.81   Christa Reinig
Bekannte Lyrikerin, aber in der DDR kaum gedruckt;
Vertrieb der Texte u.a. durch handschriftliche Übertragungen;
1964, anlässlich der Verleihung des Bremer Literaturpreises, Übersiedlung in die Bundesrepublik Deutschland.

Zur politischen Situation in Deutschland nach 1945
Nach 1945: „Kalter Krieg" zwischen den Kriegsgewinnern USA und UdSSR um Vorherrschaft in Europa; gespannte Situation Ost-West;
1949: Gründung der beiden deutschen Staaten;
50er Jahre: stalinistisches System in der DDR (Unterdrückung); massenhafte Auswanderung nach Westdeutschland;
1961: Bau der Berliner Mauer und des Grenzzauns durch die DDR zum Stopp der Flüchtlingswelle;
schwierige Situation kritischer Intellektueller in der DDR;
schwierige Reisesituation, auch für reine Privatbesuche: Passierscheine für die Einreise in die DDR, starke Personenkontrollen für Kraftfahrzeuge und in Zügen im Verkehr zwischen den deutschen Staaten.

Nachdem sich im Zusammenhang des „Kalten Krieges" die Situation zwischen beiden deutschen Staaten zunehmend verschlechtert hatte, wurden schließlich 1961 die Berliner Mauer und der Grenzzaun errichtet, um die Flüchtlingswelle aus der DDR zu stoppen. Zugleich wurde auch die Situation kritischer Intellektueller immer schwieriger. Christa Reinig war in den 60er Jahren eine bekannte Lyrikerin in der DDR, doch wurden ihre Gedichte wegen kritischer Untertöne kaum gedruckt, sodass sie in handschriftlichen Übertragungen vertrieben werden mussten. Zwischen den deutschen Staaten entstand eine schwierige Reisesituation, auch für reine Privatbesuche: Passierscheine waren für die Einreise in die DDR erforderlich, starke Personenkontrollen wurden für Kraftfahrzeuge und in Zügen im Verkehr zwischen den deutschen Staaten durchgeführt. Auf diese Situation spielt das Gedicht deutlich an, geht aber zugleich darüber hinaus, wenn es auf das Immaterielle anspielt, das von Grenzbeamten und Zöllnern auch bei strengsten Kontrollen nicht aufzufinden ist. In gewisser Weise nimmt Reinig die Situation des Jahres 1964 vorweg, als sie anlässlich der Verleihung des Bremer Literaturpreises in der Bundesrepublik Deutschland blieb.

Übung 3.82   Auch wenn Personenkontrollen, Mauer und Stacheldraht zwischen beiden deutschen Staaten seit nunmehr 10 Jahren verschwunden sind, hat das Gedicht nichts von seiner Aktualität eingebüßt. In vielen Teilen der Welt werden kritische Intellektuelle und Schriftsteller nach wie vor verfolgt und Ideologien und Grenzen verhindern, dass die Menschen zueinander kommen. Die Macht und Ohnmacht der Kontrolleure ist überall dieselbe: Sie können den Einzelnen bedrängen und Mitgenommenes beschlagnahmen, immer aber gibt es etwas, auf das sie keinen Zugriff haben – das sind die Gedanken.

Zu Kapitel 4

Übung 4.1 Genannt werden könnten etwa: Natur – Tiere – Stille – Blätterrauschen – Einsamkeit – Grün – Baumvielfalt – Geheimnis – Erholung – Entspannung ...

Übung 4.2 Das Gedicht erfüllt keine der typischerweise mit „Wald" verbundenen Erwartungen. Einerseits wird der Wald nur als Wirtschaftsfaktor gesehen, in der zweiten Strophe geht es um den Wald als zauberhaften Ort des Geheimnisses.

Übung 4.3 Es werden keine – möglicherweise falschen – Erwartungen geweckt. Das Gedicht ist dadurch „offen" in seinem Charakter.

Übung 4.4 Die erste Strophe beschreibt den Wald als Wirtschaftsraum. Dabei spricht sie sowohl seine Ausbeutung durch die Industrie als auch unmittelbar durch die Menschen an.
Demgegenüber steht der Wald als wunderbarer „Zauberwald" (V. 9), ein Ort des Geheimnisses. Die Bedeutung dieses Geheimnisses für die Menschen umschreiben die letzten beiden Verse: Obwohl es die „Zukunft" (V. 13) ist, wird sie von den Menschen abgelehnt (vgl. V. 12) und vergessen (vgl. V. 13).

Übung 4.5 Wortwahl: Vor allem Substantive, z.T. aus wirtschaftlichem Bereich: Kennzeichnung der sachlichen, nicht fantasievollen Betrachtungsweise.
Bedeutungsfeld „Wirtschaft": *Bestand (V. 1), Abholzung (V. 2), Holz- und Papierindustrie (V. 2), am rentabelsten (V. 3), Schädlinge (V. 4)*. Bedeutungsfeld „menschliche Nutzung": *Vogelschutz (V. 4), Wildbestand (V. 5), Hege (V. 5), Jagdgesetze (V. 5), Beeren (V. 6), Bucheckern (V. 6), Pilze (V. 6), Reisig (V. 6)*.
Das letzte Wort der ersten Strophe, *Zivilisationslandschaft (V. 8)*, fasst diese quasi zusammen. Die Bedeutung ist daran erkennbar, dass es allein in einem Vers steht.

Übung 4.6 Der leitende Gesichtspunkt ist der der Fantasie („Zauberwald Merlins"). In der Wortwahl unterscheidet sich die zweite Strophe von der ersten dadurch, dass sie nicht mehr so lange Substantivreihungen enthält, sondern dass das „Einhorn" in drei Relativsätzen näher erklärt wird (vgl. V. 11-13).

Die Substantive bringen zum Ausdruck, dass der Wald in seiner vielfältigen Art nur Objekt für den Menschen ist. Die zweite Strophe kennzeichnet ihn dagegen durch die Relativsätze als eine Art Subjekt, die in einer wechselseitigen Beziehung zum Menschen steht.

Übung 4.7   Nur drei Alliterationen (V. 1: „Bestand an Bäumen"; V. 6: „Beeren, Bucheckern"; V. 7: „Waldboden, Wind") sind traditionelle Stilmittel.

Übung 4.8   Die Fantasie ist etwas, das unweigerlich auf den Menschen zukommt (vgl. V. 11), das der Mensch jedoch von sich aus ablehnt (vgl. V. 12), womit er gleichsam seine eigene Zukunft aufs Spiel setzt (vgl. V. 13).

Übung 4.9   Die erste Strophe beschreibt den Wald als Wirtschaftsraum. Schon der „Bestand an Bäumen, messbar" (V. 1) zeigt an, dass es um eine zahlenmäßige Größe und nicht etwa um den Wald in seiner Bedeutung für die Menschen geht. Die Nutznießer des Waldes werden benannt: „Holz- und Papierindustrie" (V. 2), auch der Gesichtspunkt, unter dem sie den Wald betrachten: die Rentabilität (vgl. V. 3). Doch nicht nur die Industrie, sondern auch die Menschen nutzen den Wald, wie die Reihung der Substantive in V. 4-6 anzeigt. Auch hier wird der Wald nur in seinem Nutzen und als Objekt gesehen. Naturschutz erscheint in Form von Schädlingsbekämpfung; ein starkes Interesse am Wald haben die Jäger, aber auch harmlosen Sammlern ist der Wald vorwiegend Objekt. Das letzte Wort fasst diesen Eindruck vom Wald zutreffend zusammen: „Zivilisationslandschaft" (V. 8).

Demgegenüber steht der Wald als wunderbarer „Zauberwald" (V. 9), ein Ort des Geheimnisses. Die Bedeutung dieses Geheimnisses für die Menschen umschreiben die letzten beiden Verse: Obwohl es die „Zukunft" (V. 13) ist, wird sie von den Menschen abgelehnt (vgl. V. 12) und vergessen (vgl. V. 13).

Deutlich wird die unterschiedliche Sichtweise vor allen Dingen bei der Wortwahl: Vor allem Substantive, z.T. aus dem wirtschaftlichem Bereich, machen klar, dass es nicht um den Wald *an sich*, sondern nur um seine Bedeutung für den Menschen geht: Der sachliche Aspekt steht klar im Vordergrund, wie der Tonfall und die Substantive aus dem Bedeutungsfeld „Wirtschaft" zeigen: „Bestand" (V. 1), „Abholzung" (V. 2), „Holz- und Papierindustrie" (V. 3), „am rentabelsten" (V. 3), „Schädlinge" (V. 4). Darüber hinaus inhaltlich wichtig ist das

Bedeutungsfeld „menschliche Nutzung": „Vogelschutz" (V. 4), „Wildbestand, Hege, Jagdgesetze" (V. 5), „Beeren, Bucheckern, Pilze, Reisig" (V. 6), das der fantasievollen Betrachtungsweise widerspricht.

Mit der Gegenüberstellung der beiden Bereiche macht Günter Eich nicht nur auf das Problem des Umweltschutzes, hier besonders des Baumsterbens, aufmerksam. Er geht darüber hinaus, indem er auf die geistige Einstellung dem Wald und somit der ganzen Natur gegenüber aufmerksam macht. Der Mensch ist nur im Stande, den Wald auf seine eigenen Bedürfnisse hin zu sehen, sei es im Großen (Industrie) oder im Kleinen (Pilz- und Beerensammeln). Das ist eine rein rationale, vernunftmäßige Betrachtungsweise. Die Fantasie in Bezug auf die Natur hat er jedoch vollkommen verdrängt. Vielleicht ist sie ihm unbequem, weil sie nicht berechenbar, „zählbar" ist. Deshalb will er sie nicht, lehnt sie ab, hat sie vergessen. Dabei ist sie in Zeiten wachsender Probleme mit der Umwelt vielleicht die Zukunft des Menschen.

Indem Eich in seinem Gedicht den Wald unter solch ungewöhnlichen Perspektiven betrachtet, erweitert er den Horizont in Bezug auf unseren Umgang mit der und unser Denken über die Natur.

Übung 4.10 Das nur sechs Verse umfassende *Natur-Gedicht* von Jürgen Becker behandelt die Bedeutung der Natur für den Menschen. Seine Aussage ist zwiespältig, indem es einerseits auf die Zerstörung und Durchplanung der Natur hinweist, andererseits trotz dieser Tatsachen das Tröstliche und Schöne herausstellt, das die Natur für den Menschen bedeutet.

Zunächst beschreibt das lyrische Ich die Umgebung seines Hauses: „Kahlschlag, Kieshügel, Krater" (V. 2). Diese Umgebung ist hässlich und unwirtlich. Der Urheber, obwohl nicht direkt genannt, ist klar. Alle drei beschriebenen Phänomene sind Folgen menschlicher Planung und menschlichen Handelns. Die Tatsache ist dem lyrischen Ich bekannt, denn es wird durch jene Phänomene an sie „erinner(t)" (V. 3). Entsprechend beiläufig wird das Fazit gezogen: „nichts Neues; kaputte Natur" (V. 4). Gerade diese Beiläufigkeit gibt der Umweltzerstörung eine gewisse Härte: Es handelt sich um eine schlichte Tatsache, die bloß zur Kenntnis und hingenommen werden kann.

Ein Wandel drückt sich durch die adversative Konjunktion „aber" zu Beginn von V. 5 aus. Dem Erinnern folgt wieder das Vergessen, verstärkt noch durch das Adverb „gern". Dabei ist der Anlass des Vergessens überraschend gering: Nicht angesichts von Nationalparks oder großartigen Landschaften, die es noch gibt, vergisst das lyrische Ich die Zerstörung der Natur, sondern es reicht schon als Grund: „solange ein Strauch steht" (V. 6).

Damit soll aber wohl kaum zum Ausdruck gebracht werden, dass der kleinste Strauch die Zerstörung der Umwelt aufhebt. Vielmehr zeigt dieser geringe Anlass zur Freude, wie sehr das lyrische Ich – und mit ihm alle Menschen – die Natur nötig haben. Hätte das lyrische Ich nicht die Möglichkeit die „kaputte Natur" um sich herum zu vergessen, würde es vielleicht selbst „kaputtgehen", keine Möglichkeit zur Existenz mehr sehen.

Auf diese Weise macht das Gedicht auf doppelte Weise auf die Zerstörung der Umwelt aufmerksam: zum einen, indem es sie beim Namen nennt und ihre Auswirkungen beschreibt (V. 2), zum anderen, indem es die Bedeutung der Natur für den Menschen hervorhebt.

Es handelt sich bei dem Text um ein Stück moderner Lyrik: Strophenform, Metrum und Reime in traditioneller Art und Weise kommen nicht vor. An poetischen Mitteln hat der Verfasser drei Alliterationen (vgl. V. 2, 4, 6) und eine Inversion (vgl. V. 1-3) eingesetzt. Die Sprache ist einerseits einfach, indem keine zu entschlüsselnden sprachlichen Bilder verwendet werden; andererseits ist sie sehr kunstvoll gestaltet, denn das Gedicht besteht formal nur aus einem einzigen Satz, der in zwei Hälften auseinander fällt. Die einfache Sprache unterstreicht den nüchternen Blick auf die zerstörte Natur; die drei Substantive „Kahlschlag, Kieshügel, Krater" (V. 2), die zunächst einmal nicht unmittelbar auf Umweltverschmutzung schließen lassen, schärfen, gerade weil sie ungewöhnlich sind, den Blick für die Problematik.

Auch die Tatsache, dass die Versanfänge klein geschrieben sind und der Satz keinen Schlusspunkt aufweist, unterstreicht in gewissem Sinn den unabgeschlossenen und desillusionierenden Charakter des Gedichts.

Zu Kapitel 5

Übung 5.1
- „ästhetische Qualität und geschichtliche Bedeutung" ⇒ Herausarbeiten der besonderen Art des künstlerischen Umgangs mit Sprache
- „exemplarische(n) Charakter für eine Epoche, Textart oder Gattung" ⇒ *Einordnung in die literarische Epoche genaue Kenntnis der Biografie des Autors*
- „motiv-, form- und stilgeschichtliche Relevanz" ⇒ *Nennung von Merkmalen, die das betreffende Gedicht mit anderen verbindet; eingehende Behandlung der Rezeptionsgeschichte*

– „thematische Bedeutung für die Schülerinnen und Schüler, bezogen auf ihre Mit- und Umwelt sowie auf Grundprobleme der menschlichen Existenz" ⇒ *aktuelle Bedeutung benennen*. (EPA, S. 9)

Übung 5.2   a) AFB III (inhaltlich und formal korrekt; über den Text hinausgehend); b) AFB I (weitestgehend Darstellung); c) AFB II (inhaltlich korrekt, sprachlich und formal weitgehend korrekt, jedoch in zu geringem Maße über den Text hinausgehend)

Übung 5.3   – fachgerechte Untersuchungsmethoden anwenden
⇒ *allgemein: Kap. 2: „Die Interpretation geordnet angehen" und Kap. 3: „Die Kategorien der Interpretation"*
– zentrale Aussagen und Probleme erfassen
⇒ *2.2 Worum geht es eigentlich? – Die Themafrage bestimmen*
– Textstruktur und strukturbildende Elemente ermitteln
⇒ *2.1 Wie ist das Gedicht inhaltlich aufgebaut? – Den Text erfassen und zusammenfassen*
– Textintention erfassen
⇒ *2.3 Was will der Text eigentlich bewirken? – Die Aussageabsicht herausfinden*
– erfassen, wie Phänomene der erfahrbaren und denkbaren Wirklichkeit unter gegebenen historischen, sozialen und persönlichen Bedingungen ausgewählt und gedeutet worden sind
⇒ *2.3 Was will der Text eigentlich bewirken? – Die Aussageabsicht herausfinden; 2.4 Was will ich darstellen und belegen? – Eine Arbeitshypothese formulieren*
– ggf. sich mit den Normen und Wertvorstellungen, die dem Text zu entnehmen sind, auseinandersetzen
⇒ *2.3 Was will der Text eigentlich bewirken? – Die Aussageabsicht herausfinden; 2.4 Was will ich darstellen und belegen? – Eine Arbeitshypothese formulieren*
– zu der Aussageweise des Textes Stellung nehmen
⇒ *Kapitel 3.1 - 3.4: Die Kategorien der Interpretation (lyrisches Ich, formale Merkmale, sprachliche Mittel, Bildlichkeit)*
– ggf. Art und Umfang der Verbreitung des Textes (z.B. Auflagenhöhe, Rezipienten, Vermittlung durch bestimmte Medien) berücksichtigen
⇒ *3.5 Über das Gedicht hinaus? – Außertextliche Komponenten einarbeiten*
– den Text in größere Zusammenhänge (z.B. in der Literaturgeschichte, der Ästhetik, der Biografie des Autors, der Gesellschaft) einordnen."
⇒ *3.5 Über das Gedicht hinaus? – Außertextliche Komponenten einarbeiten; 3.6 Was bedeutet das für uns heute? – Einen aktuellen Bezug herstellen*

Übung 5.4

1. Die Interpretation soll auf sachlich richtigen, am Text belegbaren Aussagen beruhen.
2. Die Aussagen sollen in sich widerspruchsfrei und begründbar sein.
3. Die Analyse soll sich nie auf einen einzigen Aspekt, sondern stets (je nach Aufgabenstellung) auf mehrere Bereiche beziehen.
4. Die Analyse soll deutlich machen, dass der Untersuchende nicht von einem vorgefassten Urteil ausgeht, sondern am aktuellen Beispiel differenziert beobachten und seine Ergebnisse entsprechend darstellen kann.
5. Die Analyse soll nicht eine Paraphrasierung des Textes, sondern eine erkennbar eigenständige Darstellung sein.
6. Die Interpretation soll klar und nachvollziehbar gegliedert sein.
7. Bei der Darstellung soll man, wo es passt, Fachausdrücke verwenden und sich auf fachspezifische Untersuchungsmethoden stützen.
8. Die Interpretation soll Sicherheit im schriftsprachlichen Ausdruck belegen.

Zu Kapitel 6

Übung 6.1

Die Ballade *Belsazar* von Heinrich Heine handelt von der menschlichen Überheblichkeit und ihren möglichen Folgen.

Übung 6.2

Sie lässt sich in vier Teile einteilen: Gelage im Schloss (V. 1-12) – Gotteslästerung (V. 13-26) – Erscheinung der Feuerschrift (V. 27-38) – Belsazars Ende (V. 41f.)

Übung 6.3

Die Handlung der Ballade spielt in Babylon. Während es in der Stadt zu mitternächtlicher Stunde ruhig ist, sitzen im Schloss der König Belsazar und einige Getreue beisammen und feiern ein rauschendes Fest. Dass der König und sein Gefolge vom Sprecher negativ dargestellt werden, erkennt man schon an dem Kontrast der Nachtruhe zur Feier: „da lärmt des Königs Troß" (V. 4). Während sie zusammen sind, wird viel getrunken. Die Knechte genießen die Feier, und der König genießt es, sich von den Knechten feiern zu lassen. Dass auch der König von Anfang an negativ erscheint, erkennt man an dem Adjektiv „störrig" (V. 10). Störrisch ist eigentlich jemand, der sich widersetzt, und so kann man sich fragen, gegen wen sich der mächtige König von Babylon wehrt.

Das wird im zweiten Teil des Gedichts deutlich. Während die Feier ihren Fortgang nimmt, lässt sich Belsazar dazu hinreißen, Gott zu lästern. Dafür gibt es zwei Gründe: Zum einen die Tatsache, dass er sich nach dem Genuss von so viel Wein mutig fühlt, zum anderen die Tatsache, dass er einen Sieg über die Israeliten errungen und den Tempel beraubt hat (vgl. V. 19f.). Deshalb scheint sich Belsazar nun mächtiger als Gott zu fühlen. Um seine Macht zu demonstrieren und Gott zu demütigen, lässt er sich „viel gülden Gerät" (V. 19) aus dem geraubten Tempelschatz herbeibringen und einen heiligen Becher „bis am Rand" (V. 22) füllen. Indem er so den heiligen Gegenstand entweiht, lästert er Gott nicht nur mit Worten, sondern auch mit Taten. Belsazar leert den Becher „hastig bis auf den Grund" (V. 23) und besiegelt seine Gotteslästerung mit den Worten: „Jehova! Dir künd ich auf ewig Hohn, – / Ich bin der König von Babylon!" (V. 25f.). Die Hast, mit der er den Becher leert, verrät schon erste Zeichen von Unsicherheit, und die Worte, mit denen er Gott lästert, wirken eher trotzig als überlegen.

Dass er sich des Ungeheuren seines Anspruchs bewusst ist, zeigt der dritte Teil des Gedichts. Im Moment der Gotteslästerung selbst wird es Belsazar unheimlich zu Mute. Ähnlich ist die Reaktion der anderen. Hier kündigt sich eine Wende im Gedicht an, denn „(e)s wurde leichenstill im Saal" (V. 30). Plötzlich erscheint eine geheimnisvolle Hand, die mit „Buchstaben von Feuer" (V. 34) etwas an die Wand schreibt. Die Anwesenden sind entsetzt, der eben noch so stolze und prahlerische König sitzt plötzlich „stieren Blicks" da, „mit schlotternden Knien und totenblaß" (V. 35f.). Das mag einerseits am Unheimlichen des Vorgangs liegen, aber die zweite Erwähnung des Todes zeigt an, dass der König und seine Getreuen ahnen, dass es einen Zusammenhang mit der Gotteslästerung gibt. Belsazar unternimmt einen letzten Versuch sich gegen das Schicksal zu wehren, indem er Magier beauftragt, die Schrift zu entziffern und zu deuten, doch vergebens.

Die letzte Strophe berichtet in vergleichsweise einfachen Worten davon, dass der König noch in derselben Nacht „(v)on seinen Knechten umgebracht" (V. 42) wird.

Übung 6.4 Gründe werden nicht genannt, und ganz verschiedene sind denkbar: Die Knechte könnten die Schwäche des Königs erkannt haben und ihn bei dieser günstigen Gelegenheit umgebracht haben. Sie könnten ihn getötet haben, weil sie Angst hatten, die Rache Gottes würde sonst alle treffen. Möglicherweise wurden sie auch ohne eigenen Willen und Zutun zu einem Instrument der Rache Gottes.

Je nachdem, wie man die Gründe für die Ermordung beurteilt, ergeben sich einige Unterschiede in der Aussageabsicht. Grundsätzlich gilt, dass Belsazar das Opfer seiner Überheblichkeit geworden ist. Darüber hinaus könnte die Ballade aber auch vor falschen Freunden warnen und auf die Vergänglichkeit aller menschlichen Macht hinweisen, indem sie den schnellen und tiefen Fall des Königs Belsazar beschreibt.

Übung 6.5   Die formalen und sprachlichen Mittel in *Belsazar* dienen einerseits zur Unterstützung der Aussage, andererseits unterstreichen sie den Charakter des Gedichts als Ballade.

Der Aufbau ist regelmäßig: 21 Strophen zu zwei Versen, die im Paarreim verbunden sind; das Metrum ist ein vierhebiger Jambus mit männlichen Kadenzen. Durch diese Regelmäßigkeit wird eine gewisse Distanz zum Geschehen deutlich. Gelegentlich wird der jambische Rhythmus durchbrochen, so in V. 14, 15 und 25, wo der Anapäst dazu dient, den Frevel besonders hervorzuheben; auch in V. 42 findet sich ein Anapäst, hier aber zur Betonung der Strafe. Die einzelnen Verse sind i.d.R. innerhalb einer der (mit 2 Versen ungewöhnlich kurzen) Strophen durch Enjambement miteinander verbunden, was den Zusammenhang der Handlung anzeigt. Umgekehrt bilden aber die einzelnen Strophen normalerweise eine durch den Punkt abgeschlossene Einheit. Auch dort, wo kein Satzschlusszeichen steht (V. 24 und 32), ist durch die Zeichensetzung die Strophe als abgeschlossene Einheit erkennbar. Diese Gestaltung zeigt an, wie sich die Handlung in einzelnen kleinen Schritten immer weiter entwickelt. Schritt für Schritt geht der König seinem Verderben entgegen.

Dem dramatischen Aspekt der Ballade entspricht ein Tempuswechsel: Der Erzählbericht ist im Imperfekt geschrieben (vgl. z.B. V. 1f.), die Darstellung der Überheblichkeit Belsazars im Präsens (vgl. V. 15f., V. 23-26). Damit ist der Leser unmittelbarer am entscheidenden Geschehen, der Gotteslästerung Belsazars, beteiligt.

Die Wirkung der Handlung wird unterstützt durch den Klang. So dienen helle Vokale (i, e, ü) zur lautlichen Unterstreichung der ausgelassenen Stimmung (vgl. V. 7f.), dunkle Vokale (u, o) zum Ausdruck der Spannung und des Schreckens (vgl. V. 11f., 27f., V. 35-38).

Vor allem wird die Dramatik durch die Wortwahl unterstrichen. Von Anfang an wird der König im Gedicht negativ beschrieben. Dazu dienen vor allem Adjektive und Verben, die den Frevel des Königs kennzeichnen: „störrigen" (V. 10), „kecker" (V. 12), „lästert" (V. 14), „sündigem Wort" (V. 14), „brüstet" (V. 15), „frech" (V. 15), „wild" (V. 15), „stolzem" (V. 17) und „frevler Hand" (V. 21). Indem die Beschreibung des Königs und seines Gefolges schon von Anfang an negativ ist, wird ausgeschlossen, dass es sich bei der Gotteslästerung und der Überheblichkeit Belsazars nur um ein Versehen, einen „Ausrutscher" handeln könnte. Die Überheblichkeit gehört zu seiner Wesensart, und vor allem deshalb wird sie bestraft.

Vergleiche, z.B. „leichenstill" (V. 30) werden verwendet. Eine Steigerung der Eindringlichkeit des Ausdrucks erreicht das Gedicht durch Anaphern (vgl. V. 13-15), Alliterationen (vgl. V. 16-18, 27-29) und Wiederholungen (vgl. V. 31 und 33). Mit diesen Mitteln wird die Spannung der Handlung sprachlich umgesetzt und erhöht. Eine Wortneubildung, „durchgraut" (V. 37), erhöht durch die Verbindung mit Grauen die Spannung und ist zugleich ein wirkungsvoller Ausdruck des Unbegreiflichen.

Übung 6.6 So schildert die Ballade auf eindrucksvolle Weise ein Beispiel für die menschliche Überheblichkeit und die Strafe, die man dafür zu zahlen hat. Nicht immer geht es dabei um Gotteslästerung und noch seltener ist der Tod die Folge menschlichen Hochmuts, doch macht *Belsazar* deutlich, dass das menschliche Handeln im Guten wie im Schlechten nicht ohne Folgen bleibt.

Übung 6.7 Das Gedicht handelt von der trügerischen Sorglosigkeit der Menschen im Umgang mit der Technik sowie von der Vergänglichkeit von Glücksmomenten und menschlichen Plänen. Dieses bringt das Gedicht durch die Darstellung der Geschwindigkeit einer Fahrt mit dem Schnellzug und ihr plötzliches Ende durch einen Zusammenstoß mit einem anderen Zug anschaulich zum Ausdruck.

Übung 6.8 In der ersten Strophe werden die Situation der Zugfahrt und ihre Geschwindigkeit beschrieben. Der Zug hat offenbar eine lange Strecke zurückzulegen (vgl. V. 1), die er „(r)asend" (V. 6) hinter sich bringt. Mit großem Tempo (vgl. V. 5), einer Melodie gleich (vgl. V. 2) bewegt er sich unter verschiedensten Geräuschen (vgl. V. 8) und optischen Eindrücken (vgl. V. 7) fort. Die einzige Sorge ist, ob es eine Verspätung geben wird, und nichts deutet auf ein Unglück hin. Einzig der Vergleich des Zuges mit einer „Bestie" (V. 7) deutet an, dass auch etwas Unheimliches mit im Spiel ist.

In der zweiten Strophe wird der Blick nach draußen gerichtet, wo Länder, Städte und Landschaften vorbeifliegen (vgl. V. 9; 11), sodass sie kaum noch wirklich erscheinen (vgl. V. 12). Tag und Nacht wechseln, allmählich kommt der Zug seinem Ziel näher. Der letzte Eindruck von den Tageszeiten ist „Dämmerung, Abend und Nebel und Nacht" (V. 15) – vielleicht ist auch das schon eine Andeutung der kommenden Katastrophe. Die dritte Strophe beschreibt, wie es Abend wird. Die Passagiere, anscheinend lauter besser gestellte Menschen (vgl. V. 21-24), die eine zufällig zusammengewürfelte Reisegesellschaft bilden, werden bald auseinander gehen. Jeder denkt: „Nur noch ein Stündchen!" (V. 19) und ist mit seinen Gedanken bei dem, was er nach der Zugfahrt tun wird.

Übung 6.9   Das Unglück, das in der vierten Strophe geschildert wird, kündigt sich bereits mit der Dunkelheit der Nacht an: „Nun ist das Dunkel dämonisch gewachsen" (V. 25). Immer noch setzt der Zug ruhig seine Fahrt fort, als ein Signal oder ein „wimmernder Ton" zu hören ist. Es ist das Alarmsignal des Blitzzugs und eines anderen Zugs, die zusammenstoßen.

Die letzte Strophe schildert, was nach dem Unglück übrig bleibt: sterbliche Überreste (vgl. V. 34), persönlicher Besitz (vgl. V. 36f.), Erinnerungen (vgl. V. 37f.) und Spielzeug. Die Zugkatastrophe hat offenbar viele Opfer gefordert. Mit diesem Schluss hat die Überschrift *Der Blitzzug* eine zwiespältige Bedeutung erhalten: Einerseits steht sie für die Geschwindigkeit des Zuges, andererseits auch für das Unglück und die Blitzesschnelle, in der sich dieses ereignet und den Träumen der Menschen ein Ende macht.

Übung 6.10   Besonders der Rhythmus des Schnellzuges, damals noch der einer Dampflokomotive, wird im Gedicht umgesetzt. Die Verse bestehen aus jeweils drei daktylischen Versfüßen mit je einer männlichen oder einer weiblichen Kadenz. Der Daktylus setzt das Geräusch der Dampflokomotive genau in den sprachlichen Rhythmus um.

Darüber hinaus legt der Satzbau einen schnellen Vortragsstil nahe. Aneinanderreihungen einzelner Substantive (vgl. V. 11-16; 21-24), parataktische, durch Kommas voneinander getrennte Satzreihen (vgl. V. 13-16; 28) und grammatisch unvollständige Sätze (V. 8) bewirken eine Art atemloses Sprechen, was der Geschwindigkeit des Zuges entspricht.

Der Verdeutlichung der Geschwindigkeit und des plötzlichen Unglücks dienen auch zwei bezeichnende Wortneubildungen: „Fortfortfort" (V. 5, 27, 29) und „halthalthalthalthalthalthalthaltein" (V. 31). Von ihrer Wortbedeutung sind beide Wörter klar. Während das erste die ständige und schnelle Fortbewegung symbolisiert, steht das zweite für das plötzliche Bremsen des Zuges. In der Länge des Wortes spiegelt sich direkt der lange Bremsweg des Zuges wider, der die Katastrophe aber dennoch nicht verhindern kann.

Übung 6.11 Das eigentliche Unglück kann sich der Leser selbst ausmalen; seine Schwere ist an den Folgen in der letzten Strophe ablesbar. Auf diese Weise ist nicht nur der Fantasie des Lesers mehr Raum gelassen; das Gedicht entgeht auch der Versuchung, das spektakuläre Ereignis des Unglücks in den Mittelpunkt zu stellen, was möglicherweise von der Aussage abgelenkt hätte.

Übung 6.12

Alliteration	bestimmender Laut	Wirkung
„Rüttert und rattert" (V. 2)	*r, t*	Veranschaulichung des Zuggeräusches auf den Schienen
„verschwindender Schweif" (V. 7)	*schw*	fließender, dahingleitender Eindruck
„Schaffnerpfiff, Lokomotivengepfeif" (V. 8)	*pf*	Schärfe, Nachdrücklichkeit des Pfiffs
„Nebel und Nacht" (V. 15)	*n*	Zusammengehörigkeit; Steigerung der Eindringlichkeit
„Nun ist das Dunkel dämonisch gewachsen" (V. 25)	*d*	Zusammengehörigkeit; Steigerung der Eindringlichkeit
„Schon hat die Venus die Wache gestellt" (V. 18)	*w (v* wie *w* gesprochen*)*	weicher, klingender, schläfriger Eindruck

Übung 6.13 Alliterationen sind das wichtigste Mittel auf der lautlichen Ebene: Sie bewirken einen fließenden, dahinfliegenden Eindruck. „Rüttert und rattert" (V. 2) gibt das Geräusch der Räder auf den Schienen wieder. Der „verschwindende Schweif" (V. 7) deutet mit dem Zischlaut das Geräusch des vorbeifahrenden Zuges an; zugleich bekommt die Bewegung etwas Weiches, Gleitendes. „Schaffnerpfiff, Lokomotivengepfeif" (V. 8) unterstreicht den Pfeifton und wirkt zugleich etwas „scharf" klingend. „Nebel und Nacht" (V. 15) zeigt die Zusammengehörigkeit beider an und steigert den Eindruck des Unheimlichen. Das Gleiche gilt für den Vers „Nun ist das Dunkel dämonisch gewachsen" (V. 25). Dagegen bewirkt der *w*-Laut im Vers „Schon hat die Venus die Wache gestellt" (V. 18) einen weichen, klingenden Eindruck. Er symbolisiert den Eindruck der Ruhe, die allerdings trügerisch ist.

Übung 6.14 Ungefähr hundert Jahre nach der Abfassung von *Der Blitzzug* könnte die eigentliche Handlung überholt wirken. Die Dampflokomotive, über die Liliencron schrieb, ist heute ein langsamer Oldtimer. Aber die Zugkatastrophe von Eschede 1998, bei dem ein ICE entgleiste und ca. hundert Menschen ums Leben kamen, zeigt, dass die Technik zwar Fortschritte gemacht hat, aber nicht unbedingt beherrschbar geworden ist. Darüber hinaus ist die Aussage von Liliencrons Gedicht nicht auf das Zugfahren zu beschränken. Auf vielen Gebieten versucht der Mensch, sich das Leben durch Technik angenehmer zu gestalten, und oft ist es der Wunsch nach dem „Schneller-Höher-Weiter", der ihn antreibt. Dabei seine Grenzen nicht außer Acht zu lassen und nur sorglos auf sein Fortkommen zu achten, ist die nach wie vor aktuelle Aussage von *Der Blitzzug*.

Übung 6.15 a) In dem Sonett *Morgen Sonnet* von Andreas Gryphius geht es um die innere Befindlichkeit des lyrischen Ichs und seinen Wunsch nach Erlösung durch Gott.

b) – Die zweite Strophe beginnt nicht nach V. 7, sondern nach V. 4. Damit wurde die Strophenform „Sonett", auf die schon der Titel hinweist, nicht zutreffend erkannt.

– 2 Quartette: 1. Str.: V. 1-4, 2. Str.: V. 5-8; 2 Terzette: 3. Str.: V. 9-11; 4. Str.: V. 12-14

– 1. Str.: Der Tag bricht an. 2. Str.: Die Sonne erstrahlt über der Natur, das lyrische Ich bittet Gott um Erleuchtung. 3. Str.: Die Bitte zielt auf die Freiheit von seelischem Leid und Schmerzen und auf die Stärkung des Vertrauens. 4. Str.: Das lyrische Ich bittet um Gottes Erlösung im Tod.

– Die vier Strophen haben einen Vergleich des Tagesanbruchs mit dem von Gott erbetenen Seelenheil zum Inhalt. In der ersten Strophe wird ein Tagesanbruch in der Natur geschildert: Der Sonnenaufgang bewirkt bei allen Geschöpfen eine heitere Stimmung. In der zweiten Strophe bekommt man einen schönen Eindruck von der Natur bei Tagesanbruch. Schon zum Ende der Strophe merkt man, dass es sich um ein Gebet handelt; in der nächsten Strophe wird klar, dass es das Gebet eines Leidenden und Bedrückten ist, denn es enthält die Bitte um Erlösung vom Schmerz . In der vierten Strophe schließt das lyrische Ich mit dem Wunsch, den Tag gottgemäß zu verbringen.

c) Indem die Eindrücke und Gefühle beim Tagesanbruch auf das menschliche Leben übertragen werden, zeigt sich, dass das lyrische Ich von Gott Erleuchtung im täglichen Leben und Erlösung im Tode erbittet.

d) abba abba ccd eed

e) Sonett: Vier Strophen: zwei Quartette und zwei Terzette, die in einem gewissen inhaltlichen Kontrast oder Gegensatz zueinander stehen, hier die Beschreibung des Tagesanbruchs (Str. 1 u. 2) und das Gebet (Str. 3, eigentlich schon ab V. 8, u. Str. 4). Sechshebige Jamben, Reim: insgesamt regelmäßiger Bau.

f) Bei der Zeichensetzung stehen Schrägstriche an Stelle von Kommas. Ein Semikolon in V. 2 und V. 13 sowie Doppelpunkte in Vers 7 haben eine inhaltliche Bedeutung. Das Semikolon in V. 2 trennt die vergehende Nacht vom anbrechenden Tag, das in V. 13 trennt die Bitte um Erlösung im Tod vom Rest des Gedichts. Die Doppelpunkte dienen zur Hervorhebung des darauf Folgenden, der Anrede Gottes.

g) Wie für das Sonett typisch, besteht ein inhaltliches Verhältnis zwischen erstem und zweitem Abschnitt. Während der erste Abschnitt die Schönheit des Tages im Gegensatz zur dunklen Nacht bestimmt, wendet sich das lyrische Ich im zweiten Abschnitt ab V. 7 im Gebet der eigenen Situation und Gott zu. Dabei wird das Verhältnis von Nacht und Tagesanbruch auf die persönliche Situation des lyrischen Ichs übertragen. Dabei entspricht die Nacht den seelischen Qualen (vgl. V. 9) und Schmerzen (vgl. V. 10) und die Sonne entspricht der Kraft Gottes, diese Schmerzen zu vertreiben und das lyrische Ich zu erquicken. Als Schlussfolgerung daraus ergibt sich die Bitte für ein gottgemäßes Leben und Erlösung im Tode.

h) So bringt das Gedicht zum Ausdruck, dass das lyrische Ich von Gott Rettung aus seinem Dasein erwartet, das es offensichtlich als leidvoll und schmerzensreich empfindet.

Übung 6.16 a) – In Vers 9 („… die meine Seel umbgibt")

– Er scheint leibliche (vgl. V. 10) und seelische (vgl. V. 9) Schmerzen zu durchleiden und sich nach einem helleren, fröhlicheren Dasein zu sehnen. Dabei ist er voll Gottvertrauen.

– Er schildert zunächst den Tagesanbruch bzw. den Sonnenaufgang, um auf die Situation einzustimmen und ein Bild zu haben, das ihm zum Vergleich dienen kann.

– Der Tag wirkt heiter gegenüber der Nacht, er vertreibt sie. Alle Geschöpfe stimmen fröhlich ein. Das setzt er parallel zu seinem seelischen und körperlichen Zustand, den er als „dicke Nacht" (V. 9) versteht, die durch das Licht vertrieben werden soll.

– Die Sonne ist das „Leben dieser Welt" (V. 5) und damit gleichbedeutend mit Gott (vgl. V. 14).

Das lyrische Ich scheint sich in einer seelisch wie körperlich schlimmen Lage zu befinden, aus der es Rettung allein von Gott erhofft. So erhofft es sich, dass Gott „die dicke Nacht / die meine Seel umbgibt" (V. 9) vertreibt und seinen Schmerzen ein Ende macht (vgl. V. 10). Dabei ist das lyrische Ich nicht ohne Hoffnung: Von Gott erwartet es Erquickung (vgl. V. 11) und es möchte ein vor Gott gerechtes Leben (V. 12: „in deinem dinst allein"). Dabei ist es voll Gottvertrauen. Das zeigt sich nicht nur, indem es Gott und Sonne miteinander gleichsetzt (vgl. V. 5 und 14), sondern auch direkt auf sich bezieht: „Daß ich dich meine Sonn / mein Licht mög ewig schawen." (V. 14). Auch die Anrede „O dreymal höchste Macht" (V. 7) zeigt, dass das lyrische Ich all seine Hoffnung auf Gott setzt.

b) *Tag/Sonnenaufgang:* heiter, lebendig: „lacht", „sanfft", „erwacht", „reitzt", „neu" „grüssen", „leben dieser Welt", „küssen", „emporstecken", „Pracht", „blinckern"
Nacht: trüb, bedrohlich, vergehend: „erblaßt", „grauen Himmel", „dicke Nacht", „Schmertzen Finsternüß", „Hertz und Geist betrübt"

Text	Stilmittel	Wirkung
„ewig helle schar" (V. 1)	Metapher	Veranschaulichung
„will ... ihr licht verschlissen" (V. 1)"	Personifikation	Verlebendigung, Veranschaulichung
„Diane" (V. 2)	Allegorie	Umschreibung
„steht erblaßt" (V. 2)	Personifikation	Verlebendigung, Veranschaulichung
„die Morgenrötte lacht" (V. 2)	Personifikation	Verlebendigung, Veranschaulichung
„der ... Wind erwacht" (V. 3)	Personifikation	Verlebendigung, Veranschaulichung
„das Federvolck" (V. 4)	Metapher	(heitere) Umschreibung
„den ... Tag zu grüssen" (V. 4)	Personifikation	Verlebendigung, Veranschaulichung
„das leben dieser welt" (V. 5)	Metapher	Hervorhebung
„die welt zu küssen" (V. 5)	Personifikation	Verlebendigung, Veranschaulichung
„steckt sein Haupt empor" (V. 6)	Personifikation	Verlebendigung, Veranschaulichung

Die positive Bedeutung des Sonnenaufgangs bzw. des Tagesanbruchs wird mit vielen rhetorischen Mitteln, vor allem Metaphern und Personifikationen zum Ausdruck gebracht.

Nacht und Tag stehen sich als lebendige Größen gegenüber. So wollen die Sterne, „die ewig helle schar", „ihr licht verschlissen" (V. 1), wohingegen die Morgenröte den Himmel anlacht (V. 2). Dadurch, dass beide als etwas Lebendiges dargestellt werden, wird deutlich, dass es um mehr geht als um den bloßen Wechsel von Tag und Nacht.

Die Metaphern und Personifikationen, die den Tagesanbruch beschreiben, sind durchgehend positiv: Die Morgenröte „lacht" (V. 2), sie „reitzt" die Vögel, die als „Federvolck" heiter umschrieben werden, den neuen Tag zu „grüssen" (V. 4). Die Sonne, metaphorisch als „leben dieser Welt" bezeichnet, beeilt sich förmlich, „die welt zu küssen" (V. 5). Man kann direkt sehen, wie sie ihr „Haupt" erhebt, um sich der Natur zu zeigen.

Dem steht die Darstellung der Nacht entgegen. Durch die Allegorie „Diane" (V. 2) schon mit einem gewissen Geheimnis umgeben, wird sie durch das Adjektiv „erblaßt" näher gekennzeichnet (V. 2), und auch der graue Himmel (V. 3) weckt eher negative Vorstellungen.

So bilden Tag und Nacht deutliche Kontraste im Gedicht, was vor allem durch die Personifikationen und die Metaphern zum Ausdruck gebracht wird.

Übung 6.17 Die Sonne ist das „Leben dieser Welt", d.h. sie belebt die Natur, ist Ursache allen Lebens.

In der übertragenen Bedeutung steht sie für Gott; er ist die eigentliche „Sonne" des lyrischen Ichs, die sein Gemüt aufhellt und allein seinem Leben einen Sinn geben kann.

Das lyrische Ich erhofft sich im Jenseits Erlösung von Gott. Das Diesseits erlebt es als leidvoll, als „dicke Nacht / die meine Seel umbgibt" (V. 10) und der „Schmertzen Finsternüß / die Hertz und Geist betrübt" (V. 11). Zwar kommt diese Vorstellung des Leids hier als individuelle Erfahrung zum Ausdruck, doch kann sie als durchaus typisch für die Vorstellung des Barock vom menschlichen Dasein gelten, in der das Diesseits eher als negatives Zwischenstadium vor der Erlösung im Jenseits angesehen wurde.

Übung 6.18 Andreas Gryphius: *Morgen Sonnet*

Das Gedicht *Morgen Sonnet* von Andreas Gryphius handelt von den Gedanken des lyrischen Ichs angesichts des anbrechenden Morgens. Mit dem Gedicht will der Verfasser darauf hinweisen, dass man sein Leben im Sinne Gottes leben und im Tode auf Erlösung durch Gott hoffen soll.

Auch wenn die 14 Verse des Gedichts nicht durch freie Zeilen unterbrochen sind, erkennt man, abgesehen vom Titel, an der Zeichensetzung, dass es sich um ein Sonett handelt, denn die beiden ersten Sätze umfassen je vier Verse, während der dritte und vierte Satz je drei Verse umfasst. Inhaltlich fällt das

Gedicht in zwei Teile auseinander: eine Beschreibung des Tagesanbruchs und ein Gebet des lyrischen Ichs. Der zweite Teil beginnt dabei nicht, wie beim Sonett üblich, mit dem 9. Vers zu Beginn der Terzette, sondern schon in der Mitte von V. 7, also ziemlich genau zur Hälfte des Gedichts.

In der ersten Strophe schildert das lyrische Ich die vergehende Nacht und den Anbruch des Morgens. Die Sterne verlieren ihr Licht, der Mond erblasst, ein leichter Wind kommt auf und die Vögel beginnen zu singen. Das Bild des Tagesanbruchs ist dabei sehr schön und idyllisch. Zwar wird auch die zu Ende gehende Nacht nicht negativ geschildert, indem die Sterne als „die ewig helle schar" (V. 1) bezeichnet werden und für den Mond die Allegorie „Diane" verwendet wird. Doch betont die Wortwahl die Schönheit des frühen Morgens: die Morgenröte „lacht" (V. 2), der Wind „erwacht" (V. 3) und „reitzt" die Vögel, den neuen Tag zu „grüssen" (V. 4).

Nachdem die Natur erwacht ist, zeigt sich auch die Sonne, die als „leben dieser welt" (V. 5) bezeichnet wird. Auch hier setzt sich der freundliche, frohe Charakter fort: Sie beeilt sich geradezu, die Welt zu „küssen" (V. 5). Schließlich zeigt sie sich ganz in der vollen „pracht" ihrer Strahlen (V. 6), die heiter auf dem See hin und her reflektiert werden.

Nachdem es wie beschrieben hell geworden ist, wendet sich das Gedicht dem lyrischen Ich zu. Von der Sonne ausgehend, wendet es sich direkt an Gott und bittet um Erleuchtung.

Die dritte Strophe verrät den Grund – seelisches Leiden (V. 9: „die dicke Nacht / die meine Seel umbgibt") und körperliche Schmerzen (V. 10: „Die Schmertzen Finsternüß"). Um von diesen Leiden erlöst zu werden, bittet das lyrische Ich um Erheiterung und Stärkung des Glaubens und des Selbstvertrauens.

Diese Bitte wird in der vierten Strophe konkretisiert: Das lyrische Ich bittet darum, den Tag gottgemäß zu verbringen und im Tode Gott zu schauen, d.h. Erlösung zu finden.

Der Zusammenhang beider Teile besteht darin, dass die Beschreibung des Tagesanbruchs ein Bild für den seelischen Zustand des lyrischen Ichs ist. So wird die Sonne als „leben dieser welt" bezeichnet; parallel dazu bezeichnet das lyrische Ich Gott als „meine Sonn / mein Licht" (V. 14). Wie die Sonne die Bedingung des Lebens auf der Welt ist, so ist Gott die Voraussetzung für ein geistig und leiblich schmerzfreies Leben. Allerdings weiß das lyrische Ich, dass zum Glauben auch Taten gehören, denn es bittet Gott darum, ihm den Weg zu einem gottgerechten Leben zu weisen (V. 12f.). Zwar wird bei der Schilderung der Naturvorgänge die Nacht nicht direkt negativ beschrieben, aber wenn man die Sonne mit Gott parallel setzen kann, gilt das auch für die vergehende Nacht zu Beginn des Gedichtes mit der „dicke(n) Nacht / die meine Seel umbgibt" (V. 9).

Aus dem Gedicht spricht eine für das Barock typische Vorstellung von Diesseits und Jenseits. Einerseits spiegeln sich die Gedanken des *memento mori* und *vanitas vanitatum* im Gedicht wider. Das lyrische Ich bedenkt seinen Tod und bittet Gott um Erlösung und Beistand in jener Stunde (vgl. V. 14). Das Diesseits wird als eine Art Jammertal, als Ort von Schmerz und Leid angesehen (vgl. V. 9f.), von dem es Erlösung nur im Jenseits gibt. Ohne das Vertrauen darauf, dass man den Tag „in deinem (=Gottes) dinst allein" (V. 13) verbringt, ist alles vergebens (*vanitas vanitatum*). So bekommt auch der Titel eine doppelte Bedeutung: Nicht nur die Strophenform Sonett selbst ist angesprochen, sondern durch die veränderte Schreibweise ist ein Hinweis auf die Morgensonne gegeben. Im Verlauf des Gedichts ist dann deren Bedeutung erklärt: Sie steht für Gott, die „dreymal höchste Macht" (V. 7).

Die Aussage des Gedichts wird durch die Form unterstützt. Die antithetische Bauweise des Sonetts kommt im *Morgen Sonnet* auf zweierlei Weise zur Geltung. Zum einen ist es das Gegenüber von Tagesanbruch und Gebet, das das Gedicht bestimmt. Zum anderen ist es der Gegensatz von Tag und Nacht bzw. Leid und Erlösung, der inhaltlich das Gedicht bestimmt. Interessant ist dabei, dass die Gegenüberstellung formal nicht direkt zwischen Quartetten und Terzetten besteht, sondern schon in der Mitte von V. 7 beginnt. Der Blick auf die Gemütslage des lyrischen Ichs beginnt jedoch erst mit den Terzetten ab V. 9.

Ein besonderes sprachliches Mittel zur Hervorhebung der Aussage sind die Personifikationen: Sie dienen dazu, den Naturvorgang in der Darstellung lebendiger zu gestalten: Die Sterne hören nicht auf zu scheinen, sondern wollen – als „ewig helle schar" (Metapher) „ihr licht verschlissen" (V. 1); das Morgenrot erscheint nicht einfach, sondern „lacht" (V. 2) den grauen Himmel an. Der Wind „erwacht" (V. 3), die Sonne „eilt" und will die Welt „küssen" (V. 5). So entsteht ein lebendiges, schönes Bild vom Tagesanbruch. Neben der bereits genannten Metapher gibt es weitere: das „Federvolck" (V. 4) und das „leben dieser welt" (V. 5). Die Umschreibung für die Vögel wirkt heiterer, die für die Sonne unterstreicht ihre Bedeutung für die gesamte Schöpfung.

Interessant ist, dass sich die poetischen Mittel auf die Beschreibung des Tagesanbruchs konzentrieren. Zwar ist im zweiten Teil noch von der „Schmertzen Finsternüß" (V. 10) die Rede, und die „dicke Nacht" (V. 9) ist eine Metapher für die seelischen Leiden des lyrischen Ichs. Insgesamt aber ist das Gebet wesentlich direkter und weniger verschlüsselt verfasst als die Beschreibung des Morgens. Es scheint so, als sei das Gebet nicht der rechte Anlass für poetische Ausschmückung.

So bringt das *Morgen Sonnet* mit typischen Darstellungsmitteln der Strophenform sowohl die persönliche Befindlichkeit des lyrischen Ichs als auch einen Grundgedanken des Barock zum Ausdruck. Auch angesichts der Verwüstung, die der Dreißigjährige Krieg mit sich gebracht hat, erfährt das lyrische Ich die Vergeblichkeit eigenen Mühens und die eigene Sterblichkeit und kann nur in Gott Hoffnung auf ein besseres Diesseits und Jenseits finden.

Übung 6.19　Da es sich um einen Ort in der Fantasie des lyrischen Ichs und nicht um eine wirkliche Stadt handelt, spielen die sprachlichen Bilder für die Beschreibung eine ganz besondere Rolle. Deshalb soll im Folgenden versucht werden, das Gedicht besonders von den in ihm verwendeten Bildern her zu erschließen.

Übung 6.20

Verkehr	Fußgänger	Geräusche	Läden	Cafés
	Plätze in Städten			
Häuser	spielende Kinder		Denkmal	Musik

Dagegen erscheinen in *Die schöne Stadt* die Plätze ruhig (V. 1: „schweigen"), verträumt (V. 2: „versponnen") und unwirklich (V. 3: „(t)raumhaft hasten schwarze Nonnen").

Übung 6.21　Sie sind Ort der Erinnerung und des Todes, der hier nicht abschreckend oder Furcht einflößend in Erscheinung tritt.

Übung 6.22　In der letzten Strophe wendet sich das lyrische Ich, das persönlich nicht in Erscheinung tritt, „blumigen Fenstern" (V. 25) zu. Da es nicht um einen konkreten Ort oder eine bestimmte Personengruppe geht, kann man annehmen, dass sich das lyrische Ich auf sich selbst bezieht. Vielleicht befindet es sich an einem Fenster, von dem aus es diesen schönen Ort betrachtet. Dort spürt es den heimlichen Hauch von „Weihrauch, Teer und Flieder" (V. 26). Wenn Weihrauch für Religiosität und Glauben steht, der Teer über die Farbe Schwarz vielleicht für den Tod und Flieder für das Frühjahr und den Neubeginn, dann ist hier der Kreislauf des Lebens zu spüren. In den letzten beiden Versen spricht dann das lyrische Ich, wiederum ohne sich ausdrücklich selbst zu nennen, auf seine Situation an: „Silbern flimmern müde Lider" (V. 27). Aus den zuvor genannten Bildern und dem nochmals betonten Eindruck der Stille kann man schließen, dass das lyrische Ich seinen Tod vor Augen hat.

„Die schöne Stadt" ist natürlich kein realer Ort, sondern ein Ort der Fantasie. Sie zeichnet sich vor allem durch Ruhe, Frieden und Heiterkeit aus – wahrscheinlich die wichtigsten Wünsche eines Sterbenden oder von jemandem, der sich den Tod wünscht. So gesehen ist die schöne Stadt vielleicht auch ein großes Bild für den Wunsch nach einem friedlichen, versöhnten Tod.

Übung 6.23 Von Wort- und Klangfiguren beherrschen das Oxymoron, die Alliteration und die Lautmalerei das Gedicht. Die Oxymora „braun erhellt" (V. 5) und „Blütenkrallen drohn" (V. 10) deuten die Versöhnung von Gegensätzen an. In der „schönen Stadt" gibt es keine Gegensätze mehr, nichts, was sich bekämpft.

Übung 6.24 Tore bzw. Türen sind im Alltagsleben „Verbindungsglieder" zwischen zwei Räumen, die man entweder verschließen oder durchschreiten kann. Die Tore in der vierten Strophe, worunter eher „Türen" zu verstehen sein dürften, stellen einen Übergang, einen Zwischenraum von privatem und öffentlichem Leben dar. Bezeichnend ist, dass die Mädchen diesen Ort von selbst nicht verlassen, sondern „warten" (V. 16). In diesem Bild stehen das Ungewisse des öffentlichen Raumes und die Geborgenheit des privaten Raumes einander gegenüber.

Übung 6.25 Im Text ist die Übertragung zu direkt vorgenommen. Vor allem die Schlussfolgerung „Es ist nicht klar, ob die Stadt auch eine Kaserne hat" geht deutlich über den Text hinaus.
Der Eindruck „passt nicht recht zum übrigen Gedicht" ist zu allgemein und nicht hinreichend begründet.

Ein neuer Text könnte lauten:
Die Metonymien „Marschtakt, Wacherufen" (V. 18) stehen für Militär, Krieg und Bedrohung. Marschtakt und Wacherufen erinnern an Militär und Krieg; auch das Glockengeläut, als Alarmgeläut könnte dazu passen. Erklärt werden diese Geräusche nicht. Vielleicht sind sie ein Hinweis darauf, dass auch die Stille und Ruhe, wie sie bis jetzt geschildert wurde, bedroht und nicht vollkommen ist.

Übung 6.26   „Hell" steht meist für „klar", „rein", „fröhlich"; (Musik)Instrumente stehen für „Harmonie", „Klang", „Schönheit". Damit erweckt diese Metapher den Eindruck ruhiger, unaufdringlicher Freude.

Übung 6.27   Auch in der letzten Strophe, in der sich das lyrische Ich zu erkennen gibt, kommen zwei Metaphern vor, die sich auf seine Situation beziehen. Der „Duft von Weihrauch, Teer und Flieder" (V. 26) könnte für den Kreislauf des Lebens, also auch für seine Todverfallenheit, stehen: So gibt der Weihrauch durch seine Verwendung in der Kirche dem Geschilderten etwas Heiliges, der Teer könnte über seine schwarze Farbe für den Tod stehen und der Flieder für das anbrechende Jahr, also neue Hoffnung.
Und die müden Lider, die „Silbern flimmern" (V. 26) könnten ebenfalls für den Tod stehen. Mit der Metapher verbindet sich die Vorstellung grauen Haars und die „müden Lider" deuten ebenfalls Todesnähe an.

Übung 6.28   Der gemeinsame Eindruck ist der von Ruhe und Gedämpftheit. Die „schöne Stadt" könnte so eine Metapher für den Tod sein.

Übung 6.29   Adjektive, Verben und Nebensätze, die Eigenschaften und Tätigkeiten des „Zähen" beschreiben:
keine Farbe (V. 1), das nach nichts riecht (V. 2), trieft (V. 3), setzt sich fest (V. 4), gedunsenes (V. 5), kommt aus den kokereien (V. 6), bläht (V. 6), mischt sich (V. 9), sickert (V. 12), tötet (V. 13).

Nicht oder positiv vom „Zähen" betroffen sind:
verstärkerämter (V. 3), dividenden (V. 7), blutige segel der hospitäler (V. 8), getuschel um professuren und primgelder (V. 10), die jungen aktien (V. 29).

Objekte, gegen die sich das „Zähe" richtet:
nähte der zeit und der schuhe (V. 4f.), salm (V. 11), flüsse (V. 12), butt (V. 13).

Übung 6.30   Die erste Strophe beschreibt das Auftreten und die Verbreitung des „Zähen". Es kommt aus *„verstärkerämtern" (V. 3)* und *„kokereien" (V. 6).* Zumindest beim letzten Beispiel könnte es sich um die Umweltverschmutzung handeln, wozu auch die Verse 11-13 passen würden. Jedoch legt die Fülle anderer Begriffe aus ganz unterschiedlichen Bedeutungsbereichen nahe, dass es nicht in erster Linie um Umweltverschmutzung geht. Was die „verstärkerämter" (V. 3) darstellen sollen, ist nicht vollkommen klar.

Vielleicht stellen sie eine Metapher für die Massenmedien dar: Sie verstärken den Eindruck von etwas Gesagtem, verfügen über die Fähigkeit, Wahrheiten zu produzieren, die sich dann in den Individuen festsetzen (vgl. V. 4f.)

Die Eigenschaften des „Zähen" sind vieldeutig: Es ist *farb- und geruchlos (V. 1f.)*, verfügt über die Fähigkeit, *sich unbemerkt festzusetzen (V. 4f.)*, wirkt sich positiv auf die *Dividenden von Aktionären aus (V. 6f.)*, trägt aber auch zu Krankheit und Tod bei (V. 8). Überall spielt es eine Rolle, mischt sich ein, gelangt schließlich in die Natur, wo es seine tödliche Wirkung entfaltet.

Insgesamt ist das „Zähe" also *ungreifbar* und doch allgegenwärtig, für bestimmte Kreise von positiver Wirkung, für andere Bereiche, zu denen die Natur und das menschliche Leben gehören, jedoch tödlich. Doch verfügt anscheinend niemand über die Möglichkeit, sich dem „Zähen" zu entziehen.

Übung 6.31 Die zweite Strophe behandelt das Verhalten und den politischen Gestaltungsraum der Menschen angesichts der in der ersten Strophe beschriebenen Bedrohung. Es beginnt mit einem Paradoxon: „die minderzahl hat die mehrheit (...) überstimmt" (V. 14f.), das durch den Eindruck der überstimmten Toten noch verstärkt wird. Die Ministerien, eigentlich Dienststellen zur Regelung des gemeinschaftlichen Lebens, „mauscheln" (V. 18), d.h., sie bleiben unter sich, sprechen so, dass es niemand verstehen kann und haben nicht das Interesse der Menschen im Auge. „(E)rloschene( ) resolutionen" (V. 19) und ein leeres Parlament prägen das Bild – ein weiteres Zeichen für die Wirkungslosigkeit der Politik.

Zu diesem Bild von Untätigkeit und Wirkungslosigkeit kommt der Eindruck hinzu: „(I)n den staatsdruckereien / rüstet das tückische blei auf" (V. 16f.). Diese Metapher erschließt sich über den gemeinsamen Gehalt von „Druckereien" und „Blei": die Zeitungen. Es könnte die staatliche Propaganda gemeint sein, die die Menschen manipuliert. Ihr Charakter ist durch das Adjektiv „tückisch" nicht nur als schwer erkennbar gekennzeichnet; durch die Nähe zu „heimtückisch" wird auch das Verlogene dieser Propaganda berührt.

Übung 6.32 a) Das Wissen bezieht sich auf alles, sowohl auf Gegenstände (Tanker) als auch auf unbewusstes Leben. Das Wissen geht dem Leben voraus, es betrifft den Menschen, noch bevor er geboren wird.

b) Wenn der Mutterleib, der Ursprung des Lebens, im Gegensatz zu seiner Bedeutung als „Sarg" bezeichnet wird, bedeutet das, dass das neue Leben von vornherein keine Chance zur Entfaltung hat. Im übertragenen Sinne wird es „tot geboren".

c) Der Doppelpunkt hebt die folgende vierte Strophe heraus, in der die Aussage des Gedichts praktisch gipfelt.

Übung 6.33

Die dritte, nur aus vier Zeilen bestehende Strophe markiert lediglich eine Art Anlauf zu der wichtigen Schlussstrophe, wie der Doppelpunkt am Schluss zeigt.

In der Strophe ist von einem Wissen die Rede, das „tanker" (V. 23) und „embryo" (V. 25) miteinander teilen. Die Personifikation „die tanker (...) wissen es schon" (V. 23f.) bezieht das Gegenständliche in den Bereich, der von dem „Zähen" betroffen ist, mit ein. „(U)nd der embryo weiß es dunkel" (V. 25) zeigt an, dass über das Schicksal des Menschen schon vor seiner Geburt entschieden ist. Dieses wird dadurch verstärkt, dass dem ungeborenen Leben dafür sogar ein Bewusstsein zugesprochen wird. Die Aussichtslosigkeit dieser Existenz verdeutlicht die Metonymie „(warme[r], zuckende[r]) sarg" (V. 26) für den Mutterleib. Für den zur Welt kommenden Menschen gibt es keine Chance für ein wirkliches Leben.

Übung 6.34

1. Gemeinsam mit Tieren und Pflanzen ist es von der tödlichen Wirkung des „Zähen" betroffen. Es nimmt – bewusst (vgl. V. 32) oder unbewusst (vgl. V. 33f.) – das „Zähe" zu sich und schläft noch in einer Situation, in der es die Auswirkungen eigentlich spüren müsste (vgl. V. 35). Daher ist es vielleicht nicht nur unschuldiges Opfer, sondern auf Grund seiner Passivität auch mitschuldig am „Zähen".

2. Die „jungen aktien" (V. 29) bringen eine Art Lebensfreude zum Ausdruck. Diese trifft jedoch auf den wirtschaftlichen Bereich, nicht auf Natur und Mensch zu. Dass die Aktien die Auswirkungen des „Zähen" nicht spüren, zeigt, dass sie immun gegen die tödliche Wirkung sind oder selbst ein Teil des „Zähen".

3. Wir „verleiben uns ein" (V. 32): Der Mensch hat mehr oder weniger zwangsläufig teil am Zähen.

„(S)chlafen im blühenden boom" (V. 33): Die Verheißungen von Wirtschaft und Wohlstand schläfern den Menschen ein, betäuben ihn.

„(A)rglos schlafend im brennenden hemd" (V. 34f.): Die Betäubung ist so stark, dass selbst stärkste Schmerzen und Lebensgefahr nicht empfunden werden.

„Wie geiseln umzingelt" (V. 36): Das lyrische Ich sieht sich mit den Menschen und der Natur wehr- und auswegslos dem „Zähen" gegenüber.

Übung 6.35   In der vierten Strophe schließlich gibt sich das lyrische Ich zu erkennen, allerdings nicht in der 1. Person Singular, sondern in der *1. Person Plural*. Mit dem „wir" (V. 31) schließt sich das lyrische Ich in die Gemeinschaft von *Mensch, Tier und Natur* ein, die dem „Zähen" gegenüber steht: „gegen uns geht es" (V. 30). Jedoch scheint es, als würden daraus keine Schlussfolgerungen zu ziehen sein. Die Zeilen 31-35 verdeutlichen, wie die Menschen dem „Zähen" ausgeliefert sind: Sie essen davon, d.h. *sie haben Teil daran*, sie verleiben es sich ein, d.h. *es wird ein Teil von ihnen*. Die Menschen wirken wie betäubt durch *die Versprechungen der Konsumgesellschaft* (V. 33: „im blühenden boom") oder durch die Beruhigung, dass langfristig für alles gesorgt ist *(V. 34: „fünfjahresplan")*. Diese Vorstellung wird eindrucksvoll zusammengefasst in der Beschreibung „arglos / schlafend im brennenden hemd" (V. 34f.). Hier liegt ein Paradoxon vor. Nimmt man das Bild wörtlich, so ist es unmöglich, im brennenden Hemd zu schlafen. So etwas ist nur denkbar, wenn *man die Gefahr nicht spürt*. Die Gründe dafür hat das Gedicht zuvor benannt.

Übung 6.36   Dass es sich bei *an alle fernsprechteilnehmer* um moderne Lyrik handelt, erkennt man bereits an verschiedenen äußeren Merkmalen: Das Gedicht weist keine Reime, kein Metrum und keine traditionelle Strophenform auf. Die konsequente Kleinschreibung zeigt eine Art Widerstand gegen die konventionelle Wahrnehmung und Erwartungshaltung an.

Übung 6.37   *Alliteration:* V. 6: „kommt aus den kokereien", V. 10: „professuren und primgelder", V. 13: „den butt auf den binken" u.a. ⇒ Zusammengehörigkeit, klanglicher Nachdruck;
        Assonanz: V. 6: „kommt aus den kokereien", V. 37: „gedunsener schlund" ⇒ klanglicher Nachdruck;
        Personifikation: „trieft"(V. 3), „setzt sich fest"(V. 4), „bläht" (V. 6), „mischt sich (ein) (V. 9)" etc. ⇒ Macht und Kraft des „Zähen";
        Metapher: „setzt sich fest in die nähte der zeit" (V. 4) ⇒ allumfassender Charakter des Zähen; „die blutigen segel der hospitäler" (V. 8) ⇒ eindringliche Vorstellung eines Krankenhauses und der Auswirkungen des Zähen;
        Metonymie: „tückisches blei" (V. 17) und „warmer, zuckender sarg" (V. 26) ⇒ Verstärkung des Eindrucks.

        Als Text der modernen Lyrik weist die Sprache von *an alle fernsprechteilnehmer* einen hohen Grad an künstlerischer Gestaltung auf und es finden sich im Gedicht auch einige traditionelle Stilmittel. Zahlreiche Alliterationen (V. 6: „kommt aus den kokereien", V. 10: „professuren und primgelder", V. 13: „den butt auf den bänken", V. 18: „ministerien mauscheln" u.a.) verdeutlichen die Zusammengehörigkeit der entsprechenden Begriffe und verstärken den Eindruck des Mitgeteilten. Auf der Lautebene fallen darüber hinaus noch vereinzelte Assonanzen auf (V. 6f., 37), die ebenfalls mehr Nachdruck auf das Gesagte legen. Metaphern werden begrenzt eingesetzt: So umschreibt „setzt sich fest in die nähte der zeit" (V. 4) den allumfassenden Charakter des Zähen. „(D)ie blutigen segel der hospitäler" (V. 8) machen die Vorstellung eines Krankenhauses eindringlicher. Der Verstärkung des Eindrucks dienen auch die Metonymien „tückisches blei" für Propaganda (V. 17) und „warmer, zuckender sarg" für den Mutterleib (V. 26).

Eine stärkere Rolle spielen dagegen Personifikationen. So wird die ganze Tätigkeit jenes zähen Etwas, mit lebendigen Verben beschrieben, wie schon in der ersten Strophe deutlich wird: Es „trieft" (V. 1), „setzt sich fest" (V. 4), „bläht" (V. 6), „mischt sich (ein)" (V. 9), „tötet" (V. 13) etc. Auch die Tatsache, dass gegenständliches und unbewusstes Leben vom Zähen betroffen sind, wird mit Hilfe der Personifikation ausgedrückt (V. 24f.).

Der Vergleich „wie geiseln umzingelt" (V. 36) illustriert die Lage der Menschheit, wie das Gedicht sie versteht. Die Gegenüberstellung von „Zähem" und Mensch/Natur wird unterstrichen durch die Wiederholung des „gegen" in V. 30.

Zu Kapitel 7

Übung 7.1   Die beiden Gedichte *Mailied* von Johann Wolfgang Goethe und *Freies Geleit* von Ingeborg Bachmann, zwischen denen knapp 200 Jahre liegen, behandeln die Bedeutung der Natur für den Menschen. Inwieweit sie dabei andere Schwerpunkte setzen und auch zu einer anderen Sichtweise der Natur kommen, soll der folgende Vergleich beider Gedichte klären.

Übung 7.2   1. Strophe: freudiges Naturempfinden
2. Strophe: Entfaltung des Lebens in der Natur (Blüten, Tierleben)
3. Strophe: Glücksempfinden des lyrischen Ichs in der Natur
4. u. 5. Strophe: Vergleich der Schönheit der Liebe mit Naturerscheinungen
6. Strophe: wechselseitige Liebe des lyrischen Ichs und des Mädchens
7. Strophe: Vergleich der Liebe mit lebensnotwendigen Vorgängen aus der Natur

8. Strophe: Wirkungen der Liebe auf das lyrische Ich: Jugend, Lebensfreude und

9. Strophe: Anregungen für das künstlerische Schaffen, Wunsch nach ewiger Dauer der Liebe

Übung 7.3   *Mailied* besteht aus neun Strophen zu vier Versen. Man kann das Gedicht in drei Teile einteilen: Bedeutung der Natur für das lyrische Ich (Str. 1-3), Vergleich Natur-Liebe (Str. 4-5), Bedeutung der Liebe für das lyrische Ich (Str. 6-9). Schon in dieser groben Struktur kann man sehen, dass die Natur selbst nicht der Hauptgegenstand des Gedichts ist. Vielmehr ist sie Ausgangspunkt der Gedanken des lyrischen Ichs und dient am Ende vor allem zur Veranschaulichung seiner Gefühle (Str. 7).

Mit großem Überschwang betrachtet das lyrische Ich in der ersten drei Strophen die Natur. Vielfältige Sinneseindrücke bestimmen die Wahrnehmung: „leuchtet" (V. 1), „glänzt" (V. 3), „lacht" (V. 4), „tausend Stimmen" (V. 7) sind zu hören, überall sind Blüten zu sehen (vgl. V. 5f.). Nicht nur das lyrische Ich ist von diesen Empfindungen hingerissen; niemand kann sich ihnen verschließen: Es dringen „Freud und Wonne / Aus jeder Brust" (V. 9f.).

In der vierten und fünften Strophe werden die Natur und die Liebe miteinander verglichen. Das fällt dem lyrischen Ich insofern leicht, als es die Liebe als „(s)o golden schön" (V. 14) empfindet wie die zuvor beschriebene Natur. Liebe und Natur werden nicht nur miteinander verglichen (vgl. Str. 4), sondern scheinen in einer direkten Beziehung zueinander zu stehen (vgl. Str. 5): Im „frische(n) Feld" (V. 18) scheint das lyrische Ich die Auswirkungen und Spuren der Liebe wahrzunehmen.

Im letzten Teil wendet sich das lyrische Ich direkt der Geliebten zu. In Str. 6 und 8-9 wird die Gegenseitigkeit der Liebe beider betont, doch geht es vor allem, ähnlich wie im ersten Teil, um die Wirkung auf das lyrische Ich. Wie es am Anfang durch das Erwachen der Natur im Frühling „Freud und Wonne" (V. 9) empfindet, fühlt es sich in den letzten beiden Strophen durch die Liebe erfreut und gestärkt. Die Natur dient hier indirekt und zuvor (vgl. Str. 7) noch einmal direkt zum Vergleich mit der Liebe.

Übung 7.4   Den Rahmen von Freies Geleit bildet ein Tagesablauf, denn in der ersten Strophe ist vom Tagesanbruch *(V. 3: „steht der Tag auf")* und in der letzten Strophe ist von der Nacht die Rede. Ein Fortgang des Tages, etwa in Tageszeiten, ist im Verlauf des Gedichts aber nicht erkennbar.

Die Strophen 2-5 zeigen das Verhältnis von Mensch und Natur an einigen Beispielen, die allerdings recht allgemein gehalten sind. So schildert die zweite Strophe noch ein sehr schönes, idyllisches Bild von der Natur: *Flüsse münden ins Meer, das Land verbindet sich mit „der reinen Luft" (V. 8)*, wofür das Bild des *„Liebesversprechens" (V. 7)* gewählt wird. Die Natur scheint ungestört zu sein. Die dritte Strophe zeigt aber eine Störung im Verhältnis von Natur und Mensch an. Die Erde will nicht, was ihr die Menschen immer wieder zumuten: *Krieg, Atombomben (V. 9: „Rauchpilz") und Tod.* Sie steht gegen „die unerhörten Stimmen des Verderbens" (V. 12). Nach der Beschreibung dessen, was die Erde nicht will, schildern die letzten drei Strophen das, was sie „will". So widmet sich die vierte Strophe der Tierwelt in ihrer Schönheit *(V. 13f.: „bunten Brüder", „graue Schwestern")* und Herrlichkeit *(V. 15f.: „König Fisch", „Hoheit Nachtigall", „Feuerfürst Salamander")*. Die fünfte Strophe beschreibt die *Meereswelt, die Wälder und die Welt von Steinen und Mineralien.* Es sind Eindrücke von Weite, Schönheit und Ruhe. Wenn die Erde *dem Tau befiehlt, „noch einmal über die Asche zu gehen" (V. 20)*, könnte das auch ein Hinweis darauf sein, dass die Natur stärker ist als alle Schrecken, die der Mensch verbreitet.

Die sechste und letzte Strophe fasst zusammen, was die Erde vom Menschen erwartet: „Freies Geleit", d.h. Begleitung und Schutz, und zwar nicht um ihrer selbst, sondern um der Menschen willen.

Übung 7.5

Personifikation	*Wie glänzt die Sonne! Wie lacht die Flur!* (V. 3f.) *Es dringen Blüten Aus jedem Zweig* (V. 5f.)	Veranschaulichung der Naturkraft (parallel zur Kraft und Macht der Liebe des lyrischen Ichs)
Enjambement	V. 5-20; V. 25-34	lange, ununterbrochene Sätze als Ausdruck der „atemlosen" Leidenschaft
Ausrufe, Interjektionen	*O Erd', o Sonne, O Glück, o Lust, O Lieb', o Liebe* (V. 11-13)	Leidenschaft, Hingerissensein des lyrischen Ichs
Vergleiche	*Wie Morgenwolken Auf jenen Höhn* (V. 15f.)	Verherrlichung der Geliebten
Anapher, Parallelismus	*Wie lieb ich dich! Wie blinkt dein Auge, Wie liebst du mich* (V. 22-24)	Leidenschaft, Nachdruck

In *Mailied* unterstützen die verwendeten Mittel die schwärmerische Auffassung des lyrischen Ichs von der Natur und die Darstellung seines Gefühlsüberschwanges.

Das Gedicht besteht aus neun zweihebigen, jambischen Vierzeilern mit dem Reimschema: abcb (Ausnahme: Kreuzreim in der 3. Strophe). Diese Regelmäßigkeit unterstreicht die Feierlichkeit der Aussage und stellt ein Loblied auf Liebe und Natur dar. Dessen Aussage wird unterstützt durch folgende Mittel der Wortwahl und des Satzbaus:

Personifikationen wie „Wie lacht die Flur!" (V. 4) und die segnende Liebe (vgl. V. 13-17) veranschaulichen die Naturwahrnehmung des lyrischen Ichs und verleihen der Liebe einen aktiven Charakter. Dass sowohl die Naturerfahrung des lyrischen Ichs als auch seine Empfindung der Liebe nicht geordnet erscheint, sondern spontan und ungeordnet aus ihm herausströmt, zeigt das Enjambement (vgl. z.B. V. 1-10, Strophensprung in V. 32f.).

Ausrufe und Interjektionen (vgl. V. 11-13) bringen die Leidenschaft und innere Erregung des Sprechers zum Ausdruck. Vergleiche wie „wie Morgenwolken" (V. 15) oder die gesamte siebte Strophe (V. 25-28) unterstreichen die Einheit von Mensch und Natur, die das lyrische Ich empfindet.

Auf die Bedeutung der vielfältigen Sinneseindrücke, besonders optischer und akustischer Art, wurde bereits hingewiesen; sie gipfelt in dem synästhetischen Ausdruck: „Blütendampfe" (V. 19), der zugleich eine Wortneubildung ist. Die vielfachen Sinneseindrücke zeigen an: Naturerfahrung nimmt den ganzen Menschen in Beschlag.

Sowohl die Gegenseitigkeit als auch die Leidenschaft der Liebe kommen in Parallelismus und Anapher (vgl. V. 22-24) zum Ausdruck.

Übung 7.6

Auch in *Freies Geleit* werden zahlreiche poetische Mittel eingesetzt, um die Aussage des Gedichts zu verstärken. Ein wichtiges Mittel ist der oben erwähnte indirekte Perspektivwechsel. Zu diesem Zweck wird die Erde personifiziert. Sie erscheint als *ein denkendes, sogar selbstständiges Lebewesen*, wenn sie etwas „will" (V. 13) oder nicht will (vgl. V. 9). Der Leser ist damit direkt angesprochen und gefordert, auf ihren „Willen" einzugehen und sie nicht nur als toten Gegenstand zu behandeln. Weitere Personifikationen verstärken diesen Eindruck: Der Vers „*Das Meer / Leert einen schäumenden Becher auf ihn" (V. 3f.)* verbindet den Tagesanbruch mit dem Eindruck eines Festes; *der Vers: „(D)as Land / Legt Liebesversprechen der reinen Luft in den Mund" (V. 6f.)* zeigt Elemente der Natur in einer Art zärtlichen Verbindung; die Fähigkeit, *„Mit Regen und Zornesblitzen ab(zu)schaffen / Die* unerhörten Stimmen des Verderbens" (V. 11f.) verdeutlicht die Reaktionsweise der Erde auf ihre Verletzung durch die Menschen. Die Liste der Personifikationen lässt sich noch ergänzen: vgl. *V. 5, 10, 11, 17, 18, 21.*

Die Adjektive, die sich auf die Erde beziehen, geben ein Bild der Schönheit und der Vielfalt wieder: *„schlaftrunken" (V. 1)*, *„winddurchschossen" (V. 2)*, *„schäumend" (V. 4)*, *„groß" (V. 5)*, *„rein" (V. 7)*, *„frisch" (V. 8)*. Es ist nicht die Erde als Zivilisationslandschaft, die hier erscheint, sondern *die vom Menschen unberührte Natur*. Der Einfluss der Menschen ist dagegen in zwei Begriffen gebündelt: Die Metonymie *„Rauchpilz" (V. 9)* steht für atomare Bedrohung und Krieg allgemein, möglicherweise ist sie auch ein Hinweis auf die Belastung durch die Industrie (Luftverschmutzung). Die Bedrohung der Erde wird zusammengefasst in den *„unerhörten Stimmen des Verderbens" (V. 12)*. Dass Bachmann die Bedrohung eher unkonkret lässt, steigert deren Eindringlichkeit.

Übung 7.7 Die Unterschiede in der Wahrnehmung der Natur liegen einerseits in der unterschiedlichen Aussageabsicht der Gedichte, sind aber auch zeitbedingt zu erklären.

In der Literatur des Sturm und Drang war die Natur für die Dichter ein bevorzugtes Mittel, Seelenzustände bildlich auszudrücken. Eines der wichtigsten Beispiele dafür ist die Naturerfahrung Werthers in Goethes Briefroman *Die Leiden des jungen Werthers*. Dort ist an mehreren Stellen die Natur ein Spiegel der Seele und Projektionsfläche der Liebesbeziehung zu Lotte. Ähnlich findet sich diese Verbindung von Liebe und Natur auch in Goethes Gedicht *Mailied*, entstanden 1771, drei Jahre vor dem *Werther*.

Dazu kommt, dass 1771 die Bedrohung der Umwelt durch Kriege, vor allem aber durch industrielle Produktionsweise und den Lebensstil der Menschen, noch nicht erfahrbar war. Auch 1964, als *Freies Geleit* erschien, war diese Problematik noch nicht im allgemeinen Bewusstsein, doch konnten erste Anzeichen der Umweltkrise durchaus wahrgenommen werden.

Übung 7.8 So erscheint Bachmanns Gedicht unter dem Gesichtspunkt „Natur" aktueller. Der Umweltschutz bleibt eine wichtige Aufgabe unserer Zeit, auch wenn sich vieles getan hat. Neue Probleme, die 1964 noch nicht aktuell waren, bestehen heute: die Abholzung der Regenwälder, das Ozonloch, das Artensterben. Gerade weil das Gedicht in Bezug auf die Bedrohung so allgemein bleibt, ist es in dieser Hinsicht sehr aktuell.

Da es bei Goethe nicht in erster Linie um die Natur um ihrer selbst willen, sondern als Spiegel der Gefühle des lyrischen Ichs geht, ist das Gedicht in Bezug auf konkrete Probleme vielleicht weniger aktuell. Die Wahrnehmung der Natur, wie sie in den ersten drei Strophen erscheint, hat aber auch Berührungspunkte mit Bachmann. Sie kann auch als Aufruf gegen die verbreitete Gleichgültigkeit der Natur gegenüber betrachtet werden.

Die Gemeinsamkeit beider Gedichte liegt darin, dass der Mensch nicht ohne die Natur auskommen kann.

Übung 7.9   Die beiden Gedichte *Mailied* von Johann Wolfgang Goethe und *Freies Geleit* von Ingeborg Bachmann, zwischen denen knapp 200 Jahre liegen, behandeln die Bedeutung der Natur für den Menschen. Inwieweit sie dabei andere Schwerpunkte setzen und auch zu einer anderen Sichtweise der Natur kommen, soll der folgende Vergleich beider Gedichte klären.

Mailied besteht aus neun Strophen zu vier Versen. Man kann das Gedicht in drei Teile einteilen: Bedeutung der Natur für das lyrische Ich (Str. 1-3), Vergleich Natur-Liebe (Str. 4-5), Bedeutung der Liebe für das lyrische Ich (Str. 6-9). Schon in dieser groben Struktur kann man sehen, dass die Natur selbst nicht der Hauptgegenstand des Gedichts ist. Vielmehr ist sie Ausgangspunkt der Gedanken des lyrischen Ichs und dient am Ende vor allem zur Veranschaulichung seiner Gefühle (Str. 7).

Mit großem Überschwang betrachtet das lyrische Ich in den ersten drei Strophen die Natur. Vielfältige Sinneseindrücke bestimmen die Wahrnehmung: „leuchtet" (V. 1), „glänzt" (V. 3), „lacht" (V. 4), „tausend Stimmen" (V. 7) sind zu hören, überall sind Blüten zu sehen (V. 5f.). Nicht nur das lyrische Ich ist von diesen Empfindungen hingerissen; niemand kann sich ihnen verschließen: „Und Freud und Wonne / (dringen) (a)us jeder Brust" (V. 9f.).

In der vierten und fünften Strophe werden die Natur und die Liebe miteinander verglichen. Das fällt dem lyrischen Ich insofern leicht, als es die Liebe als „(s)o golden schön" (V. 14) empfindet wie die zuvor beschriebene Natur. Liebe und Natur werden nicht nur miteinander verglichen (Str. 4), sondern scheinen in einer direkten Beziehung zueinander zu stehen (Str. 5): Im „frische(n) Feld" (V. 18) scheint das lyrische Ich die Auswirkungen und Spuren der Liebe wahrzunehmen.

Im letzten Teil wendet sich das lyrische Ich direkt der Geliebten zu. In Str. 6 und 8-9 wird die Gegenseitigkeit der Liebe beider betont, doch geht es vor allem, ähnlich wie im ersten Teil, um die Wirkung auf das lyrische Ich. Wie es am Anfang durch das Erwachen der Natur im Frühling „Freud und Wonne" (V. 9) empfindet, fühlt es sich in den letzten beiden Strophen durch die Liebe erfreut und gestärkt. Die Natur dient hier indirekt und zuvor (Str. 7) noch einmal direkt zum Vergleich mit der Liebe.

Freies Geleit unterscheidet sich schon insofern vom *Mailied*, als es sich um kein Liebesgedicht, sondern um ein modernes Naturgedicht handelt.

Den Rahmen bildet ein Tagesablauf, denn in der ersten Strophe ist vom Tagesanbruch (V. 3: „steht der Tag auf") und in der letzten Strophe ist von der Nacht die Rede.

Die Strophen 2-5 zeigen das Verhältnis von Mensch und Natur an einigen Beispielen, die allerdings recht allgemein gehalten sind. Die Natur scheint ungestört zu sein und ist für sich selbst und den Menschen da. Die dritte Strophe zeigt aber eine Störung dieses Verhältnisses an. Die Erde will nicht, was ihr die Menschen immer wieder zumuten: Krieg, Atombomben (V. 9: „Rauchpilz") und Tod. Schließlich schildern die letzten drei Strophen das, was die Erde „will": eine schöne und intakte Tier- und Naturwelt. Es sind Eindrücke von Weite, Schönheit und Ruhe. Wenn die Erde dem Tau befiehlt, „noch einmal über die Asche zu gehen" (V. 20), könnte das auch ein Hinweis darauf sein, dass die Natur stärker ist als alle Schrecken, die der Mensch verbreitet.

Die sechste und letzte Strophe fasst zusammen, was die Erde vom Menschen erwartet: „Freies Geleit" (V. 21), d.h. Begleitung und Schutz, und zwar nicht um ihrer selbst, sondern um der Menschen willen.

In *Mailied* unterstützen die verwendeten Mittel die schwärmerische Auffassung des lyrischen Ichs von der Natur und die Darstellung seines Gefühlsüberschwanges.

Das Gedicht besteht aus neun zweihebigen, jambischen Vierzeilern mit dem Reimschema: abcb (Ausnahme: Kreuzreim in der 3. Strophe). Diese Regelmäßigkeit unterstreicht die Feierlichkeit der Aussage und stellt ein Loblied auf Liebe und Natur dar. Dessen Aussage wird unterstützt durch folgende Mittel der Wortwahl und des Satzbaus:

Personifikationen wie „Wie lacht die Flur!" (V. 4) und die segnende Liebe (vgl. V. 13-17) veranschaulichen die Naturwahrnehmung des lyrischen Ichs und verleihen der Liebe einen aktiven Charakter. Dass sowohl die Naturerfahrung des lyrischen Ichs als auch seine Empfindung der Liebe nicht geordnet erscheint, sondern spontan und ungeordnet aus ihm herausströmt, zeigt das Enjambement (vgl. z.B. V. 1-10, Strophensprung in V. 32f.).

Ausrufe und Interjektionen (vgl. V. 11-13) bringen die Leidenschaft und innere Erregung des Sprechers zum Ausdruck. Vergleiche wie „wie Morgenwolken" (V. 15) oder die gesamte siebte Strophe (V. 25-28) unterstreichen die Einheit von Mensch und Natur, die das lyrische Ich empfindet.

Auf die Bedeutung der vielfältigen Sinneseindrücke, besonders optischer und akustischer Art, wurde bereits hingewiesen; sie gipfelt in dem synästhetischen Ausdruck: „Blütendampfe" (V. 19), der zugleich eine Wortneubildung ist. Die vielfachen Sinneseindrücke zeigen an: Naturerfahrung nimmt den ganzen Menschen in Beschlag.

Sowohl die Gegenseitigkeit als auch die Leidenschaft der Liebe kommen in Parallelismus und Anapher (vgl. V. 22-24) zum Ausdruck.

Auch in *Freies Geleit* werden zahlreiche poetische Mittel eingesetzt, um die Aussage des Gedichts zu verstärken. Ein wichtiges Mittel ist der oben erwähnte indirekte Perspektivwechsel. Zu diesem Zweck wird die Erde personifiziert. Sie erscheint als ein denkendes, sogar selbstständiges Lebewesen, wenn sie etwas „will" (V. 13) oder nicht will (vgl. V. 9). Der Leser ist damit direkt angesprochen und gefordert, auf ihren „Willen" einzugehen und sie nicht nur als toten Gegenstand zu behandeln. Weitere Personifikationen verstärken diesen Eindruck: „Das Meer / Leert einen schäumenden Becher auf ihn" (V. 3f.) verbindet den Tagesanbruch mit dem Eindruck eines Festes. Die Liste der Personifikationen ließe sich noch verlängern: V. 5, 6f., 10, 11, 17, 18, 21.

Die Adjektive, die sich auf die Erde beziehen, geben ein Bild der Schönheit und der Vielfalt wider: „schlaftrunken" (V. 1), „winddurchschossen" (V. 2), „schäumend" (V. 4), „groß" (V. 5), „rein" (V. 7), „frisch" (V. 8) etc. Es ist nicht die Erde als Zivilisationslandschaft, die hier erscheint, sondern die vom Menschen unberührte Natur. Der Einfluss der Menschen ist dagegen in zwei Begriffen gebündelt: Die Metonymie „Rauchpilz" (V. 9) steht für atomare Bedrohung und Krieg allgemein möglicherweise ist sie auch ein Hinweis auf die Belastung durch die Industrie (Luftverschmutzung). Die Bedrohung der Erde wird zusammengefasst in den „unerhörten Stimmen des Verderbens" (V. 12). Dass Bachmann die Bedrohung eher unkonkret lässt, steigert deren Eindringlichkeit.

So dienen die poetischen Mittel dazu, die Erde als selbstständiges, schönes und damit zu achtendes Lebewesen zu kennzeichnen. Damit teilt *Freies Geleit* den Eindruck einer lebendigen, eigenständig wirkenden Natur mit *Mailied*, doch ist die dahinter stehende Absicht eine andere. In *Mailied* ist die wunderbar wirkende Natur eine Art Medium, in dem sich die Liebe des lyrischen Ichs mitteilt; in *Freies Geleit* ist die Natur eine gleichberechtigte Partnerin des Menschen.

Diese Unterschiede sind zum Teil sicher auch zeitbedingt. In der Literatur des Sturm und Drang war die Natur für die Dichter ein bevorzugtes Mittel, Seelenzustände bildlich auszudrücken. Eines der wichtigsten Beispiele dafür ist die Naturerfahrung Werthers in Goethes Briefroman *Die Leiden des jungen Werthers*. Dort ist an mehreren Stellen die Natur ein Spiegel der Seele und Projektionsfläche der Liebesbeziehung zu Lotte. Ähnlich findet sich diese Verbindung von Liebe und Natur auch in Goethes Gedicht *Mailied*, entstanden 1771, drei Jahre vor dem *Werther*.

Dazu kommt, dass 1771 die Bedrohung der Umwelt durch Kriege, vor allem aber durch die industrielle Produktionsweise und den Lebensstil der Menschen, noch nicht erfahrbar war. Auch 1964, als *Freies Geleit* erschien, war diese Problematik noch nicht im allgemeinen Bewusstsein, doch konnten erste Anzeichen der Umweltkrise durchaus wahrgenommen werden.

So erscheint Bachmanns Gedicht unter dem Gesichtspunkt „Natur" aktueller. Der Umweltschutz bleibt eine wichtige Aufgabe unserer Zeit, auch wenn sich vieles getan hat. Neue Probleme, die 1964 noch nicht aktuell waren, bestehen heute: die Abholzung der Regenwälder, das Ozonloch, das Artensterben. Gerade weil das Gedicht in Bezug auf die Bedrohung so allgemein bleibt, ist es in dieser Hinsicht sehr aktuell.

Da es bei Goethe nicht in erster Linie um die Natur um ihrer selbst willen, sondern als Spiegel der Gefühle des lyrischen Ichs geht, ist das Gedicht in Bezug auf konkrete Probleme vielleicht weniger aktuell. Die Wahrnehmung der Natur, wie sie in den ersten drei Strophen erscheint, hat aber auch Berührungspunkte mit Bachmann. Sie kann auch als Aufruf gegen die verbreitete Gleichgültigkeit der Natur gegenüber betrachtet werden.

Die Gemeinsamkeit beider Gedichte liegt darin, dass der Mensch nicht ohne die Natur auskommen kann.

Übung 7.10   Bei den beiden zu untersuchenden Texten handelt sich um Gedichte von Eduard Mörike, einem der bedeutendsten deutschen Lyriker der Biedermeierzeit in der ersten Hälfte des 19. Jahrhunderts. Die Gedichte *Das verlassene Mägdlein* und *An die Geliebte* sind 1829 bzw. 1830 erschienen und haben die Liebe zum Thema.

Übung 7.11   Beide Gedichte beleuchten die Liebe also von ganz verschiedenen Seiten. Erscheint sie in *An die Geliebte* als eine Art Himmelsmacht, die das lyrische Ich „betäubt" (V. 12), ist sie in *Das verlassene Mägdlein* die Ursache für „Leid" (V. 8) und Trostlosigkeit (V. 15).

Übung 7.12   Dass weniger die konkrete Liebesbeziehung selbst, sondern mehr deren *Bedeutung* für das lyrische Ich im Mittelpunkt steht, haben beide Gedichte gemeinsam. Doch wird in *Das verlassene*

Mägdlein die Perspektive umgedreht. Schildert die erste Strophe die konkrete Situation der Sprecherin in schlichten Worten – sie tritt ihren Dienst vor Morgengrauen an und heizt den Herd an –, erfährt man in der zweiten Strophe mehr über ihre innere Situation. Während es erst noch den Anschein hat, als sei es eine recht harmonische Stimmung, aus der heraus sie spricht (V. 5f.: „Schön ist der Flammen Schein, / Es springen die Funken"), kommt genau zur Hälfte des Gedichts ihre wirkliche Stimmung zum Ausdruck: Sie ist „in Leid versunken" (V. 8). Die bis dahin ruhige Stimmung wird unterbrochen durch ein „Plötzlich" (V. 9), bei dem ihr der Traum der vergangenen Nacht einfällt. Er handelte vom „treulose(n) Knabe(n)" (V. 10). Vermutlich ist die Sprecherin von ihrem Geliebten verlassen worden. Diese Erinnerung an den Traum führt ihr den untreuen Liebhaber so vor Augen, dass sie ohne Trost ist und nahezu zusammenbricht. Sie wünscht sich sogar, der Tag wäre nur schon vorüber, ehe er noch recht begonnen hat (vgl. 3. Strophe).

Mit dem Geliebten scheint also aller Sinn aus ihrem Leben gegangen zu sein. Ähnlich wie im ersten Gedicht erfahren wir nichts über die eigentliche Beziehung und den ehemaligen Partner der Sprecherin. Vielleicht hat er für sie so etwas wie Hoffnung auf ein Ende ihres harten Daseins als Magd verkörpert, vielleicht sind es nur einfach die enttäuschten Gefühle, die sie so niedergeschlagen machen. Hoffnung auf ein neues Glück scheint sie jedenfalls nicht zu haben.

Übung 7.13 Zusammengefasst hat die Liebe für beide Sprecher eine durchaus ähnliche Bedeutung:
Zwar redet die Magd nicht von religiösen Gefühlen, aber wenn sie in der Liebe ihren ganzen Lebenssinn gesehen hat, hat sie für sie eine ähnlich große Bedeutung wie für den Sprecher in *An die Geliebte*.

Übung 7.14 Genau umgekehrt ist es im anderen Gedicht. Nicht allein, dass es durch die Versgestaltung kürzer wirkt als *An die Geliebte*, auch die Art zu sprechen wirkt knapper: Das ganze Gedicht enthält zwei Adjektive: „schön" (V. 5), das sich auf das Herdfeuer bezieht, und „treuloser" (V. 10) in Bezug auf den Geliebten. Diese Nüchternheit in der Sprache spricht nicht etwa dafür, dass die Sprecherin kühl und gefühllos ist (3. Strophe!), sondern sie widerspiegelt die Enttäuschung und Desillusionierung des lyrischen Ichs. Wo im ersten Gedicht die Liebe stark überhöht dargestellt wird, wird in *Das verlassene Mägdlein* nüchtern die Auswirkung der Enttäuschung geschildert (vgl. V. 13f.). Dabei steht die Schlichtheit der Darstellung in einem eindrucksvollen Kontrast zur Tiefe des Gefühls der absoluten Sinnlosigkeit. Mit

Ausnahme der Nachdruck verleihenden Wiederholung „Träne auf Träne" (V. 13) gibt es keinerlei rhetorisches Mittel, das die Wirkung des Gesagten in irgendeiner Weise unterstreichen soll.

Übung 7.15 So kommen auf recht verschiedene Art damit beide Gedichte zu einer durchaus ähnlichen Einschätzung von der Liebe: Sie ist das Höchste, was Menschen erleben können, der eigentliche Sinn ihres Lebens. Doch während der Sprecher in *An die Geliebte* die Liebe zu etwas Übernatürlichem verklärt, macht die Sprecherin in *Das verlassene Mägdlein* die Erfahrung, dass Liebe zerbrechlich ist wie andere irdische Güter auch. Damit sieht sie die Liebe vielleicht realistischer als der Sprecher des ersten Gedichts.

Wenn man das Zusammensein mit dem Partner zu etwas Göttlichem erhebt, vielleicht sogar den anderen zu einer Art Gott macht, verliert man dessen menschliche Seite und damit auch seine Schwächen aus dem Blick. Bei einer Enttäuschung, wie sie der Magd im zweiten Gedicht widerfährt, ist der Fall vielleicht so tief, dass man gar keinen Sinn mehr in seinem Leben zu erblicken vermag. So gesehen ist die Sprecherin in *Das verlassene Mägdlein* vielleicht näher an der Wirklichkeit menschlicher Beziehungen.

Übung 7.16 a) Eindruck des Trampelns, Kahlheit, Zurückprallen des Blicks
b) Heiligkeit, Reinheit, Unschuld
c) Schon von Beginn an wird die Situation als trist und bedrückend beschrieben: Die Gefangenen gehen nicht, sondern „trampeln" (V. 1) – ihre Bewegung bekommt schon zu Beginn etwas Tierartiges. Der Kreis wird sogleich als „eng" (V. 1) beschrieben. Kommunikation zwischen den Gefangenen findet nicht statt. Man sieht einzig ihre Augen umherschweifen – sie suchen „nach einem Feld, nach einem Baum" (V. 3), interessanterweise nicht nach dem Blick von Mitgefangenen. Daraus kann man zweierlei schließen: Einerseits, dass die Szene in einem Stadtgefängnis spielt, denn die Sehnsucht der Gefangenen führt aufs Land (vgl. auch V. 11f.), andererseits, dass die Gefangenschaft sie so abgestumpft hat, dass sie einander noch nicht einmal mit Blicken suchen. Unterhaltungen dürften ohnehin verboten sein. Doch der suchende Blick „prallt zurück von kahler Mauern Weiß" (V. 4). Die Farbe Weiß, sonst durchaus ein Symbol für Helligkeit, Reinheit und Unschuld, ist hier eher negativ besetzt: Sie steht für Sterilität, Leblosigkeit und Leere.

Übung 7.17   In der zweiten Strophe wird die Bedeutung des Hofgangs verdeutlicht. Sein ursprünglicher Zweck war es, *den Gefangenen wenigstens für eine begrenzte Zeit den Zugang zu frischer Luft und Licht zu ermöglichen.* Hier erscheint er als „Rädergang" (V. 5). Verschiedene Vorstellungen lassen sich damit verbinden: *das Laufrad als Zeichen für die Leere und Sinnlosigkeit dieser Beschäftigung, aber auch die Unerbittlichkeit des Räderwerks einer Maschine.* Durch den Vergleich mit den Mühlen wird dieses Bild noch verstärkt zu *einem Eindruck von etwas Zerstörerischem.* Der Hof mit den Spuren der Schritte wirkt „wie ein Schädel mit der Mönchstonsur" (V. 11). Der Vergleich dient zu mehr als nur zur Veranschaulichung: Einerseits ist die bildliche Vorstellung der auf einem riesigen Schädel umhergehenden Gefangenen unheimlich, selbst wenn man die Bedeutungsübertragung berücksichtigt. Darüber hinaus verbindet sich mit dem „Schädel" auch *die Vorstellung des Todes.*

Übung 7.18   Es gibt im Gedicht keine verbale Verständigung zwischen den Gefangenen. (Vermutlich ist diese untersagt.) Aber es gibt auch keine andere Form der Kommunikation: Die Blicke gelten nicht anderen Gefangenen, sondern Feldern, Bäumen und Häuserwänden. Sie finden leblose Wände und Fassaden.

Übung 7.19   Die dritte Strophe wendet sich wieder den Gefangenen zu. Wieder ist von ihren Blicken die Rede, die nun statt „hin und her im kahlen Raum" (V. 2) die „graue Wand empor" (V. 10) schauen. Wiederum suchen sie nicht die Blicke anderer. Anders als die Gefängniswände in der ersten Strophe geben die Häusermauern den Gefangenen „Antwort", doch ist diese nicht unbedingt freundlicher: Die Wohnungen erscheinen als „kleine Fenster (...), mit Kasten vor, / Wie schwarze Waben in dem Bienenstock" (V. 11f.).
Die Farbe Schwarz macht den tristen Eindruck der „graue(n) Wand" (V. 10) noch eindringlicher. Der Vergleich mit den Waben bringt wieder das Tierhafte der Existenz zum Ausdruck. Zwar lebhaft, was aber von den Gefangenen nicht wahrgenommen wird, vor allem aber unpersönlich und monoton wie in einem Bienenvolk gestaltet sich das Leben der Menschen. Damit unterscheidet es sich vielleicht gar nicht so sehr vom Leben im Gefängnis.

Übung 7.20   In der ersten Strophe stellt das lyrische Ich sich selbst als Prophet vor: „ich habe Zeichen" (V. 1) und kündigt den Krieg an: „Es beginnt das große Morden" (V. 4). Das es sich um einen Krieg und nicht etwa um eine Naturkatastrophe handelt, verdeutlicht *das substantivierte Verb „Morden".* Von vornherein fehlt dem Krieg das *Heroische,* er ist mit *gewalttätigen und abstoßenden* Eindrücken verbunden. Die Bezeichnung „Sterbesturm" (V. 2) deutet auf die *unabwendbare Gewalt* hin, mit der er über die Menschen kommt; die Soldaten „fallen" nicht auf dem „Feld der Ehre", sondern *„Überall stinkt es nach Leichen" (V. 3).*

Übung 7.21 In der dritten Strophe wird deutlich, dass auch die Tierwelt von der kleinsten unbedeutenden Fliege bis zum sorgsam gepflegten Pferd der Katastrophe nicht entkommen kann (vgl. V. 5f.). Zerstörung und Tod sind allumfassend.

Übung 7.22 Das Gedicht ist im äußeren Aufbau – vier Strophen zu vier Versen, fast durchgehender fünfhebiger Jambus mit umarmenden Reimen und männlichen Kadenzen – sehr regelmäßig gebaut. In der Struktur kommt das Gleichmäßige, Kreisförmige des Hofgangs schon äußerlich zum Ausdruck.

Mehrere Vergleiche (V. 5, 7, 12, 13) veranschaulichen den Charakter des Hofgangs und die Eigenart der menschlichen Existenz. Besonders fällt hier der Vergleich mit den Tieren auf: Der Mensch erscheint nicht als Subjekt, sondern als Objekt (V. 13) und anonymes Wesen (V. 12).

Die Adjektive dienen zur eindringlichen Beschreibung der tristen Atmosphäre: „eng" (V. 1), „kahl" (V. 2, 4, 8), „schwarz" (V. 6, 12), „blank" (V. 8), „grau" (V. 10, 14), „betrübt" (V. 10), „klein" (V. 11), „klappernd" (V. 15), wobei die Wiederholung den Nachdruck steigert. Auffällig ist die Farbsymbolik: Das Weiß der ersten Strophe, schon dort mehr ein Bild für Sterilität statt für Weite, wird überlagert durch das Graue und Schwarze des Rundgangs. Das Grau als Ausdruck der Langeweile wird gesteigert zum Schwarz als Bild für den Tod. Damit wird die Auswirkung des Gefängnisses eindringlich geschildert: Es tötet den Menschen.

Gelegentliche Personifikationen (V. 3 u. 6) und Alliterationen (V. 2, 12, 13) verstärken diesen Eindruck.

Übung 7.23 In der Sicht auf das Leben finden sich typisch expressionistische Motive in beiden Gedichten. Vor allem das Gefühl von Angst und Verzweiflung war für die jungen Literaten zu Beginn des 20. Jahrhunderts ein wesentliches Motiv ihres Schaffens. Die Darstellung der Sinnlosigkeit des Daseins verknüpft sich bei manchen von ihnen mit der Suche nach einem wirklichen Sinn für das Leben. In anderen Texten, so auch in *Die Gefangenen* und *Prophezeiung*, scheint ein solcher Sinn geradezu unmöglich sein. Auch die Abhängigkeit des Menschen von fremden, anonymen Mächten ist ein expressionistisches Motiv. Dabei handelt es sich nicht um die Vorstellung eines liebenden Gottes, sondern um unzugängliche, dem Menschen feindlich gegenüberstehende Mächte. In *Die Gefangenen* sind die Menschen Objekte eines unpersönlichen „Man" (V. 13), in *Prophezeiung* erscheint die Katastrophe in Bildern, die an eine Naturkatastrophe oder religiöse Vorstellungen erinnern. Aus der Abhängigkeit wiederum ergibt sich die Vorstellung der Nichtigkeit der menschlichen Existenz, womit der Expressionismus den genauen Gegenpol zur Klassik markiert. Bei Heym stehen die Menschen auf einer Stufe mit Tieren, in *Prophezeiung* wird ihr Sterben vermerkt, als sei es nichts Besonderes.

Unterschiedlich ist dabei der Grad der Widerspiegelung der Wirklichkeit: Heyms Gedicht wirkt wie eine große Metapher auf die Sinnlosigkeit des Daseins; dass er den Blick für die großstädtische Wirklichkeit nicht verliert, zeigen V. 11f., wo durchaus Außeneindrücke einer Berliner Mietskaserne wiedergegeben sein könnten. In *Prophezeiung* ist das tägliche Leben der Menschen dem Tode geweiht, und seine Gewöhnlichkeit drückt sich dadurch aus, dass mit Ausnahme von V. 8 und V. 11f. auf konkrete Menschen und ihre Schicksale nicht Bezug genommen wird.

Indem in *Prophezeiung* der Krieg als etwas Unabwendbares erscheint, kann man sich fragen, wie das lyrische Ich dazu steht. Zu dieser Frage gibt die Überschrift Auskunft: Viele der Prophezeiungen im Alten Testament waren Unheilsprophezeiungen. Der Prophet wollte damit auf Verfehlungen der Menschen hinweisen und ihnen die Folgen ihres Handelns vor Augen führen. Oft gab es dabei vor der Strafe Gottes kein Entrinnen mehr. Stets aber stehen Strafe Gottes und Handeln der Menschen in einem Zusammenhang. Zwar werden in *Prophezeiung* keine unmittelbaren Ursachen genannt, doch ist auch hier der Krieg keine Naturgewalt und als solche zu rechtfertigen.

Übung 7.25 In der Sicht auf das Leben finden sich typisch expressionistische Motive in beiden Gedichten. Vor allem das Gefühl von Angst und Verzweiflung war für die jungen Literaten zu Beginn des 20. Jahrhunderts ein wesentliches Motiv ihres Schaffens. Die Darstellung der Sinnlosigkeit des Daseins verknüpft sich bei manchen von ihnen mit der Suche nach einem wirklichen Sinn für das Leben. In anderen Texten, so auch in *Die Gefangenen* und *Prophezeiung*, scheint ein solcher Sinn geradezu unmöglich zu sein. Auch die Abhängigkeit des Menschen von fremden, anonymen Mächten ist ein expressionistisches Motiv. Dabei handelt es sich nicht um die Vorstellung eines liebenden Gottes, sondern um unzugängliche, dem Menschen feindlich gegenüberstehende Mächte. In *Die Gefangenen* sind die Menschen Objekte eines unpersönlichen „Man" (V. 13), in *Prophe-*

zeiung erscheint die Katastrophe in Bildern, die an eine Naturkatastrophe oder religiöse Vorstellungen erinnern. Aus der Abhängigkeit wiederum ergibt sich die Vorstellung der Nichtigkeit der menschlichen Existenz, womit der Expressionismus den genauen Gegenpol zur Klassik markiert. Bei Heym stehen die Menschen auf einer Stufe mit Tieren, in *Prophezeiung* wird ihr Sterben vermerkt, als sei es nichts Besonderes.

Unterschiedlich ist dabei der Grad der Widerspiegelung der Wirklichkeit: Heyms Gedicht wirkt wie eine große Metapher auf die Sinnlosigkeit des Daseins; dass er den Blick für die großstädtische Wirklichkeit nicht verliert, zeigen V. 11f., wo durchaus Außeneindrücke einer Berliner Mietskaserne wiedergegeben sein könnten. In *Prophezeiung* ist das tägliche Leben der Menschen dem Tode geweiht, und seine Gewöhnlichkeit drückt sich dadurch aus, dass mit Ausnahme von V. 8 und V. 11f. auf konkrete Menschen und ihre Schicksale nicht Bezug genommen wird.

Indem in *Prophezeiung* der Krieg als etwas Unabwendbares erscheint, kann man sich fragen, wie das lyrische Ich dazu steht. Zu dieser Frage gibt die Überschrift Auskunft: Viele der Prophezeiungen im Alten Testament waren Unheilsprophezeiungen. Der Prophet wollte damit auf Verfehlungen der Menschen hinweisen und ihnen die Folgen ihres Handelns vor Augen führen. Oft gab es dabei vor der Strafe Gottes kein Entrinnen mehr. Stets aber stehen Strafe Gottes und Handeln der Menschen in einem Zusammenhang. Zwar werden in *Prophezeiung* keine unmittelbaren Ursachen genannt, doch ist auch hier der Krieg keine Naturgewalt und als solche zu rechtfertigen.

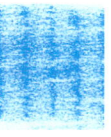

Quellennachweise

Aichinger, Ilse: „Gebirgsrand". In: *Wo ich wohne.* Frankfurt am Main: S. Fischer, 1963.

Bachmann, Ingeborg: „Freies Geleit". In: *Gedichte, Erzählungen, Hörspiele, Essays.* München: Piper, 1964.

Becker, Jürgen: „Natur-Gedicht". In: *Das Ende der Landschaftsmalerei.* Frankfurt am Main: Suhrkamp, 1974.

Eich, Günter: „Wald, Bestand an Bäumen". In: H. Ohde (Hg.): *Gesammelte Werke.* Bd. 1. Frankfurt am Main: Suhrkamp, 1973.

Eichendorff, Joseph von: „Die zwei Gesellen". In: G. Baumann (Hg.): *Werke und Schriften.* Bd. 1: *Gedichte. Epen. Dramen.* Stuttgart: Cotta, 1953.

Eichendorff, Joseph von: „Frische Fahrt". In: G. Baumann (Hg.): *Werke und Schriften.* Bd. 1: *Gedichte. Epen. Dramen.* Stuttgart: Cotta, 1953.

Eichendorff, Joseph von: „Mondnacht". In: G. Baumann (Hg.): *Werke und Schriften.* Bd. 1: *Gedichte. Epen Dramen.* Stuttgart: Cotta, 1953.

Eichendorff, Joseph von: „Weihnachten". In: G. Baumann (Hg.): *Werke und Schriften.* Bd. 1: *Gedichte. Epen. Dramen.* Stuttgart: Cotta, 1953.

Enzensberger, Hans Magnus: „an alle fernsprechteilnehmer". In: *landessprache.* Frankfurt am Main: Suhrkamp, 1960.

Fels, Ludwig: „Fluchtweg". In: *Der Anfang der Vergangenheit.* München: Piper, 1984.

Fontane, Theodor: „Ausgang". In: K. Schreinert (Hg.): *Werke in drei Bänden.* Bd. 3 München: Nymphenburger, 1968.

Goethe, Johann Wolfgang: „Auf dem See". In: E. Truntz (Hg.): *Werke.* Bd. 1: *Gedichte und Epen.* München: Beck, 1978.

Goethe, Johann Wolfgang: „Mailied". In: E. Truntz (Hg.): *Werke.* Bd. 1: *Gedichte und Epen.* München: Beck, 1978.

Goethe, Johann Wolfgang: „Prometheus". In: E. Truntz (Hg.): *Werke.* Bd. 1: *Gedichte und Epen.* München: Beck, 1978.

Goethe, Johann Wolfgang: „Willkommen und Abschied". In: E. Truntz (Hg.): *Werke.* Bd. 1: *Gedichte und Epen.* München: Beck, 1978.

Gryphius, Andreas: „Menschliches Elende". In: M. Szyrocki u. H. Powell (Hgs.): *Gesamtausgabe der deutschsprachigen Werke.* Bd. 1. Tübingen: Niemeyer, 1963.

Gryphius, Andreas: „Morgen-Sonnet". In: M. Szyrocki u. H. Powell (Hgs.): *Gesamtausgabe der deutschsprachigen Werke.* Bd. 1. Tübingen: Niemeyer, 1963.

Heine, Heinrich: „Belsazar". In: K. Briegleb (Hg.): *Sämtliche Schriften.* München: Hanser, 1968.

Heine, Heinrich: „Das Fräulein stand am Meere". In: K. Briegleb (Hg.): *Sämtliche Schriften.* München: Hanser, 1968.

Herwegh, Georg: „Strophen aus der Fremde". In: H.-G. Werner (Hg.): *Werke.* Berlin: Aufbau, 1977.

Herwegh, Georg: „Wiegenlied". In: H.-G. Werner (Hg.): *Werke.* Berlin: Aufbau, 1977."

Heym, Georg: „Die Gefangenen". In: K. L. Schneider (Hg.): *Dichtungen und Schriften*. Bd. 1: *Lyrik*. Hamburg: Ellermann, 1964.

Kaschnitz, Marie Luise: „Frankfurt". In: *Gesammelte Werke*. Frankfurt am Main: Insel, 1981.

Kaschnitz, Marie Luise: „Strom der Zuversicht". In: *Frankfurter Zeitung*, 29. August 1943.

Kerner, Justinus: „Im Eisenbahnhofe". In: J. Gaismaier (Hg.): *Sämtliche poetische Werke*. Leipzig: Hesse, o. J.

Klopstock, Friedrich Gottlieb: „Dem Unendlichen". In: K. A. Schleiden (Hg.): *Ausgewählte Werke*. München: Hanser, 1962.

Lenau, Nikolaus: „Bitte". In: E. Castle (Hg.): *Sämtliche Werke und Briefe*. Bd. 1: *Gedichte*. Leipzig: Insel, 1910.

Lenz, J.M.R.: „An das Herz". In: H. Haug (Hg.): *Gedichte*. Stuttgart: Reclam, 1968.

Lichtenstein, Alfred: „Prophezeiung". In: K. Kanzog (Hg.): *Gesammelte Gedichte*. Zürich: Arche, 1962.

Liliencron, Detlev von: „Der Blitzzug". In: *Gesammelte Werke*. Bd. 2 *Gedichte*. Berlin: Schuster & Loeffler, 1921.

Liliencron, Detlev von: „Die Musik kommt". In: *Gesammelte Werke*. Bd. 2 *Gedichte*. Berlin: Schuster & Loeffler, 1921.

Mörike, Eduard: „An die Geliebte". In: J. Perfahl (Hg.): *Sämtliche Werke*. Bd. 1. München: Winkler, 1967.

Mörike, Eduard: „Das verlassene Mägdlein". In: J. Perfahl (Hg.): *Sämtliche Werke*. Bd. 1. München: Winkler, 1967.

Mörike, Eduard: „Septembermorgen". In: J. Perfahl (Hg.): *Sämtliche Werke*. Bd. 1. München: Winkler, 1967.

Reinig, Christa: „Vor der Abfahrt". In: *Sämtliche Gedichte*. Düsseldorf: Eremiten-Presse, 1984.

Storm, Theodor: „Abseits". In: A. Köster (Hg.): *Sämtliche Werke*. Leipzig: Insel, 1923.

Storm, Theodor: „Meeresstrand". In: A. Köster (Hg.): *Sämtliche Werke*. Leipzig: Insel, 1923.

Stramm, August: „Patrouille". In: R. Radrizzani (Hg.): *Das Werk*. Wiesbaden: Limes, 1963.

Stramm, August: „Traum". In: R. Radrizzani (Hg.): *Das Werk*. Wiesbaden: Limes, 1963.

Trakl, Georg: „Die schöne Stadt". In: W. Killy u. H. Szklenar (Hgs.): *Dichtungen und Briefe*. Bd. 1. Salzburg: O. Müller, 1969.

Trakl, Georg: „Ein Winterabend". In: W. Killy u. H. Szklenar (Hgs.): Dichtungen und Briefe. Bd. 1. Salzburg: O. Müller, 1969.